CYNNWYS

RHAGAIR

Cofiaf fy nhad yn dweud wrthyf lawer gwaith ar y ffarm yn nhymor y gwanwyn, 'Wel, mae'n hirlwm arnom unwaith eto.' Mynegi pryder yr oedd am ei ofal o'r anifeiliaid. Roedd gwair y flwyddyn cynt bron â darfod, ac roedd gwynt oer traed y meirw yn atal pob blewyn glas rhag ymddangos yn y caeau. A phe ceid rhywfaint o dyfiant, ni fyddai yno'n hir gan y byddai'r mamogiaid yn gwneud yn fawr ohono er mwyn rhoi digon o laeth i'w hŵyn llwglyd.

Prin fod angen dweud ei bod yn hirlwm ysbrydol yng Nghymru heddiw, ac mae ein haddoliad yn aml yn oeraidd a llwm iawn ei gynnwys. Nid siarad digalon a negyddol yw hyn ond realiti'r sefyllfa yr ydym ynddi ar hyn o bryd. Nid yw hynny ynddo'i hunan yn rheswm i laesu dwylo mewn unrhyw fodd. Y mae Duw wrth ei waith fel arfer, a'n braint ni yw cydweithio ag ef.

Mae'r greadigaeth yn destun rhyfeddod a diolchgarwch bob adeg o'r flwyddyn, ond mae gennym destun mwy i ganu amdano. Mae Iesu'n Arglwydd ac yn Grist byw ym mhrofiadau miloedd ar filoedd o bobl heddiw yn ein gwlad, a gobeithio y bydd hynny yn cael ei atseinio yn y gyfrol newydd hon. Estynnaf wahoddiad i bawb ohonoch rannu'r newyddion da, gan ddefnyddio'r gwasanaethau i gadw'r fflam yn fyw.

Unwaith eto, rwy'n ddyledus iawn i'm priod Beryl am ei gwaith a'i chefnogaeth, ac i bawb o'r teulu a'm hanogodd i ddal ati. Wrth baratoi, ceisiais osgoi brawddegau rhy ffurfiol, a chofio yn gyson mai ar lafar y bydd y gwasanaethau hyn yn cael eu darllen. Dymunaf ddiolch i'r Parchedig Aled Davies a staff Cyhoeddiadau'r Gair am eu brwdfrydedd yn sicrhau fod y gyfrol hon yn gweld golau dydd. Meddai'r Apostol Paul, 'Cydweithwyr Duw ydym,' ac o dan ei fendith, hyderaf y caiff y gwasanaethau dderbyniad cynnes unwaith eto yn ein heglwysi.

John Lewis Jones

5

BLWYDDYN NEWYDD DDA

Adnodau agoriadol:

'Deuwch, addolwn, ac ymgrymwn: gostyngwn ar ein gliniau gerbron yr Arglwydd ein Gwneuthurwr. Canys Efe yw ein Duw ni.'

'Dyfod y mae'r awr, ac yn awr y mae hi, pan addolo'r gwir addolwyr y Tad mewn ysbryd a gwirionedd.'

Gweddïwn:

Diolchwn iti, ein Tad, am gyfarwyddyd dy Air a chymorth yr Ysbryd Glân i ymwybod o'th bresenoldeb, ac i'th addoli mewn ysbryd a gwirionedd. Yn dy drugaredd, ein Tad, tywys ni atat dy hun a derbyn ni fel ag yr ydym yn enw dy Fab, ein Harglwydd Iesu Grist. Amen.

Emyn 61: *O Dduw, ein nerth mewn oesoedd gynt*

Llefarydd:

'Blwyddyn Newydd Dda' ichi i gyd, neu o gyfieithu'r fersiwn Saesneg, 'Blwyddyn Newydd Hapus'. Fel Cymry, mae'n well gan nifer ohonom yr arfer Gymraeg na'r Saesneg, a'r prif reswm am hynny yw fod gormod o 'hap' yn y gair 'hapus'! Gair arall sy'n gyfystyr â 'hap' yw 'lwc', ac y mae miloedd o bobl yn trïo eu lwc yn wythnosol ar y loteri a phethau cyffelyb. Y mae i'r gair 'da' ystyr mwy moesol ac ysbrydol, a daw'r darlun o Iesu'r 'Bugail Da' i'r meddwl ar unwaith. Wrth wynebu blwyddyn newydd, ni wyddom beth a ddaw i'n rhan, ond beth bynnag a ddigwydd, gobeithiwn y gallwn ategu'r cwpled,

Cans gwn er f'anwybod
mai da yw Duw.

7

Gadewch inni wrando ar ddarlleniad o'r Beibl, sef y drydedd salm ar hugain, a'r darlun o Iesu'r Bugail Da.

Darlleniad: Salm 23
                Ioan 10: 11–16

Cyd-weddïo Gweddi'r Arglwydd.

Emyn 68: *Cydunwn oll o galon rwydd*

Llefarydd:
Mae gennym ddau wyneb, ac yr ydym yn eu defnyddio'n gyson. Gydag un wyneb dangoswn ein tristwch a chyda'r wyneb arall ein llawenydd. Rydym newydd ddathlu dros ŵyl y Nadolig geni Mab Duw yn faban bach. Y mae'n ŵyl o lawenydd mawr, ond ar ddechrau blwyddyn newydd y mae'n anodd parhau i fod yn llawen wrth weld a chlywed newyddion trist ein hoes yn ddyddiol ar y teledu. Mae miloedd ar filoedd o blant bach mewn nifer o wledydd yn dioddef creulondeb a thlodi enbyd. Yn yr un modd, mae nifer fawr o bobl ifanc yn amddifad o gysgod cartref ac yn crwydro o un wlad i'r llall, ac y mae mamau a thadau a neiniau a theidiau yn pryderu'n fawr am eu teuluoedd ac yn ymollwng i anobaith llwyr. Ymhellach, nid ym mhellafoedd ein byd y mae dioddefiadau o'r fath yn digwydd ond yn Ewrop ac yn ein gwlad ninnau hefyd. Ni all neb ohonom osgoi sefyllfaoedd trist yng ngwledydd ein byd, ac eto mae'n well gan lawer ohonom anghofio'r byd a'i loes a chondemnio ein gwleidyddion am y sefyllfa. Fel ninnau, nid ydynt hwythau chwaith heb eu beiau. Yn wir, mae nifer o arweinwyr gwleidyddol yn mynnu cau eu llygaid i sefyllfa druenus ein byd, a gwnânt hynny drwy wasgu ar y tlawd a'r bregus yn ein cymdeithas. Yn ogystal â hyn, maent yn pentyrru mwy a mwy o arfau dieflig a all ddinistrio ein byd.

Rydym newydd ddathlu gŵyl y Nadolig gyda'i newyddion da o lawenydd mawr am eni Mab Duw i'n byd, ond fel y canai Eifion Wyn ddechrau'r ganrif ddiwethaf:

Heddiw, wedi gŵyl a defod
Ugain canrif namyn un
Os yw Duw yn caru dynion
Nid yw dyn yn caru dyn.

Mae hyn yn ymddangos yn fwy gwir heddiw nag erioed, ac y mae'n well gan lywodraethau ein byd ymddiried yn ffordd trais a thywallt gwaed na cheisio cyfiawnder a chymod drwy drafodaeth a phwyll. Ond nid ydym heb obaith, a ffynhonnell ein gobaith yw cariad anorchfygol Duw yn Iesu Grist, ac yn ysbryd ei gariad y gweddïwn,

Efengyl tangnefedd, O rhed dros y byd,
a deled y bobloedd i'th lewyrch i gyd;
na foed neb heb wybod am gariad y groes,
a brodyr i'w gilydd fo dynion pob oes.

Darlleniad: Mathew 5: 38–48

Emyn 252: *Rho inni weledigaeth ar dy frenhiniaeth di*

Gweddïwn:
Ar ddechrau blwyddyn, cynorthwya ni i godi'n golygon atat yn dy nefoedd i'th gyfarch fel ein Tad nefol, ac i gyfrif ein dyddiau fel y dygom ein calonnau i ddoethineb. Mae dy Air yn ein cymell i'th geisio tra bo cyfle gennym, ac i gredu dy fod yn fwy na pharod i wrando ein cri. O Dad, yn enw dy Fab Iesu Grist ac ar bwys yr hyn a wnaeth drosom ar Galfaria, trugarha wrthym a derbyn ni fel ag yr ydym.

Wrth ymgrymu ger dy fron mewn gweddi, cynorthwya ni i sylweddoli pa mor ddibynnol arnat ti rydym am ein popeth – am ein creadigaeth, ein cynhaliaeth, ein cysur a'n gwaredigaeth. Er i ni dy anghofio a'th dristáu lawer gwaith, ni fwriaist ni ymaith oddi ger dy fron. Yn dy drugaredd, caniateaist i ni alw ar dy enw yn oriau ein cyfyngder. Yn wir, ein Tad, pan giliasom oddi wrthyt, fe'n gelwaist yn ôl, a phan ddaethom yn ôl, ymgeleddaist ein henaid â'th diriondeb. Nid yn ôl ein pechodau y gwnaethost â ni, ac nid yn ôl ein hanwireddau y telaist i ni, ac fe wyddom hyn, ein Tad, drwy dy Fab, ein Gwaredwr Iesu Grist a gymerodd ein pechodau ni yn ei gorff ar y croesbren. Dwysâ ni ag ysbryd edifeirwch fel y bydd ein geiriau yn gywir ger dy fron, ac arwain ni i gofleidio dy gariad – y cariad mwyaf rhyfedd fu erioed.

Fe'n carodd, do, yn annwyl iawn,
  O carwn ninnau ef
gan gredu yn rhinweddau'r gwaed
  a gweithio gwaith y nef.

Yn ysbryd dy gariad, erfyniwn arnat, O Arglwydd, i barhau i gymryd y byd eang o dan dy adain gysgodol. Agor galonnau arweinwyr ein byd i geisio dy ewyllys fel byddont yn cerdded ffordd brawdgarwch a thangnefedd. Tywys hwy i gefnu ar bopeth sy'n diraddio urddas dyn ac yn sarhau sancteiddrwydd dy gariad.

Diolchwn, ein Tad, am bawb sy'n gwneud daioni yn wyneb pob gwrthwynebiad a chasineb. Cadw hwy rhag pob drwg, a chrea ynom oll galon bur yn llawn daioni a thangnefedd. Gweddïwn ar ran ein gilydd, ein teuluoedd, ein heglwys a'n cymdeithas, ac yn arbennig y rhai sy'n dioddef afiechyd a gwendid henaint. Gwarchod hwy dan adain dy gariad, a derbyn ni oll fel ag yr ydym, oherwydd yr ydym yn gofyn hyn yn enw ein Gwaredwr Iesu Grist. Amen.

Emyn 336: *Iesu, ti yw ffynnon bywyd*

Llefarydd:
Os cawn ein hunain ar dro yn isel ein hysbryd ac yn wynepdrist, y mae'n bwysig cofio fod gennym hefyd wyneb llawen i'w ddangos i'r byd, neu fel y dywed Paul mor ardderchog, 'Yr *ydym yn gorfoleddu mewn gorthrymderau*.' Ond sut y mae hyn yn bosibl? Yr unig ateb synhwyrol yw cariad achubol Duw tuag atom yn Iesu Grist. Yn ein gwendid a'n diymadferthedd, rydym yn gorfoleddu yn Nuw oherwydd mai ganddo ef y mae'r gair olaf, a'i fod yn sbarduno miloedd o bobl ein byd i wneud daioni, i sefyll dros gyfiawnder ac i weithredu ffordd cariad. Y mae gan Tudor Davies emyn yn cynnwys y llinell, '*Rho ynom dy dosturi di.*' Onid dyma yn wir yw gwyrth cariad Duw? Y mae'n abl i greu o'n mewn y sensitifrwydd i deimlo poen ein gilydd a phoen pobl sydd mewn argyfwng mawr, a mwy na hynny, i gyfieithu ein teimladau a'n consyrn am eraill yn gymwynasau hael a da. Yn wir, beth arall y gallwn ei wneud wrth gofio'r hyn a wnaeth Duw drosom yn Iesu Grist? Tynnwn ein sgwrs i ben gyda dyfyniad gan y Crynwr George Fox, '*Cerdda'n llawen drwy'r byd gan ymateb i'r hyn sydd o Dduw ym mhawb.*' Blwyddyn Newydd Dda ichi i gyd.

Emyn 256: *Doed, O Dduw, O doed dy deyrnas*

Y Fendith:
Gwêl yn dda, ein Tad nefol, i'n cynnal a'n cadw yn ystod y flwyddyn newydd hon, a chryfha ein ffydd ynot fel na fyddwn byth yn amheus o'th gariad a'th ras tuag atom yn Iesu Grist. Estyn dy law warchodol drosom, a bydded i ras ein Harglwydd Iesu Grist, a chariad Duw, a chymdeithas yr Ysbryd Glân fod gyda ni hyd byth. Amen.

DECHRAU BLWYDDYN NEWYDD

Gweddïwn:
Ar ddechrau blwyddyn newydd cynorthwya ni, ein Tad nefol, i godi ein golygon atat ti i'th addoli yn enw Iesu Grist. Cynorthwya ni i edrych yn ôl i'r gorffennol yn ddiolchgar, i ymwybod o'r newydd o'th bresenoldeb ac i edrych ymlaen mewn gobaith mai ti yn Iesu Grist sydd ac a fydd wrth y llyw. Amen.

Emyn 64: *Tydi sy deilwng oll o'm cân*

Llefarydd:
Rydym newydd ganu emyn yn diolch i Dduw am ei ofal a'i gariad anfeidrol tuag atom yn Iesu Grist. Ond a ydym yn ei chael hi'n hawdd diolch? Efallai ein bod yn gwneud hynny bob tro y derbyniwn anrheg, neu pan fydd rhywun yn gwneud cymwynas â ni. I bawb ohonoch sy'n gyfarwydd â magu plant fe wyddoch nad yw'r gair pwysig 'diolch' yn dod yn naturiol a digymell i'r rhai bach. Buan iawn y daw babanod a phlant i ddechrau hawlio'u ffordd yn y byd. Greddf gyntefig iawn mewn babanod bach yw estyn a gafael, ac wrth eu magu mae tipyn o waith eu disgyblu i ddeall bod bachu tegan neu fwyd oddi wrth blentyn arall yn anghwrtais ac yn ymddygiad annerbyniol! A faint o famau (a thadau efallai) sydd wedi cael tipyn o frwydr i ddarbwyllo eu plant fod ysgrifennu llythyr neu godi'r ffôn i werthfawrogi anrheg yn arferiad dymunol ac yn ffordd i gydnabod caredigrwydd? Na, 'dyw dweud 'diolch' ddim yn dod yn reddfol i blant o'r cychwyn cyntaf.

Llefarydd:

Ond beth amdanon ni oedolion? Mae'n debyg fod y rhan fwyaf ohonom yn ddigon parod i ddweud diolch. Wedi'r cyfan, mae profiad bywyd yn ein dysgu mai dyna sy'n dderbyniol ac yn ddymunol, ond a yw ein diolch yn fwy nag arferiad cwrtais yn unig? Pan feddyliwn am bopeth a ddaeth i'n rhan, oes 'na wir ddiolchgarwch yn ein calonnau? Mae emyn J. Lloyd Humphreys (ar dôn hyfryd Mozart) yn rhestru'r gwahanol agweddau o ofal Duw drosom, ac ar ddiwedd pob pennill cawn ddiolch i Dduw'r Creawdwr am ei ofal ohonom.

Emyn 93: *Arglwydd mawr y nef a'r ddaear*

Llefarydd:

Yn gyntaf, edrych yn ôl. Ar ddechrau blwyddyn newydd, rydym yn dal i gofio'r flwyddyn a aeth heibio. Mae'r gair 'COFIO' neu 'COFIA' i'w gael yn y Beibl dros ddau gant o weithiau. Er enghraifft, yn yr Hen Destament, yn Llyfr Genesis cawn yr adnod, *'Cofia wraig Lot'*, ac yn Llyfr y Pregethwr, *'Cofia yn awr dy Greawdwr yn nyddiau dy ieuenctid, cyn dyfod y dyddiau blin.'* Yn y Testament Newydd, cawn Iesu Grist yn dweud wrth y disgyblion yn yr oruwchystafell, *'Gwnewch hyn er cof amdanaf'*, ac yn ei lythyr i Timotheus dywed yr Apostol Paul, *'Cofia Iesu Grist: ei gyfodi oddi wrth y meirw.'*

Sut gof sydd gyda chi? Mae rhai ohonom yn cofio digwyddiadau bore oes, ond ddim yn cofio digwyddiadau ddoe! Onid profiad llawer ohonom yw mynd i fyny i'r llofft, ac wedi cyrraedd yn methu cofio i beth! A hefyd beth yw'r cof cyntaf sydd gyda chi? Prin fod angen dweud fod cofio yn rhodd werthfawr iawn, a hebddo byddem ar goll yn llwyr. Wrth gwrs, y mae dwyn i gof yn ennyn profiadau amrywiol iawn. Gall fod yn brofiad hiraethus wrth gofio a theimlo colli anwyliaid. Gall fod yn brofiad hunllefus wrth deimlo baich ein methiannau, ond gall fod yn brofiad dymunol wrth gofio trugaredd a daioni Duw tuag atom dros y blynyddoedd.

Llefarydd:
Mae gorffennol y rhan fwyaf ohonom yn gymysg o lawenydd a thristwch, a hefyd o lwyddiant a methiant. Dywedir hyn yn gryno iawn yn y llinell, *'Rwy'n wych, rwy'n wael, rwy'n gymysg oll i gyd.'* Ni allwn chwaith newid methiannau ein gorffennol, ond fe allwn bwyso ar drugaredd a chariad Duw tuag atom. Er bod Salm 103 wedi ei llunio ymhell dros dair mil o flynyddoedd yn ôl, mae ei neges yn fythol newydd. *'Fy enaid, bendithia yr Arglwydd; ac nac anghofia ei holl ddoniau ef: yr hwn sydd yn maddau dy holl anwireddau; yr hwn sydd yn gwaredu dy fywyd o ddistryw; yr hwn sydd yn dy goroni â thrugaredd ac â thosturi.'* Rydym yn credu hyn heddiw ar sail yr hyn a wnaeth Iesu Grist drosom o Fethlehem i'r Groes, sef cymryd *'ein pechodau yn ei gorff ar y croesbren'*, ac estyn inni faddeuant pechodau a bywyd newydd. Gadewch inni gredu hyn a dweud gyda'r emynydd:

Ninnau'n cofio dy gariad di,
A thithau'n anghofio'n pechodau ni.

Un peth arall. Os yw Duw yn maddau inni fel hyn, y peth lleiaf y gallwn ei wneud yw maddau i'n gilydd a derbyn ein gilydd fel ag yr ydym, a chofleidio ein gilydd fel brodyr a chwiorydd i'n gilydd yn Iesu Grist.

Gweddïwn:
Ein Tad sanctaidd, cyffeswn ein bod yn ein gweld ein hunain yn well nag yr ydym; yn gweld ein rhinweddau yn gliriach na'n

diffygion, ac yn gweld pechodau pobl eraill yn hytrach na'n pechodau ein hunain.

O Arglwydd, rwyt ti yn ein gweld fel ag yr ydym. Dyro inni ysbryd dewr i wynebu'r gwir amdanom ein hunain, ac ysbryd edifeirwch i syrthio ar ein bai. Yn enw dy Fab Iesu Grist a'i aberth drosom ar y groes, trugarha wrthym, a meddyginiaetha ni â'th gariad fel y byddom yn bur ein meddyliau ac yn llawn o ysbryd diolchgarwch. Amen.

Emyn 726: *Dal fi'n agos at yr Iesu*

Llefarydd:
Yn ail, edrych ymlaen yn eiddgar.
Nid yw gwneud hynny yn hawdd bob amser, ac yn arbennig pan fydd ein gobeithion yn troi'n siomedigaethau, fel y dywedir yn y cwpled,

Disgwyl pethau gwych i ddyfod,
Croes i hynny maent yn dod.

Ond er hynny, nid yw'n gobeithion yn peidio â bod. Dyma yw byrdwn yr hen emyn:

Os daw deigryn, storm a chwmwl,
gwena drwyddynt oll yn llwyr;
enfys Duw sy'n para i ddatgan
bydd goleuni yn yr hwyr.

Un o rinweddau mawr y ffydd Gristnogol yw gobaith sy'n rhoi sicrwydd inni o fuddugoliaeth cariad Duw yn Iesu Grist. Cawn gyfle arbennig i gyhoeddi hyn bob tro y cyfranogwn o sacrament

Swper yr Arglwydd. Yn ddieithriad, fe ddarllenir y frawddeg ganlynol wrth fwrdd y Cymun, '*Oherwydd bob tro y byddwch yn bwyta'r bara hwn ac yn yfed y cwpan hwn, yr ydych yn cyhoeddi marwolaeth yr Arglwydd, **hyd nes y daw**.*' Sylwch ar eiriau olaf y cyhoeddiad yna, '*hyd nes y daw*'. Tybed a ydym yn sylweddoli aruthredd neges y geiriau hyn, sef fod y Cymun yn ernes o'r pethau sydd wedi'u paratoi ar ein cyfer?! Tamaid i aros pryd yw'r Cymun, ac i gyhoeddi y daw'r dydd y cawn gyd-wledda gyda'n Harglwydd yn y gogoniant. Yr awr dywyllaf yn aml yn y nos yw'r awr cyn i'r wawr dorri. Mae llawer yn teimlo ei bod yn dywyll nos yn ysbrydol yng Nghymru heddiw, ond y mae'r Apostol Paul yn ein hatgoffa nad ydym yn perthyn i'r nos a'i thywyllwch. Plant y goleuni yw Cristnogion, ac Iesu Grist Goleuni'r byd yw ein gobaith ni.

Ein gobaith ydyw Ef,
    perffeithydd mawr ein ffydd;
diddarfod gariad yw
    sy'n troi ein nos yn ddydd.

Gadewch inni wrando ar yr adnodau canlynol sy'n cynnwys y gair 'gobaith'.

Llefarydd:
'*Gwyn ei fyd y sawl y mae ei obaith yn yr Arglwydd ein Duw.*'

'*Da yw gobeithio a disgwyl yn ddistaw am iachawdwriaeth yr Arglwydd.*'

'*Yn wir, yn Nuw yr ymdawela fy enaid; oddi wrtho ef y daw fy ngobaith.*'

'Eithr y rhai a obeithiant yn yr Arglwydd a adnewyddant eu nerth; ehedant fel eryrod; rhedant, ac ni flinant; rhodiant, ac ni ddiffygiant.'

'A bydded i Dduw, ffynhonnell gobaith, eich llenwi â phob llawenydd a thangnefedd wrth ichwi arfer eich ffydd, nes eich bod, trwy nerth yr Ysbryd Glân, yn gorlifo â gobaith.'

'Bendigedig fyddo Duw a Thad ein Harglwydd Iesu Grist! O'i fawr drugaredd, fe barodd ef ein geni o'r newydd i obaith bywiol trwy atgyfodiad Iesu Grist oddi wrth y meirw...'

Gweddïwn:
Diolchwn iti, ein Tad, am gyfle'r oedfa hon i edrych ymlaen mewn gobaith, gan 'edrych ar Iesu, Pen-tywysog a Pherffeithydd ein ffydd ni.' Ni wyddom, ein Tad, beth ddaw i'n rhan weddill y flwyddyn hon, heb sôn am weddill ein hoes. Efallai y cawn iechyd a gwynfyd, neu efallai afiechyd ac adfyd, neu yn fwy tebygol rhywfaint o'r ddau. O Dad, beth bynnag a ddigwydd inni, dyro inni ffydd i gredu fod dyfodol ein bywyd yn ddiogel yn dy law, ac y bydd dy Fab Iesu yn ein cadw rhag pob drwg ac yn ein nerthu i ddyfalbarhau mewn gobaith. Amen.

Emyn 324: *Saif ein gobaith yn yr Iesu*

Llefarydd:
Yn drydydd, codi'n golygon mewn ffydd, neu fel dywed Paul, *gan edrych ar Iesu, Pen-tywysog a pherffeithydd ein ffydd ni.'* Gall profedigaethau bywyd a digwyddiadau erchyll sy'n digwydd heddiw yn ein cymdeithas a'n byd ein digalonni yn llwyr, a pheri inni edrych i lawr yn ddigalon i'r eithaf. Yn wir, mae cyflwr arswydus ein byd yn ein gorfodi i ofyn yn ddifrifol iawn beth ddaw ohono, ac ohonom ni fel cenedl a chenhedloedd?

Mae un peth yn gwbl amlwg, sef nad o gyfeiriad y byd na chwaith o'n cyfeiriad ni'n hunain y daw gwaredigaeth. Fe ddywedodd Emerson, 'Hitch your wagon to a star.' Rydym yn byw yng nghyfnod y sêr ym myd chwaraeon a chaneuon ysgafn, ond fel yr awn yn hŷn deuwn yn ymwybodol mai traed o wellt sydd gan bob dyn, pwy bynnag y bo a pha mor enwog bynnag ydyw. Yn ôl yr Apostol Paul, 'pawb a bechasant', ond mae Un y gallwn edrych i fyny arno gydag edmygedd ac anwyldeb mawr. Yn wir, nid seren dros dro yw Iesu Grist ond Haul diddarfod cariad Duw yn Iesu Grist, sy'n 'harddu holl orwelion f'oes'.

Gweddïwn:
Diolchwn iti, ein Tad, am gyfle'r oedfa hon i edrych i fyny arnat yn addolgar ein hysbryd. Gwyddom ei bod yn hawdd iawn inni golli golwg arnat drwy ostwng ein golygon a gwirioni ar bethau dibwys ac ymserchu ac addoli gau dduwiau ein hoes. O Dad, trugarha wrthym yn ein ffolineb. Cwyd ein golygon atat ti yn dy nefoedd fel y byddom yn ymateb i fawredd dy berson sanctaidd ac yn adlewyrchu prydferthwch dy gariad yn Iesu Grist.

Gweddïwn, ein Tad, ar i ti eto heddiw gynnal ein teuluoedd â'th gariad, ac amddiffyn ein cymdeithas â'th gyfiawnder. Yn dy drugaredd, bendithia genhedloedd ein daear ag ysbryd doethineb i gymodi â'i gilydd, ac i rodio ffordd brawdgarwch a thangnefedd. Er mwyn Iesu Grist. Amen.

Emyn 61: *O Dduw, ein nerth mewn oesoedd gynt*

Y Fendith:
Ein Tad nefol, ar ddiwedd oedfa, derbyn ein diolch a'n haddoliad, ac arwain ni oddi yma yn eiddgar ein hysbryd i'th wasanaethu, ac i ddal ati gan gredu mai eiddot ti yw'r deyrnas a'r gallu a'r gogoniant, yn oes oesoedd. Amen.

TYFU

Gweddïwn:

Iesu tirion, gwêl yn awr
blentyn bach yn plygu i lawr:
wrth fy ngwendid trugarha,
paid â'm gwrthod, Iesu da.

Ein Tad caredig a da, beth bynnag yw ein hoedran, helpa ni i nesáu fel dy blant ac i ymddiried yn dy gariad mawr tuag atom yn Iesu Grist. Dymunwn fod yn rhan o deulu mawr y ffydd fel y byddom yn blant i ti, ein Tad nefol, ac yn frodyr a chwiorydd i'n gilydd yn Iesu Grist. Clyma ni yn un yn dy gariad. Er mwyn dy enw mawr. Amen.

Emyn 5: *Bydd gyda ni, O Dduw ein Tad*

Llefarydd:
Nid wyf am i neb ohonoch deimlo'n hen, na chwaith yn hŷn nag yr ydych, ond rwy'n siŵr fod bron pob cynulleidfa yn ein capeli heddiw yn cynnwys teidiau a neiniau, ac efallai hen deidiau a hen neiniau! Beth bynnag am hynny, mae'n siŵr fod pob un ohonoch yn hen gyfarwydd â magu plant bach, ac y mae magu rhai ifanc yn gallu ein cadw ni oedolion yn brysur iawn!

Mae gan taid a nain, yn y dyddiau sydd ohoni, ran amlwg yn y gwaith o fagu plant, a chan amlaf mae hynny yn fwynhad mawr. Ond gan amlaf y tad a'r fam, ac yn arbennig y fam, sy'n cario'r cyfrifoldeb mwyaf. Mae gan y bardd W.J. Gruffudd benillion am ofal cariadus tad a mam ar yr aelwyd. Nid yw'r pennill am y tad mor gynnes a gwerthfawrogol am fod y bardd yn pwyntio bys at

19

ei ddiffygion ef ei hun, ond y mae'r pennill am y fam yn annwyl iawn ac yn addas i'r rhan fwyaf ohonom wrth gofio aberth a gofal ein mamau:

Cofia dy fam a'i phryder hi
Yn oriau dy nosau anniddig di.
A chofia beunydd mai dy grud
Oedd allor ei hieuenctid drud.

Gadewch inni wrando ar adnodau sy'n canmol y fam sy'n gofalu am ei theulu.

Darlleniad: Llyfr y Diarhebion 31: 10–31

Emyn 814: *Ein gwlad a'n pobol gofiwn nawr*

Gweddïwn:
(a) Ein Tad, y mae dyddiau ieuenctid i rai ohonom erbyn hyn ymhell yn ôl. Er hynny, rydym yn dal i gofio rhai o ddigwyddiadau cynharaf ein bywyd fel ddoe – ddoe yn blant bach, heddiw yn ganol oed a hŷn, ac yfory yn rhyfeddu bod blynyddoedd ein bywyd wedi hedfan heibio. 'Y *mae dyddiau dyn,*' medd dy air wrthym, '*fel glaswelltyn; y mae'n blodeuo fel blodeuyn y maes –* *pan â'r gwynt drosto fe ddiflanna, ac nid yw ei le'n ei adnabod* *mwyach. Ond y mae ffyddlondeb yr Arglwydd o dragwyddoldeb* *hyd dragwyddoldeb ar y rhai sy'n ei ofni, a'i gyfiawnder i blant eu* *plant, i'r rhai sy'n cadw ei gyfamod, yn cofio'i orchmynion ac yn* *ufuddhau.*'

(b) Diolchwn iti, ein Tad, am gysur dy Air pan deimlwn ein meidroldeb ger dy fron, ac am dy ffyddlondeb o dragwyddoldeb i dragwyddoldeb. Gweddïwn ar i ti beri inni gyfrif ein dyddiau fel y dygom ein calon i ddoethineb – i'th geisio di tra bo anadl o'n mewn, gan ymroi â'n holl galon i'th garu a'th wasanaethu.

Dy garu, digon yw
wrth fyw i'th wasanaethu,
ac yn oes oesoedd ger dy fron
fy nigon fydd dy garu.

Diolchwn am dy Fab Iesu a ddaeth i'n byd, nid i gael ei wasanaethu ond i wasanaethu ac i roi ei einioes yn bridwerth dros lawer. Diolchwn am bawb sy'n cymryd esiampl Iesu o ddifri calon ac yn cyfieithu ei gariad yn gymwynasau hael a da. Gad i ninnau ddilyn eu hesiampl fel y cawn foddhad a llawenydd yn dy wasanaeth di.

Gweddïwn dros y cleifion yn eu cartrefi ac yn ysbytai ein gwlad. Dyro dy fendith ar y meddygon a'r nyrsys sy'n ceisio eu gwella, ac ar eu teuluoedd sy'n pryderu amdanynt. Gwarchod hwy yn dyner â'th gariad. Maddau bob bai a phechod sydd o'n mewn, a helpa ni weddill yr oedfa hon i ymateb i'th drugaredd a'th gariad yn Iesu Grist. Ac iddo ef y byddo'r clod a'r gogoniant yn awr a hyd byth. Amen.

Emyn 20: *Athro da, ar ddechrau'r dydd*

Llefarydd:
Yn y Testament Newydd, cawn hanes hyfryd gan Luc am y baban Iesu *'wedi ei rwymo mewn dillad baban'*, a daeth y bugeiliaid i chwilio amdano, a dod o hyd iddo, medd Luc, gyda *'Mair a Joseff, a'r baban yn gorwedd yn y preseb.'*

Mae hanes geni Iesu yn gyfarwydd iawn wrth gwrs, ond mae sawl hanesyn arall am blant yn y Beibl. Er enghraifft, yn Llyfr Exodus, cawn hanes Moses yn faban bach yn cael ei guddio gan ei fam mewn cawell yng nghanol yr hesg ar lan afon Neil. Gwnaeth ei fam hynny rhag llid y brenin Pharo a roddodd orchymyn i ladd pob bachgen bach o blith yr Israeliaid.

Ceir sawl cyfeiriad at blant yn llythyrau'r Testament Newydd hefyd. Mae Pedr yn ei lythyr yn ein cynghori *'fel babanod yng Nghrist'* ac yn ein hannog *'fel babanod newydd eu geni, flysio am laeth ysbrydol pur'.* Ond yn ei lythyr at Gristnogion Effesus mae Paul yn ein hatgoffa fod amser i bob peth a bod rheidrwydd arnom i dyfu yn ysbrydol. Nid ydym i fod yn fabanod am byth. Gadewch inni wrando ei neges.

Darlleniad: Effesiaid 4: 14–16

Llefarydd:
'Na, gadewch i ni ddilyn y gwir mewn cariad, a thyfu ym mhob peth i Grist.'
Tyfu – prifio. Mae'n siŵr ichi sylwi pa mor gyflym y mae plentyn yn datblygu. O beidio â gweld plentyn am gyfnod, rydym yn rhyfeddu at y newid bob tro, a mynegwn ein syndod yn aml drwy ddweud, *'Wel mi rwyt wedi prifio! Mae'n rhaid rhoi bricsen ar dy ben.'* Ond erbyn meddwl, dyma sy'n naturiol i blentyn bach, a phe byddai hynny ddim yn digwydd, byddem yn dechrau pryderu ac yn chwilio am gyngor.

Fel gweinidog gofalus, dymuniad Paul oedd i Gristnogion Effesus dyfu mewn ffydd a deallusrwydd o'r Efengyl, a thyfu mewn brawdgarwch a chariad, a pheidio ag aros *'yn fabanod mwyach'*, ond i *'ddilyn y gwir mewn cariad, a thyfu ym mhob peth i Grist'.* Ond beth yn union sydd gan Paul yn ei feddwl?

Llefarydd:

Yn gyntaf, y mae *'tyfu yng Nghrist'* yn golygu gollwng gafael yn yr hyn sy'n ddrwg. Pan fydd plentyn bach yn mentro cerdded ar ei ben ei hun am y tro cyntaf, yr hyn a ddywedwn yw ei fod *'wedi gollwng'.* Tybed faint ohonom sy'n dal i gofio un o'n plant yn *'gollwng'* am y tro cyntaf, ac yn dechrau cerdded? Y mae hyn yn destun llawenydd i bob rhiant, ac yn arwydd amlwg bod eu plentyn yn cryfhau ac yn tyfu yn gorfforol. Ar ddiwedd hanes y bachgen Iesu yn ddeuddeng mlwydd oed yn y deml yn Jerwsalem, dywedir iddo dyfu yn gryf ac yn llawn doethineb. Mae'n hawdd synhwyro i hyn roi boddhad mawr i Mair a Joseff.

Y mae disgwyl i ninnau fel Cristnogion dyfu, ac i ollwng gafael yn y pethau hynny sy'n rhwystr i'n datblygiad ysbrydol. Ond onid ein gofid yn aml yw nad ydym eisiau *'gollwng gafael'* yn y pethau sy'n ein tynnu ni i lawr? Methu gollwng – methu peidio – y demtasiwn yn ormod! Cawn rywfaint o gysur o gofio mai hyn oedd profiad yr Apostol Paul ei hun hefyd. Cafodd brofiad ysgytwol mwyaf ei fywyd ar y ffordd i Ddamascus a chael ei achub i fywyd newydd yng Nghrist. Ond ni olygodd hynny fod y frwydr ysbrydol wedi dod i ben. Os rhywbeth, ar ôl dod yn Gristion daeth Paul yn fwy ymwybodol o ffyrnigrwydd y frwydr o'i fewn. Yn wir, yn ei lythyr i Gristnogion Rhufain, mae'n cyfaddef ei fod yn colli'r frwydr yn aml iawn. Dyma'r adnod, *'Yr wyf yn cyflawni, nid y daioni yr wyf yn ei ewyllysio ond yr union ddrygioni sy'n groes i'm hewyllys.'* Dyma i chi gyfaddefiad, a chymaint oedd ei rwystredigaeth fel iddo gyffesu ymhellach, *'Y dyn truan ag ydwyf! Pwy a'm gwared i o'r corff hwn a'i farwolaeth?'* Ond os oedd Paul yn ymwybodol o'i fethiannau personol, gwyddai hefyd am nerth gras i *ollwng gafael* yn y pethau sydd yn ein maglu mor rhwydd, ac i dyfu yn y pethau sydd o bwys tragwyddol yng Nghrist. Gadewch i ninnau ategu hyn drwy ganu emyn Elfed, *'Arglwydd Iesu, dysg im gerdded'.*

Emyn 710: *Arglwydd Iesu, dysg im gerdded*

Llefarydd:
Gollwng gafael yn yr hyn sy'n ddrwg. Ond y mae mwy i'r bywyd Cristnogol na hynny, oherwydd fe'n galwyd hefyd i **ddal ein gafael** yn yr hyn sy'n dda, neu fel y dywed Paul '*i ddilyn y gwir mewn cariad*'. Rydym yn cofio hyd heddiw ein rhieni yn ein siarsio i ddweud y gwir bob amser, ac i gofio mai plant drwg sy'n dweud celwydd!

Ond efallai fod rhai ohonoch yn gofyn beth yw ystyr '*dilyn y gwir*'. Fe gofiwn i Pilat ofyn cwestiwn tebyg, '*Beth yw gwirionedd?*', i Iesu Grist yn y llys, ac mae'n gwestiwn sydd wedi poeni llawer i lawr ar hyd y canrifoedd. Mae 'na gymaint o wahanol leisiau heddiw yn byddaru'n clustiau, a bellach mae llawer o sôn am 'newyddion ffug' – *fake news* – a rhwng popeth, mae'n anodd gwybod beth sy'n ddilys a gonest. Hefyd, y mae cymaint o wahanol syniadau a chrefyddau (ac enwadau!) yn ein byd, a rhwng popeth mae'n hawdd mynd ar gyfeiliorn yn feddyliol ac yn ysbrydol, a chanlyniad hyn yw ein bod yn methu gwahaniaethu, a methu gweld y ffordd ymlaen.

Tybed faint ohonom sydd wedi cael y profiad diflas o fynd i oedfa heb sbectol, a methu darllen y llyfr emynau oherwydd ei fod yn rhy fychan ac aneglur. Fe allwn gael profiad tebyg yn wyneb cymhlethdodau bywyd a phrofedigaethau annisgwyl. Ar adegau felly, rydym yn methu gweld drwy'n dagrau ac yn methu gwneud synnwyr o fywyd. Ond diolch, fel y dywed yr emynydd, fod gyda ni un i droi ato yn ein gwendid a'n dryswch:

At bwy yr awn, O! Fab y Dyn,
  at bwy ond atat Ti dy hun?
I ddwys gwestiynau dynol-ryw
  tydi, tydi yw ateb Duw.

Llefarydd:
Y mae un cymal ar ôl, sef y nod i gyrraedd tuag ato, a'r nod yw
'tyfu ym mhob peth i Grist'. Pryd mae rhywun yn gorffen tyfu yn
gorfforol? Yn hanes y rhan fwyaf ohonom, rydym wedi gorffen
tyfu yn gorfforol erbyn tua deunaw oed. Tyfu o gylch y canol
rydym wedyn! Ond ein gobaith yw ein bod yn dal i dyfu yn
ysbrydol, ac yn *'tyfu ym mhob peth i Grist'*. Cymharodd un bardd
fywyd â thelyn:

Telyn yw bywyd yn llawn tannau mân
A braint y telynor yw dewis y gân.

Wel, testun ein cân ni yw'r Arglwydd Iesu Grist, a'r nod yw tyfu
iddo Ef mewn ffydd a gobaith a chariad – cariad a pharch tuag at
Dduw, tuag at ein gilydd, a thuag at bawb yn ddiwahân. A hynny
er mwyn ein Gwaredwr a'n Harglwydd Iesu Grist. Amen.

Emyn 779: *O fendigaid Geidwad*

Y Fendith:
Maddau, ein Tad, bopeth a wnaethom yn ein hoes a fu'n loes i ti.
Dy blant ydym yn dysgu ac yn ceisio tyfu drwy nerth gras a ffydd.
Bydd yn amyneddgar hefo ni, a derbyn ein hymddiriedaeth ynot
weddill y dydd, a hyd byth. Amen.

Y SULGWYN

Llefarydd:
'A hyn a fydd yn y dyddiau olaf, medd Duw:
tywalltaf o'm Hysbryd ar bawb;
a bydd eich meibion a'ch merched yn proffwydo;
bydd eich gwŷr ifainc yn cael gweledigaethau,
a'ch hynafgwyr yn gweld breuddwydion;
hyd yn oed ar fy nghaethweision a'm caethforynion,
yn y dyddiau hynny, fe dywalltaf o'm Hysbryd.'

Emyn 580: O Dduw, rho im dy Ysbryd

Llefarydd:
'Fe dywalltaf fy ysbryd yn y dyddiau hynny.' Dyma oedd neges syfrdanol y proffwyd Joel yn yr Hen Destament, ac yn ei frwdfrydedd, anogodd ei gyd-Iddewon i ddal gafael yn addewidion Duw ar ddiwedd amser. Onid ein tuedd heddiw yw nid edrych ymlaen am dywalltiad Ysbryd Duw ond edrych yn ôl yn barhaus, gan roi'r argraff nad yw Duw bellach yn gweithio yn ein plith? Gwaetha'r modd, rhan o hen ddodrefn y gorffennol yw'r Ysbryd Glân i lawer ohonom, ac fe'i cysylltir yn barchus â 'Diwygiad 1904'. Pan wnawn hynny, mae 'na berygl ein bod yn troi'r Eglwys yn amgueddfa i gofio'r pethau a fu. Yn sicr, roedd y bardd W.J Gruffydd yn edrych ymlaen am ymyrraeth nerthol Duw drwy'r Ysbryd Glân unwaith eto, ac y mae'r gerdd a gyfansoddwyd drigain mlynedd yn ôl yn addas i'w gweddïo heddiw:

Y tân a roddaist ar ein hallor gynt
  Sy'n marw yn nharth y nos annedwydd hir;
O! tyred unwaith eto, nefol wynt,
  A chwyth y fflam yn eirias ac yn glir.
Gwêl Gymru, ac aberth arall ger dy fron,
  Gobaith a chalon lân,
  A ffydd â newydd gân;
Arglwydd, gwêl Gymru, ac na wrthod hon.

Emyn 598: *Ysbryd y gorfoledd*

Darlleniad: Actau 2: 1–13

Cyd-weddïo Gweddi'r Arglwydd.

Llefarydd:
Mae'n anodd i ni heddiw mewn cyfnod o hirlwm ysbrydol
amgyffred cyffroadau diwygiadau mawr y gorffennol, ac yn
arbennig, yr hyn a ddigwyddodd ar ŵyl y Pentecost yn ninas
Jerwsalem. Dylid cofio bob amser fod Luc yn defnyddio symbolau
allanol i fynegi rhywbeth aruthrol fawr a ddigwyddodd ym
mhrofiad Cristnogion yr Eglwys Fore. Mae'r Ysbryd Glân yn ôl
yr hanes hwn yn disgyn fel *'gwynt grymus'* ac yn ymddangos
fel *'tafodau o dân'*. Yr oedd yn bosibl i Luc ddefnyddio'r
arwyddluniau hyn oherwydd eu bod yn ddealladwy i feddwl yr
Iddewon yn y cyfnod hwnnw. Er enghraifft, mewn adran o lyfr
y proffwyd Eseciel ceir y gri, *'O anadl, tyred oddi wrth y pedwar
gwynt, ac anadla ar y lladdedigion hyn, fel y byddont byw.'* Yn yr
un modd, yn Llyfr yr Actau, yn hanes creu Eglwys Iesu Grist,
cyfeirir at wynt fel anadl nerthol o'r nef yn disgyn ar y cwmni o
gredinwyr yn yr oruwchystafell.

Mae Cynan fel bardd Cristnogol yn cydio yn y delweddau hyn ac yn creu darluniau grymus iawn o dywalltiad yr Ysbryd Glân a all ddigwydd eto yng Nghymru ein gwlad:

Pan ddaw yr Ysbryd Sanctaidd, fe ddaw fel nerthol wynt
  Yn rhwygo drwy'r fforestydd ac yn rhuo ar ei hynt,
Ac os byddi yn y Corwynt pan fo'r coed fel tonnau'r môr
  Cura d'enaid megis pennwn o flaen anadliadau'r Iôr.

Fel y dywedwyd, ni allwn heddiw amgyffred y profiad nerthol hwn a ddigwyddodd ym mywydau Cristnogion yr Eglwys Fore, ond yn sicr, newidiwyd eu bywydau yn llwyr. Cafodd llawer ohonynt eu herlid yn ddidrugaredd a'u merthyru. Er hynny, daethant allan o'r cystudd mawr *'yn fwy na choncwerwyr i'r hwn fu farw drostynt ac a gyfodwyd'*. Yn y cyfnod anodd hwn yng Nghymru, y mae'n hawdd i ninnau ymollwng i ddigalondid ysbrydol a rhoi'r ffidil yn y to, a dichon fod rhai ohonom wedi teimlo felly fwy nag unwaith. Gadewch inni felly bwyso mwy ar adnoddau cariad Duw yn Iesu Grist, a dyheu gyda'r emynydd H.T Jacob:

O na ddôi'r nefol wynt
  i chwythu eto,
fel bu'n y dyddiau gynt
  drwy'n gwlad yn rhuthro
nes siglo muriau'r tŷ
a phlygu dynion cry';
O deued oddi fry –
  mae'n bryd i'w deimlo.

Emyn 594: *O na ddôi'r nefol wynt*

Llefarydd:

Yn y Beibl, disgrifir yr Ysbryd Glân nid yn unig fel gwynt nerthol ond fel tân o'r nef. Mae'r ddau ddarlun yn symbol o bresenoldeb Duw. Mae nifer o enghreifftiau i'w cael – Moses a'r berth yn llosgi heb ei difa ar fynydd Sinai; y golofn dân yn yr anialwch; Elias ar ben mynydd Carmel, a Duw yn ateb drwy dân. Yn Llyfr y Salmau, y mae tân yn symbol o brofiad mewnol pobl o bresenoldeb Duw, *'Gwresogodd fy nghalon o'm mewn; tra yr oeddwn yn myfyrio, enynnodd tân, a mi a leferais â'm tafod.'* Yr un oedd profiad Jeremeia, *'Ei air ef oedd yn fy nghalon yn llosgi fel tân.'* Yn y Testament Newydd, dywed Ioan Fedyddiwr am Iesu, *'Efe a'ch bedyddia chwi â'r Ysbryd Glân ac â than,'* ac yn Llyfr yr Actau, fel y clywsom, disgrifir yr Ysbryd Glân fel tafodau *'o dân yn ymrannu ac yn eistedd un ar bob un ohonynt.'* Y mae ein llyfr emynau hefyd yn gyforiog o gyfeiriadau at yr Ysbryd Glân fel tân, ac ynddynt mynegir dyhead dwfn am wir adnewyddiad ysbrydol. Beth felly yw nodweddion tân yr Ysbryd Glân?

Yn gyntaf. Y mae tân yr Ysbryd Glân yn cydio ac yn lledaenu yn sydyn – *'Ymddangosodd iddynt dafodau fel o dân yn ymrannu ac yn eistedd un ar bob un ohonynt.'* Tybed a welsoch dŷ ar dân rhyw dro? Unwaith mae'n cydio, nid oes modd ei atal. Onid hyn oedd profiad llawer o Gristnogion Cymru yn Niwygiad 1904?

Llefarydd:

Mae tân yr Ysbryd Glân yn ein llenwi â nerth newydd. Nid ydym yn gwybod a oedd y tywydd yn oer yn Jerwsalem ar ŵyl y Pentecost ai peidio, ond yn sicr nid amharodd hynny ar frwdfrydedd y rhai a ddaeth dan ddylanwad grymus yr Ysbryd Glân. Pwrpas tân ar ein haelwydydd yw ein cynhesu, ac y mae'n brofiad dymunol iawn nesáu ato ar noson oer! Onid oes angen hyn yn gyson ar aelwyd ein heglwysi? Clywodd rhai ohonom ein perthnasau yn sôn am 'wres y diwygiad' pryd y cafwyd profiad o bŵer nerthol yr Ysbryd Glân yn chwyldroi bywydau'r credinwyr. Onid hynny a ddigwyddodd ar ŵyl y Pentecost? Fel y gall tân gynhyrchu pŵer mewn peiriant, onid cynhyrchu pŵer ysbrydol wnaeth yr Ysbryd Glân yng nghalonnau Cristnogion yr Eglwys Fore? Ac yn nerth yr Ysbryd, llwyddodd llawer ohonynt i wynebu treialon bywyd, a hyd yn oed merthyrdod, yn orfoleddus.

Cyn dyfodiad trydan i gefn gwlad, dibynnai'r ffermwyr ar olau hen lamp stabl wrth fynd i fwydo'r gwartheg yn y gaeaf a golau gwan y lampau olew yn y tŷ. Dyma'r cyfnod pan fyddai cysgodion nos yn codi braw ar ambell un ofnus, a byddai cerdded yn y tywyllwch yn arswyd iddynt. Ond yn nechrau'r pum degau, cafwyd golau trydan yng nghefn gwlad Cymru, a newidiwyd bywydau'r bobl yn llwyr. Onid dyma'n union a wna'r Ysbryd Glân wrth inni ymateb i'w ddylanwad, sef goleuo ein meddyliau i weld o'r newydd ogoniant cariad Duw yn Iesu Grist?

Llefarydd:
Ond mae mwy na hynny hefyd yn digwydd yn yr oruwchystafell. Llanwyd y disgyblion â nerth yr Ysbryd Glân, ac fe'u grymuswyd i fod yn ddewr eu tystiolaeth – *'a dechreusant lefaru â thafodau dieithr, fel yr oedd yr Ysbryd yn rhoi lleferydd iddynt.'* Mae'n anodd amgyffred y newid syfrdanol yn hanes y disgyblion o gofio mai criw digon ofnus oeddynt ychydig ddyddiau ynghynt. Roeddynt wedi cloi drysau'r oruwchystafell, ond bellach dan frwdfrydedd deinamig yr Ysbryd Glân, nid ofnent unrhyw wrthwynebiad. Do, fe drowyd disgyblion cyffredin i lefaru'n huawdl am fawrion weithredoedd Duw yn Iesu Grist.

Y mae hanes cenhadol yr Eglwys Gristnogol yn tystio fod hyn wedi digwydd i lawr ar hyd y canrifoedd, ac mae'n parhau i ddigwydd heddiw. Yn Nigeria, sylweddolwyd fod Cristnogaeth wedi cyrraedd rhai rhannau anghysbell o'r wlad cyn i genhadon a phregethwyr proffesiynol o wledydd tramor ddechrau pregethu yn eu plith. Beth oedd yr esboniad? Yn syml, deallwyd fod dwy wraig gyffredin o'r pentref wedi dechrau sgwrsio am Iesu wrth eu cydnabod, ac i hynny danio diddordeb mawr ymhlith y bobl. Meddai'r cenhadwr Max Warren amdanynt, '*They were gossipping about Jesus to the people of the village.*' Dengys hyn fod gan bawb ohonom ei ran yn y gwaith o genhadu Crist i'r byd, ac mai man dechrau gwneud hynny yw wrth ein traed ac ar aelwyd yr Eglwys hon.

Emyn 591: *O tyred i'n hiacháu*

Gweddïwn:
Rydym wedi sôn llawer heddiw, ein Tad, am yr Ysbryd Glân a'i ddoniau rhyfedd yng nghalonnau'r rhai sy'n credu. Gwyddom ei bod yn hawdd iawn siarad amdano yn ei gefn, gan roi'r argraff na all effeithio ar ein bywydau heddiw. O Dad, tywys ni i ymwybod o nerthoedd yr Ysbryd Glân yn yr oedfa hon, ac i ddisgwyl yn weddigar amdano.

Tyrd, Ysbryd Glân, i'n c'lonnau ni
a dod d'oleuni nefol;
tydi wyt Ysbryd Crist, dy ddawn
sy fawr iawn a rhagorol.

Diolchwn iti, ein Tad, am gyfle'r oedfa hon i edrych i fyny arnat yn addolgar ein hysbryd. Gwyddom ei bod yn hawdd iawn inni golli golwg arnat drwy ostwng ein golygon a gwirioni ar bethau dibwys, a gwaeth na hynny, addoli gau-dduwiau ein hoes. Gweddïwn ar iti ein hargyhoeddi o'n pechod, ac agor ein calon fel y cawn brofi a derbyn o ffrwythau'r Ysbryd Glân i'n bywhau a'n puro. *'Eithr ffrwyth yr Ysbryd,'* medd dy air wrthym, *'yw, cariad, llawenydd, tangnefedd, hirymaros, cymwynasgarwch, daioni, ffydd, addfwynder a dirwest.'* O Dad nefol, gad i'r ffrwythau hyn fod yn fwy na geiriau yn ein bywydau, ac atgoffa ni yn gyson o neges dy Air, *'Os byw yr ydym yn yr Ysbryd, rhodiwn hefyd yn yr Ysbryd.'*

Diolchwn iti am dy eglwys yng Nghymru ein gwlad, ac am y fraint fawr o fod yn aelodau ohoni. Dwysâ ni ag ysbryd edifeirwch am bob diffyg ymroddiad yn dy waith, a bywha ni ag ysbryd deffro i'n cyfrifoldebau. Gweddïwn dros y byd a'i boen, ac yn arbennig y rhai sy'n dioddef anghyfiawnder a diffyg parch eu cydnabod. O Arglwydd, clyw ein gweddïau drostynt, a nertha ninnau i wneud ein rhan yng ngwaith dy deyrnas.

Ac yn olaf, gweddïwn, ein Tad, ar i ti heddiw gynnal ein teuluoedd â'th gariad, amddiffyn ein cymdeithas â'th gyfiawnder, a bendithio cenhedloedd ein daear ag ysbryd doethineb i gymodi â'i gilydd, ac i rodio ffordd brawdgarwch a thangnefedd. Er mwyn ein Gwaredwr Iesu Grist. Amen.

Emyn 579: *Ti yw'r Un sy'n adnewyddu*

Y Fendith:
Gogoniant i'r Tad ac i'r Mab ac i'r Ysbryd Glân,
megis yr oedd yn y dechrau,
y mae yr awr hon,
ac y bydd yn wastad, yn oes oesoedd. Amen.

DAU FYD

Gweddi agoriadol:
Diolchwn iti, ein Tad, am baratoi ar gyfer ein holl anghenion – anghenion corfforol, meddyliol ac ysbrydol, ac am gyfle'r oedfa hon i ymlacio yng nghwmni'n gilydd ac yn dy gwmni di. O Dad, gwêl yn dda i'n bendithio ag ysbryd dy addoli fel ag y dylem, ac i'n harwain i borfeydd dy gariad a'th ras yn Iesu Grist. Amen.

Emyn 2: *Hwn yw y sanctaidd ddydd*

Darlleniad: Salm 103: 1–5
                    Ioan 6: 1–15

Cyd-weddïo Gweddi'r Arglwydd.

Emyn 694: *Arglwydd, gad im fyw i weled*

Llefarydd:
Fe ddywed Llyfr y Pregethwr wrthym fod amser i bob gorchwyl dan y nef, ac nad oes dim yn well mewn bywyd na bod yn llawen a gwneud daioni. Ond nid yw hynny'n golygu nad oes amser i ymlacio ac i hamddena. Erbyn mis Mai a Mehefin, mae cyfnod hamddena wedi dechrau i lawer ohonom pryd y cawn gyfle i adael prysurdeb bywyd bob dydd ac ymlacio naill ai gartref neu dramor.

Ers talwm edrychid ar fis Mai fel mis cyntaf yr haf, mis Mehefin fel canol yr haf a Gorffennaf fel ei ddiwedd. Mae'n amlwg fod pethau wedi newid dros y blynyddoedd, a mis Awst bellach sy'n cael ei ystyried fel anterth tymor yr haf a mis gwyliau. Ond mae'n rhaid dweud fod rhyw deimlad 'hafaidd' yn cyrraedd rhai ohonom ym mis Mai, ac awn ati i drefnu gwyliau. Gadewch inni wrando ar brofiad gŵr a gwraig a wnaeth hynny, a mynd ar eu gwyliau i Sicily.

Llefarydd:
Eleni, roeddem wedi trefnu ein gwyliau'n gynnar, a Sicily wrth droed yr Eidal oedd ein dewis le. Dyna rwydd oedd y trefniadau a ninnau'n cael ein codi wrth ddrws ein cartref, a chael ein hebrwng yn braf i Fanceinion a'n setlo'n ddidramgwydd ar awyren i fwynhau taith bleserus. Cyrraedd cynhesrwydd yr ynys hyfryd a glanio ym maes awyr Catania a chael bws ymlaen wedyn i westy braf a chael croeso a phob cysur. Tipyn o foethusrwydd, a gofalon byd yn bell i ffwrdd!

Ond, arhoswch funud. Beth yw'r lluniau yma ar y teledu yn ein 'stafell yn y gwesty? Lluniau ugeiniau o bobl druenus wedi'u gwasgu at ei gilydd mewn cychod tila yn cyrraedd porthladd yr un Catania â ninnau, a hynny ar yr un diwrnod. Cyrraedd yno ar ôl taith beryglus ac erchyll – dim dŵr, dim bwyd a dim ond ychydig ddillad i guddio eu noethni. Yna, cafodd y rhai 'lwcus' yma lanio'n llesg a sefyll mewn rhesi i dderbyn 'sgidiau i'w rhoi am eu traed dolurus.

Do, cawsom ein syfrdanu a'n sobreiddio wrth weld ar y teledu ddau fyd mor wahanol yn cyfarfod â'i gilydd. Yn wir, gorfodwyd ni i sylweddoli o'r newydd pa mor greulon ac anghyfiawn yw cyflwr ein byd, a hynny yn sgil trachwant a chreulondeb pobl bwerus. Dyma sylweddoli hefyd na allwn ddianc rhag y ffaith annifyr hon, ac nad oes claddu ein pennau yn y tywod i fod. Mae'n wir na allwn fel unigolion ddatrys problemau dyrys fel dioddefaint yr ymfudwyr, ond gwared ni rhag gadael i glustog ein moethusrwydd beri inni fod yn fyddar i'w cri.

Mae'n dda gwybod, ein Tad, fod llawer o'n heglwysi a mudiadau dyngarol yn ymateb yn hael i argyfwng ffoaduriaid y môr a thrueiniaid eraill y byd. Yn naturiol, teimlwn yn aml yn ddiymadferth yn wyneb argyfyngau ein byd, ond cofiwn nad ydym yn ddiymadferth i wneud mwy dros ein brodyr a'n chwiorydd sydd mewn angen mawr. Yng ngeiriau'r emyn, gweddïwn:

Rho imi nerth i wneud fy rhan,
  i gario baich fy mrawd,
i weini'n dirion ar y gwan
  a chynorthwyo'r tlawd.

Emyn 816: *Cofia'r newynog, nefol Dad*

Gweddïwn:
Diolchwn iti, ein Tad, am emyn sydd yn ein cymell i wneud ein rhan yng ngwaith dy deyrnas. Diolchwn am bob cyfle a gawsom i hamddena ac ymryddhau dros dro oddi wrth orchwylion beunyddiol bywyd. Gwyddom, ein Tad, nad yw llawer yn ein gwlad yn gallu fforddio arian nac amser i wneud hynny. Yn wir, y mae miliynau o'th blant heb wybod beth yw gwyliau o gwbl, ac yn gorfod gweithio'n galed bob dydd i gadw dau ben llinyn ynghyd. Gwyddom hefyd fod llawer o bobl, er gwaethaf eu hymdrechion, yn methu osgoi dyledion mawr. O Dad, cadw ni rhag anghofio anghenion tlodion ein byd, a rho ynom dy dosturi i wneud ein rhan yng ngwaith dy deyrnas.

Diolchwn iti am bawb, pwy bynnag ydynt, sy'n gwneud daioni drwy estyn bwyd i'r newynog, diod i'r sychedig, dillad i'r noeth a chysur dy gariad i'r amddifad a'r unig. Diolchwn am bob mudiad elusennol sy'n diogelu urddas dyn ac yn brwydro dros gyfiawnder i'r anghenus. Gofynnwn am dy fendith ar eu hymdrechion.

Cadw ni hefyd, ein Tad, rhag anghofio ein dyletswyddau tuag at ein cymdogion sy'n dioddef caledi bywyd, a'r rhai sy'n methu cael dau ben llinyn ynghyd. Dwysbiga ein cydwybod pan fyddwn yn esgeulus, a gwna ni'n fwy ymwybodol o'u hanghenion ac yn barotach i wrando arnynt gyda chydymdeimlad a chalon i esmwytháu eu gofidiau.

Gweddïwn y byddwn fel eglwys yn cadw'n effro i'n dyletswyddau, gan adlewyrchu consyrn dy gariad yn ein perthynas â'n gilydd, ac â phawb o'th blant yn ein cymuned. Gofynnwn hyn yn enw ein Harglwydd Iesu Grist. Amen.

Emyn 742: *Arglwydd Iesu, gad im deimlo*

Y Fendith:
Ar derfyn ein hoedfa dyro inni, ein Tad, ddoethineb i ddefnyddio ein hamser yn gyfrifol fel dy blant di a brodyr a chwiorydd i'n gilydd. Yn dy drugaredd, taena dy adain gysgodol drosom weddill y dydd, a chadw ni i wneuthur yr hyn sydd wrth dy fodd. Er mwyn Iesu Grist. Amen.

Y PETHAU HANFODOL

Adnodau agoriadol:
'Fel y brefa yr hydd am yr afonydd dyfroedd, felly yr hiraetha fy enaid amdanat ti, O Dduw.
Sychedig yw fy enaid am Dduw, am y Duw byw: pa bryd y deuaf ac yr ymddangosaf gerbron Duw?'

Gweddïwn:
Ein Tad nefol a sanctaidd, rho syched ynom ninnau hefyd i dy geisio tra bo cyfle gyda ni, ac i dy geisio hyd nes dy gael, ac wedi dy gael i'th addoli yn gywir o'r galon ac yn ddiolchgar ein hysbryd. Gofynnwn hyn yn enw ein Harglwydd Iesu Grist. Amen.

Emyn 41: *Ymgrymwn ger dy fron*

Llefarydd:
Yn un o gapeli Saesneg Caerfyrddin, uwchben y drws allanol, y mae arwyddair, 'In things essential, unity; in lesser things, liberty; in all things, charity.' Gellir ei gyfieithu i'r Gymraeg fel hyn, 'Mewn pethau hanfodol, undod; mewn pethau eilradd, rhyddid; ymhob peth, caredigrwydd brawdol.'

Onid yw'n gyngor ardderchog, ac yn gwbl gydnaws ag ysbryd Efengyl yr Arglwydd Iesu Grist? Yn ddiamau, mae pethau llai pwysig mewn bywyd, megis pa liw neu pa hyd gwallt i'w gael – gwallt hir, neu fyr, neu ychydig iawn o wallt, fel sydd gan lawer o'r gwŷr! Yn yr un modd, y mae pethau llai pwysig hefyd ym mywyd yr Eglwys, megis pa ddillad i'w gwisgo i addoli ar y Sul, pa mor hir y dylai pregeth fod, ac a ddylai gweinidog wisgo coler gron ai peidio! Prin fod angen dweud mai pynciau eithaf dibwys yw'r rhain, ac wrth eu trafod, dylid gwneud hynny mewn ysbryd ysgafn ac agored. Ond wedi dweud hynny, mae yna bethau pwysig mewn bywyd, ac y mae yna'r fath beth â hanfodion y ffydd Gristnogol. Anogaeth daer y Prifathro Dr R. Tudur Jones i'w fyfyrwyr yng Ngholeg Bala Bangor oedd, '*Glynwch yn ystyfnig wrth ffeithiau'r ffydd.*' Dwy ffaith sylfaenol Cristnogaeth yw'r Groes a'r Atgyfodiad, ac fe ddechreuwn gyda hanes Iesu yn cael ei groeshoelio.

Darlleniad: Ioan 19: 16–30

Emyn 508: *O Iesu croeshoeliedig*

Llefarydd:
Yn gynnar yn ystod ei weinidogaeth gyhoeddus, cododd gwrthwynebiad yn erbyn Iesu pan oedd rhai yn amheus iawn ohono. I ddechrau, ni chafodd groeso gan ei bobl ei hun yn Nasareth, ac yn ddiweddarach daeth arweinwyr crefyddol i fyny o Jerwsalem i'w holi ac i gynllwynio yn ei erbyn. Yn wir, parhaodd hyn ar hyd ei weinidogaeth. O weld gwrthwynebiad o'r fath, pam na fyddai Iesu wedi osgoi'r cyfan drwy fynd yn ôl yn ddistaw bach i ddiogelwch cefn gwlad Galilea, a setlo i lawr a phriodi a magu teulu? Dyma fyddai'r rhan fwyaf wedi ei wneud yn hytrach na mynd yn fwriadol i ganol nyth cacwn yn ninas Jerwsalem ac i blith pobl oedd yn ysu am ei waed. Gŵr ifanc oedd Iesu ar y pryd, ac yn sicr, nid oedd yn chwennych merthyrdod ar groes. Yn wir, roedd meddwl am y peth yn arswyd iddo, fel y dywedir yn yr hanes amdano yng ngardd Gethsemane – '*gan gymaint ei ing*' neu yn ôl un cyfieithiad yn Saesneg, '*He fell into a deadly fear.*' Y canlyniad oedd bod '*ei chwys fel dafnau o waed yn diferu ar y ddaear*'. Ond trwy'r cyfan roedd Iesu yn gwybod am reidrwydd cariad i sefyll dros gyfiawnder, i herio rhagrith

crefyddwyr, i dosturio wrth y cleifion, i estyn llaw cyfeillgarwch i'r gwrthodedig. Yn wir, gwyddai na allai ond gweithredu ei gariad i'r eithaf, ac fe wnaeth hynny gan gymryd 'ein pechodau yn ei gorff ar y croesbren'.

Mae'r hyn a wnaeth Iesu drosom ni ar Galfaria y tu hwnt i'n hamgyffrediad, ond fe gredwn mai 'dyma'r cariad mwyaf rhyfedd fu erioed', ac mai yn y cariad rhyfedd hwn y mae ein gwaredigaeth. Mynegir hyn yn yr englyn:

Heb Iesu, pa le buaswn – o groes
    Iesu Grist, caed pardwn,
    a heddiw gorfoleddwn,
    daw gras o hyd o groes hwn.

Cyd-weddïo Gweddi'r Arglwydd.

Emyn 371: *Er chwilio'r holl fyd*

Darlleniad: Luc 24: 1–12

Llefarydd:
'Myfi yw'r cyntaf a'r diwethaf: a'r hwn wyf fyw, ac a fûm farw; ac wele, byw ydwyf yn oes oesoedd.'

'Yr Iesu hwn a gyfododd Duw i fyny; o'r hyn yr ydym ni oll yn dystion.'

I ni, ddilynwyr yr Arglwydd Iesu Grist, mae ei atgyfodiad yn brawf diymwad o'i fuddugoliaeth ar bechod, angau a'r bedd. Nid tân wedi diffodd a darfod ganrifoedd yn ôl yw bywyd a chariad Duw yn ei Fab ond tân sy' wedi tanio calonnau credinwyr yr oesoedd a pheri iddynt orfoleddu mewn diolchgarwch,

Cans llosgi wnaeth dy gariad pur bob cam,
ni allodd angau'i hun ddiffoddi'r fflam.

Profwyd hynny gan y ddau ddisgybl ar y ffordd adre i Emaus, *'Onid oedd ein calonnau ar dân ynom wrth iddo siarad â ni ar y ffordd, pan oedd yn egluro'r Ysgrythurau inni?'* A thebyg oedd profiad John Wesley hefyd mewn seiat yn Aldersgate, Llundain, *'I felt my heart strangely warmed!'* oedd ei eiriau ef. Ymhellach, nid profiad i ychydig breintiedig yw hyn ond i filiynau ar filiynau o bobl heddiw sy'n credu yn Iesu Grist. Yn aml, rydym yn cael trafferth i fynegi ein ffydd yn y Crist byw yn ystyrlon i eraill. Y mae ein gallu meddyliol yn wan a'n geiriau yn frau, ond fe allwn ddangos mawredd person yr Arglwydd Iesu Grist yn ein haddoliad iddo, yn ein cariad a'n hanwyldeb tuag at ein gilydd, ac yn ein hymroddiad i *'fyw mwyach nid i ni ein hunain ond i'r hwn a fu farw drosom ac a gyfodwyd'.*

Nid oes amheuaeth fod yr atgyfodiad yn rhan hanfodol o'n ffydd. Heb yr atgyfodiad, merthyr yn unig fyddai Crist a gwag fyddai ein bywyd. Y mae atgyfodiad Iesu yn perthyn i graidd ein ffydd fel Cristnogion, a heb y Crist byw byddai ein bywyd yn wag o obaith y bywyd Cristnogol. Gŵr oedd yn gwbl argyhoeddedig o hyn oedd yr Apostol Paul fel y pwysleisiodd yn ei lythyr i Gristnogion Eglwys Corinth, *'Os nad yw Crist wedi ei gyfodi, gwagedd yw'r hyn a bregethir gennym ni, a gwagedd hefyd yw eich ffydd chwi... Ac os nad yw Crist wedi ei gyfodi, ofer yw eich ffydd, ac yn eich pechodau yr ydych o hyd.'*

Gweddïwn:
(a) Diolchwn i ti, ein Tad, am dystiolaeth bendant dy was Paul fod Iesu Grist yn fyw! Cofiwn iddo fynegi hyn yng nghanol gwrthwynebiad chwyrn ac erledigaeth greulon. Yn wir, ein Tad,

dioddefodd gyfnodau hir mewn carchardai, ac yn y diwedd ei ferthyru. Ni allwn ond rhyfeddu at ei ymlyniad diwyro a'i dystiolaeth orfoleddus i'w Waredwr yn wyneb angau ei hun. Diolchwn hefyd, ein Tad, am dystiolaeth pawb arall i'r ffydd Gristnogol, a hynny i lawr ar hyd yr oesoedd. Ie,

Am bawb fu'n wrol dros y gwir
  dy enw pur foliannwn;
am olau gwell i wneud dy waith
  mewn hyfryd iaith diolchwn.

Gweddïwn ar i lawenydd ysbryd y Crist byw aros yn ein calonnau, nid unwaith bob blwyddyn dros gyfnod y Pasg ond bob amser fel y gallwn ddathlu cariad buddugoliaethus Iesu Grist bob Sul o'r flwyddyn.

Gorfoleddwn, llawenhawn:
gwag yw'r bedd, a'r nef yn llawn;
rhoddwn ynot ti ein ffydd,
arwr mawr y trydydd dydd.

(b) Gweddïwn dros dy Eglwys ar ein daear, ac yn arbennig y rhai sy'n dioddef erledigaeth a merthyrdod oherwydd eu hymlyniad i'w ffydd yn Iesu Grist. Ni allwn ond edmygu eu dewrder, a rhoi diolch i ti am eu cynnal yn wyneb poen dioddefaint a marwolaeth. O Dad, derbyn ein diolch a'n clod.

Gweddïwn dros dy eglwysi yn ein gwlad. Diolchwn iti na adewaist dy hun heb dyst i'th gariad a'th ras yn Iesu Grist. Do, fe anfonaist atom dy weision i gyhoeddi'r newyddion da yn y gorffennol, a diolchwn am bawb sy'n ymateb i'th alwad heddiw. Gofidiwn, ein Tad, dros gyflwr ysbrydol ein heglwysi, a gweddïwn am adfywiad gwirioneddol unwaith eto yng Nghymru.

Dy Eglwys, cofia hi
  ar gyfyng awr ei thrai,
datguddia iddi'i bri,
  a maddau iddi'i bai
am aros yn ei hunfan cyd,
a'i phlant yn crwydro ar faes y byd.

Gweddïwn am nerth i gadw'n ffyddlon i wirioneddau dy Air, ac i lynu'n ddi-ildio i'r hyn y'n gelwaist iddo. Y mae'r dyddiau yn ddrwg ein Tad, ac y mae'n hawdd digalonni, ond dyro inni ffydd i ddweud gyda'r emynydd,

Mae'r gelyn yn gry', ond cryfach yw Duw;
af ato yn hy, tŵr cadarn im yw:
pan droir yn adfeilion amcanion pob dyn
mi ganaf mor ffyddlon yw'r Cyfaill a lŷn.

Clyw ein gweddïau a rhagora ar ein deisyfiadau yn enw ein Harglwydd Iesu Grist. Amen.

Emyn 553: *Yr Iesu atgyfododd*

Y Fendith:
Yn awr arwain ni, ein Tad, oddi yma yn sicr ein ffydd yn dy Fab annwyl Iesu Grist, ac i'w wasanaethu mewn gostyngeiddrwydd ysbryd a llawenydd calon. A bendith Duw hollalluog, y Tad, y Mab a'r Ysbryd Glân a fyddo gyda ni oll. Amen.

AGOR FFENESTRI

Gweddïwn:

Ein Tad annwyl a chariadus, agor ffenestri ein meddyliau i weld rhyfeddodau dy gariad a'th ras yn Iesu Grist. Agor ddrysau ein calonnau i deimlo gwres dy Ysbryd a rhyddha linynnau ein tafodau i glodfori dy enw. Gofynnwn hyn yn enw ein Harglwydd Iesu Grist. Amen.

Emyn 3: *Agorwn ddrysau mawl*

Darlleniad: Luc 4: 16–22

Llefarydd:

Gydag ymdeimlad o anwyldeb a diolchgarwch y cofia llawer ohonom yr Eglwys lle y cawsom fagwraeth dda, a chyfle i agor ffenestri newydd yn ein bywydau. Dyma dystiolaeth aelod sy'n tystio i hynny, a gallai fod yn dystiolaeth llawer ohonom.

'Cefais fagwraeth ysbrydol arbennig iawn yn Eglwys fy mebyd. Eglwys fechan ydoedd o ran aelodaeth, ond perthynai i Achos mawr yr Arglwydd Iesu Grist. Pobl gyffredin cefn gwlad oedd mwyafrif yr aelodau, ond roedd eu hymroddiad i gynnal oedfa ac Ysgol Sul yn ardderchog. Mae'r Eglwys fechan hon wedi dod i ben ers blynyddoedd bellach, ac mae'r rhan fwyaf o blant yr Ysgol Sul wedi gadael yr ardal ac yn byw mewn rhannau eraill o Gymru a thu hwnt. Tybed a ydynt o dro i dro fel finnau yn dwyn i gof yr amseroedd gynt ym mro eu mebyd ac yn dal i gofio dylanwad grasol yr oedfaon a'r Ysgol Sul ar eu bywydau?'

Cyd-weddïo Gweddi'r Arglwydd.

43

Emyn 613: *O Arglwydd Dduw ein tadau*

Llefarydd:
Awn yn ôl a pharhau i wrando ar yr atgofion am yr Ysgol Sul.

'Roedd tua phump ar hugain o blant a thri athro ymroddedig yn mynychu'r Ysgol Sul. Yn nosbarth y plant lleiaf, byddai hen wraig annwyl iawn yn gosod cerdyn mawr o'r wyddor ar y wal i'n dysgu i adnabod y llythrennau ac i ddarllen y Beibl a llyfrau eraill. Yn wir, canlyniad hyn oedd bod gan y rhan fwyaf ohonom grap go dda ar y llythrennau cyn dechrau yn yr ysgol ddyddiol ac yn gallu darllen llyfrau syml.

'Cymerai athrawes arall ddiddordeb mawr mewn cerddoriaeth, ac yn aml iawn byddai yn gosod y Modulator o'n blaenau i'n dysgu i ddarllen nodau Tonic Sol-ffa. Yn sicr, bu'n gymorth mawr yn nes ymlaen i lawer ohonom wrth ymaelodi â gwahanol gorau. Mae clodfori Duw ar gân yn rhan bwysig o'n haddoliad, ac mae ein dyled i athrawon yr Ysgol Sul am yr hyfforddiant a gawsom yn ddifesur. Yn Llyfr y Salmau, fe'n hanogir i glodfori enw Duw â nifer o offerynnau. Gadewch inni wrando ar Salm cant pum deg.'

Darlleniad: Salm 150

Llefarydd:
'Molwch yr Arglwydd.' Dyma yw byrdwn y salm hon o'i dechrau i'w diwedd, ac fe'n cymhellir i wneud hynny nid yn unig gyda'n lleisiau ond gyda phob offeryn cerdd posibl – offerynnau chwyth, tannau ac offerynnau taro, ac yn y blaen. Er enghraifft, adnodau 3 a 4:

Molwch ef â sain utgorn,
molwch ef â nabl a thelyn.
Molwch ef â thympan a dawns,
molwch ef â llinynnau a phibau.

Yn ddiddorol iawn, mae cyfieithiad William Morgan yn cynnwys yr organ hefyd. Mae'r organ heddiw yn cael lle anrhydeddus iawn yn ein capeli a'n heglwysi, ond ar un adeg roedd rhagfarn a gwrthwynebiad ffyrnig i osod organ mewn lle o addoliad. Ofnai'r arweinyddion eglwysig y byddai'r organ yn cyffroi teimladau cyntefig a chnawdol y werin bobl yn ormodol, ac y byddent yn colli urddas a phwrpas addoli. Yn wir, cymaint oedd eu rhagfarn fel i rai ohonynt alw'r organ yn *'offeryn y Diafol'!* Heddiw, mae rhagfarnau o'r fath wedi hen ddiflannu o'r tir, a bellach mae'r organ yn cael lle anrhydeddus yn ein moliant o Sul i Sul.

Swyddogaeth yr organydd yw hwyluso'r gynulleidfa i glodfori enw Duw, a diolchwn am eu gwasanaeth ffyddlon o Sul i Sul. Yn ogystal â hyn, diolchwn am emynau sy'n costrelu profiadau Cristnogion i lawr ar hyd y canrifoedd. Y mae llawer o'r profiadau gynt yn fynegiant o'n ffydd ninnau heddiw yn yr Arglwydd Iesu Grist. Hefyd, mae gennym ddonau ardderchog i'n cynorthwyo i ganu'r emynau hyn. Ie, dyledwyr ydym i'r rhai a neilltuodd eu doniau i gyfoethogi moliant ein haddoliad a'n hatgoffa fod gennym destun cân i'n sbarduno i ganu amdano ac Arglwydd i'w glodfori. Gorffennwn ein myfyrdod am ganu cynulleidfaol gyda sylwadau gan John Wesley sy'n dal yn berthnasol i ni heddiw.

Yn gyntaf. Canwch bob amser, hyd yn oed os oes gennych groes i'w chario. Gall y fendith ddod ar yr awr anodd.

Yn ail. Canwch yn gryf ac nid fel petaech yn hanner cysgu neu yn hanner marw! Peidiwch ag ofni eich llais eich hun.

Yn drydydd. Canwch er hynny yn ostyngedig. Peidiwch â bloeddio nes bod eich llais i'w glywed ar wahân ac uwchlaw pawb arall. Peidiwch â difetha'r gynghanedd.

Yn bedwerydd. Cadwch yr amseriad cywir. Peidiwch â bod o flaen y lleill nac ar eu hôl. Gofalwch nad ydych yn llusgo canu.

Ac yn bumed. Canwch yn ysbrydol, gyda golwg ar Dduw ymhob brawddeg. Anelwch at ei blesio ef yn fwy na'ch plesio chi eich hun.

Ac yn olaf, glynwch yn gadarn wrth ystyr yr hyn a ganwch, a gofalwch na fydd eich calon yn cael ei chario i ffwrdd gan y dôn ond wedi ei chyflwyno i Dduw yn gyson fel y derbyniwch ei gymeradwyaeth ef.

Emyn 18: *Gwaith hyfryd iawn a melys yw*

Llefarydd:
Gadawn gynghorion John Wesley rŵan a mynd yn ôl at atgofion bore oes am athrawon yr Ysgol Sul.

'Y trydydd athro yn yr Ysgol Sul oedd fy nhad, ac ef oedd yn gyfrifol am ddosbarth y plant hynaf. Yn achlysurol byddai yn estyn cerdyn caled o'r Deg Gorchymyn, ac ar ei waelod roedd y ddau orchymyn mawr sef, "Câr yr Arglwydd dy Dduw â'th holl galon, â'th holl enaid ac â'th holl feddwl,... a châr dy gymydog fel ti dy hun." Yn ystod ein plentyndod roedd dysgu adnodau ar ein cof yn

46

rhan o'r drefn, ac yn achlysurol byddem yn cael ein galw ymlaen fel dosbarth i'r sêt fawr i adrodd y Deg Gorchymyn. Nid oeddem ar y pryd yn hoffi hyn o gwbl, ond wrth edrych yn ôl credwn ei fod yn ffordd ardderchog i'n trwytho yn egwyddorion sylfaenol y Beibl.'

Darlleniad: Exodus 20: 1–17 *Y Deg Gorchymyn*
Mathew 22: 34–40

Llefarydd:

Y mae pwysleisio gwerth y Deg Gorchymyn yn dwyn i gof hanes mynyddwr enwog o'r enw Maurice Wilson. Penderfynodd ddringo Everest, mynydd ucha'r byd. Yn broffesiynol iawn, casglodd o'i amgylch dîm o fynyddwyr profiadol, a threuliodd dair blynedd yn cynllunio'r daith yn ofalus a chasglu'r offer angenrheidiol ar gyfer yr orchwyl. Ond er ei holl baratoi a'i ymroddiad, methiant fu'r ymdrech, a rhaid oedd dychwelyd yn siomedig. Pan ofynnwyd iddo beth oedd prif achos methu cyrraedd copa'r mynydd, ei ateb oedd, '*I under-estimated the mountain and over-estimated my own power.*' Onid hyn yw'n hanes ni yn aml? Rydym yn tybio y gallwn ddringo mynydd perffeithrwydd yn ein nerth ein hunain, a llwyddo i gael bodlonrwydd mewnol drwy ein campau moesol a'n hymdrechion pitw. Holed pob un ohonom ei hunan, ac yn arbennig yng ngoleuni mawredd yr hyn a wnaeth Iesu Grist drosom ar fynydd Calfaria.

Gweddïwn:

Ein Tad trugarog a graslon, cynorthwya ni i fyfyrio ymhellach ar fawredd dy gariad tuag atom yn Iesu Grist, ac i wneud hynny yn ysbryd yr emyn,

Dringo'r mynydd ar fy ngliniau
  geisiaf, heb ddiffygio byth;
tremiaf drwy gawodydd dagrau
  ar y groes yn union syth:
    pen Calfaria
  dry fy nagrau'n ffrwd o hedd. Amen.

Emyn 199: *Dyma gariad, pwy a'i traetha*

Y Fendith:
Diolchwn i ti, ein Tad, am bob cyfle a gawsom yn yr oedfa hon i agor ffenestri ein meddyliau i weld mawredd dy gariad tuag atom yn Iesu Grist, a'r modd y cawsom bob cyfle i dyfu yn y ffydd oddi mewn i'th Eglwys. Wrth ymadael â'r cysegr, cadw ni rhag ymadael â thi. Parhaed dy gwmni yn felys o'n mewn weddill y dydd, ac arhosed bendith dy gariad yn Iesu Grist ar ein teuluoedd ac ar deuluoedd Duw ymhob man. Amen.

CEIDWAD ENEIDIAU

Gweddi agoriadol:
O Dduw ein Tad, cynorthwya ni i ymdawelu efo'n gilydd yn dy
dŷ, a chyda'n gilydd i ymwybod o'th bresenoldeb sanctaidd. Dyro
dy gymorth i bawb ohonom i dy addoli, ac i geisio o'r newydd
ymateb i'r newyddion da o lawenydd mawr fod Iesu Grist yn
Ffrind ac yn Geidwad ein heneidiau. Amen.

Emyn 4: *Mae'r nefoedd faith uwchben*

Darlleniad:　　Salm 8
　　　　　　　　　Salm 121

Llefarydd:
Yn aml, mae pregethwr yn dechrau ei bregeth drwy gyflwyno
adnod yn destun, ac os ydyw'n bregethwr Beiblaidd, mae'n
seilio ei neges ar yr adnod honno. Ond yr hyn rydym am ei
wneud heddiw yw cymryd pennod gyfan, sef Salm 121, a thrwy
wneud hynny, ceisio ei deall o'r newydd a'i gwerthfawrogi yn ei
chyfanrwydd.

Felly, heb oedi, fe ddechreuwn gyda chymal o'r adnod gyntaf,
'Dyrchafaf fy llygaid...' Y mae nifer o'r salmau yn adlewyrchu
profiadau dwys ac anodd pobl Israel, ond yn Salm 121 nid yw'r
salmydd yn ymollwng i ofn ac anobaith. Yn hytrach, mae'n
codi ei olygon mewn ffydd, *'Dyrchafaf fy llygaid...'* Y mae mor
hawdd gostwng ein llygaid mewn anobaith wrth wrando ar
y newyddion a hefyd pan mae profedigaethau bywyd yn dod
heibio – profedigaethau sy'n dod i'n rhan ni i gyd, megis siom
colli iechyd, neu wendid henaint a hiraeth colli anwyliaid. Rydym

i gyd yn gwybod am y profiadau yma, ond diolchwn fod gennym ein Tad nefol i droi ato i'n nerthu i godi ein golygon uwchben cymylau amser. Dyma yn union mae'r salmydd yn ei wneud – *'Dyrchafaf fy llygaid'*. Plentyn ffydd sydd yma.

'Dyrchafaf fy llygaid i'r mynyddoedd...' Fel ni'r Cymry, y mae'r Iddewon yn hoff iawn o fynyddoedd eu gwlad, ac yn y Beibl mae llawer o gyfeiriadau at fynyddoedd. Er enghraifft, ar fynydd Horeb gwelodd Moses y berth yn llosgi heb ei difa. Ar fynydd Sinai derbyniodd Moses y Deg Gorchymyn, ac ar fynydd Nebo bu farw Moses yng ngolwg gwlad yr addewid. Priodol iawn felly fydd canu emyn hyfryd Thomas William Bethesda'r Fro, sy'n cyfeirio at fynydd Nebo. Rhif yr emyn yw 749,

Adenydd colomen pe cawn,
  ehedwn a chrwydrwn ymhell,
i gopa bryn Nebo mi awn
  i olwg ardaloedd sydd well.

Emyn 749: *Adenydd colomen pe cawn*

Llefarydd:
'Dyrchafaf fy llygaid i'r mynyddoedd, o'r lle y daw fy nghymorth' yw cyfieithiad yr Esgob William Morgan, ond y mae'r cyfieithiad newydd yn wahanol, a chwestiwn sydd yn yr ail ran, *'O ble y daw cymorth i mi?'* I lawer ohonom, y mae'r cyfieithiad newydd yn rhagori gan ei fod yn pwysleisio nad o'r mynydd y mae cymorth i'w gael ond oddi wrth Greawdwr y mynydd. Mewn geiriau eraill, gofyn cwestiwn y mae'r salmydd er mwyn rhoi'r ateb, ac er mwyn cyhoeddi fod cymorth i'w gael oddi wrth Greawdwr y mynydd. *'Fy nghymorth a ddaw oddi wrth yr Arglwydd, **yr hwn a wnaeth nefoedd a daear.'***

Mae rhai yn credu mai un digwyddiad ar ddechrau amser oedd creu'r byd, a bod Duw fel petai ar ôl y prysurdeb hwnnw wedi ymddeol a gadael y greadigaeth i fynd fel cloc yn ei nerth ei hunan. Ond nid felly y mae. Proses ddiddiwedd yw gwaith creadigol Duw oherwydd y mae'n creu ac yn cynnal ei fyd heddiw. Dysg y Beibl nad creu'r byd a'i adael yn amddifad a wnaeth Duw. Dywedodd Iesu, '*Y mae fy Nhad yn dal i weithio hyd y foment hon, ac yr wyf finnau'n gweithio hefyd.*' Mae Duw yn creu ac yn dal i greu heddiw fel ag erioed, a byddwn yn gweld hynny eto eleni yn y gwahanol dymhorau a gawn.

Llefarydd:
Deuwn yn ôl at y mynydd unwaith eto. Mae elfen heriol a pheryglus yn perthyn i fynydd, ac y mae ei ddringo yn cynnig antur i lawer iawn, yn arbennig i bobl ifanc. Tybed faint ohonom yn ifanc a gerddodd yn ddidrafferth i gopa'r Wyddfa, ond sydd bellach yn cyrraedd pen y mynydd, nid ar eu traed ond ar ein heistedd yn y trên bach! Mae chwarter canrif a mwy yn gwneud gwahaniaeth mawr i lawer ohonom! '*O ble y daw cymorth i mi?*' Gobeithiwn ein bod yn barotach i dderbyn cymorth fel yr awn yn hŷn. Cymorth sylwn, ac nid dihangfa! Onid hyn a gawn ni mewn oedfa? Cymorth i gerdded ymlaen, ac i wynebu yfory a phob yfory a ddaw i'n rhan.

'*Duw yn gymorth.*' Y mae rhai anffyddwyr yn dannod nad cymorth yw crefydd ond dihangfa anghyfrifol oddi wrth y byd a'i broblemau. Yn un o'i gerddi dychan, y mae Dr Pennar Davies yn ein rhybuddio y gall ein dull o grefydda achosi inni anghofio'r byd a'i loes:

Mae'n gas gennym feddwl am gyflwr y byd,
  Mae'n well gennym ganu a chanu o hyd,
Cans dyna yw crefydd, cymanfa ac Undeb,
  A stori a llefain, a dawn ac ystrydeb.

Mae'n rhaid cyfaddef ei bod yn bosibl defnyddio crefydd fel dihangfa ac esgus i droi cefn ar y byd a'i broblemau, ond fe'n galwyd gan Iesu Grist i ymwadu â ni'n hunain, i godi'n croes a'i ganlyn ef. Nid clustog i orwedd ac i gysgu arni yw crefydd ond cymorth i wynebu her bywyd ac i fyw.

Emyn 685: *Brwydra bob dydd, cryfha dy ffydd*

Gweddïwn:
(a) Diolchwn i ti, ein Tad, am emyn sy'n ein hannog i ymddiried yn ffyddlondeb dy gariad tuag atom, ac i ymdrechu i fyw i Iesu oherwydd Crist yw'r ffordd, a Christ yw'r nod.

Diolchwn iti am bob anogaeth a gawn oddi wrth ein gilydd i fyw'r bywyd newydd yng Nghrist. Cofiwn gydag anwyldeb, ein Tad, y gofal a gawsom ym more oes gan ein rhieni a'n perthnasau, ac am bob disgyblaeth garedig i'n tywys i'r bywyd dyrchafedig a da. Cofiwn mai yn ein cartref y cawsom brofiadau dyfnaf ein bywyd megis llawenydd geni a hapusrwydd priodi, a phryder afiechyd a dwyster angau a cholli anwyliaid. O Dad, gwna ni'n ddiolchgar am aelwyd i fyw arni a chwmni teulu i'n cysuro a'n cefnogi, a hynny mewn byd lle mae cymaint o'th blant yn ddigartref ac yn amddifad. Dyro inni ysbryd parod i rannu'r hyn a gawsom ag eraill gan gofio bob amser fod pob merch a mab i ti yn chwaer a brawd i ni, O Dduw.

(b) Cydnabyddwn mai ti yw ffynhonnell pob daioni a Duw pob gras a chariad yn Iesu Grist. Gwyddom nad ydym wedi gwerthfawrogi hyn fel ag y dylem bob amser a'n bod ni wedi syrthio'n fyr yn ein hymdrech i wneud dy ewyllys sanctaidd. Wrth fynegi hyn, ein Tad, dwysâ ni ag ysbryd edifeirwch ac ysbryd ceisio dy wyneb o'r newydd. *'Crea galon lân ynom, O Dduw, ac adnewydda ysbryd uniawn o'n mewn,'* fel y byddom yn well disgyblion i'th Fab Iesu Grist.

Cofiwn gyda diolch am bawb fu'n wrol dros y gwir, yn ffyddlon i bob egwyddor dda a dyrchafedig. Diolchwn am y rhai sy'n cyflawni eu dyletswyddau heb ddisgwyl dim yn ôl – dim ond gwybod eu bod yn gwneud yr hyn sy'n iawn ac wrth dy fodd. Gofynnwn am dy fendith ar ein cyfeillion sy'n byw yn ein mysg ac yn esiampl i ninnau. Gwna inni werthfawrogi eu cwmni ac arwain ninnau i wneud ein rhan yng ngwaith dy deyrnas.

Uwchlaw pob dim diolchwn am Iesu, ein brawd a'n Ceidwad bendigedig a roddodd ei einioes drosom ni ar y groes. Yn ysbryd ei gariad edrych arnom fel Eglwys yn drugarog, gan gofio'n arbennig y rhai a garai fod yn ein plith ond sy'n methu ar hyn o bryd oherwydd afiechyd a gwendid henaint. O Dad, bugeilia hwy drwy ofal eu hanwyliaid, a dyro iddynt fel ninnau dy dangnefedd. Gofynnwn hyn yn enw ac yn haeddiant dy Fab annwyl Iesu Grist. Amen.

Llefarydd:
Mae'r salmydd yn y rhan gyntaf o Salm 121 yn tystio fod Duw yn gymorth i wynebu her bywyd, ond yng ngweddill y salm mae'r salmydd yn pwysleisio fod Duw yn fwy na chymorth. Y mae hefyd yn Geidwad, *'Yr Arglwydd yw dy geidwad'*, ac yn *'Arglwydd a'th geidw rhag pob drwg'* neu yn ôl cyfieithiad arall, *'a'th geidw rhag yr* **Un drwg'**.

Gwêl rhai gyfeiriad at y diafol yn y cyfieithiad hwn. Byddai pawb ers talwm yn credu ym modolaeth y diafol. Beth amdanom ni heddiw? Ydi'r diafol a'i anfadwaith yn real inni? Mae'n siŵr fod llawer ohonom wedi derbyn rhybudd yn blant, 'Paid ag edrych yn y drych – mi weli di'r diafol!' Dywedodd Martin Luther, arweinydd y Diwygiad Protestannaidd, iddo un tro weld y diafol, a hynny yn ei stydi o bob man! Syllai'r diafol arno, gan grechwenu arno, a'r hyn a wnaeth Martin Luther yn ei fraw oedd taflu potel inc ato! Y mae pobl heddiw wedi mynd i'r pegwn arall. Nid ydynt yn credu yn Nuw na chwaith yn y diafol. Dyma i chi bennill gogleisiol iawn i feddwl drosto:

The devil is dead they say;
the devil is dead and gone.
If that is so, I should like to know
who carries the business on?!

Beth bynnag yw'n barn am fodolaeth y diafol, mae effaith drygioni yn amlwg yn ein cymdeithas heddiw ac ym mywydau pawb ohonom. Yn ei ddarlithoedd yng ngholeg Bala-Bangor, pwysleisiai'r Athro Alwyn Charles wrth y myfyrwyr i gymryd effeithiau pechod o ddifri oherwydd 'gelyn dieflig yw drygioni, ond cofiwch hyn, cymerwch ras a chariad Duw yn llawer mwy o ddifri.' Ni allwn ond ategu hyn i'r eithaf a dweud gyda'r emynydd:

Mae dy ras yn drech na phechod –
aeth dy ras â'm henaid i;
paid rhoi 'fyny
nes im gyrraedd trothwy'r drws.

Llefarydd:

Gair arall allweddol yn y salm hon yw 'enaid' – ail gymal y seithfed adnod, *'Efe a geidw dy enaid.'* Ar un llaw meidrolion amser ydym, ond ar y llaw arall rydym yn fwy na hynny. Y mae'r Beibl yn mynegi hyn drwy ddweud mai *'enaid'* yw dyn, a bod angen mwy na'r byd hwn i ddiwallu ein hanghenion dyfnaf. Meddai Awstin Sant, *'Tydi a'n creaist i ti dy hun, ac ni chaiff ein calonnau orffwysfa hyd nes y gorffwyswn ynot ti.'* Y mae hyn yn wir. Eneidiau ydym yn credu fod mwy i fywyd na'r bywyd yn y byd hwn. Mynegir hyn yn gryno gan y Prifardd Gwilym R. Tilsley wrth iddo sefyll ar lan bedd ei dad,

Er rhoi ei bridd dan bridd bro
Mi wn nad yw ef yno.

Pridd ydym, ac eto yn fwy na phridd. Y mae dyheadau ysbrydol o'n mewn. Eneidiau ydym mewn angen mawr – angen maddeuant pechodau a meddyginiaeth cariad Duw yn Iesu Grist.

Y mae'r gair *'cadw'* yn y salm hon yn cyfeirio'n meddyliau at fynydd arall – mynydd Calfaria sydd yn ein hatgoffa fod cadw pechaduriaid fel ni wedi costio'n ddrud i Iesu Grist.

Dros bechadur buost farw,
  dros bechadur, ar y pren,
y dioddefaist hoelion llymion
  nes it orfod crymu pen.

Plygu pen i gyflawni bwriad cariad achubol Duw wnaeth Iesu Grist, ond plygu pen mewn ysbryd edifeiriol sy'n weddus i ni wrth gofio am ein rhan yn y gwrthodiad mawr. Ond y newyddion da yw bod ei ras ef yn gryfach na'n casineb ni ac yn drech na'n pechodau ac yn fwy na digon i'n cadw rhag digalonni a llithro i bwll anobaith.

Llefarydd:
Tynnwn ein myfyrdod i ben. Beth yw bywyd? Mynyddoedd o anawsterau, medd rhai. Y mae'n gallu teimlo felly ambell dro yn wyneb rhwystrau a themtasiynau sydd yn ein llethu a'n digalonni'n llwyr. Meidrol a ffaeledig ydym ar y gorau. Ond trwy drugaredd, y mae gwedd arall i fywyd. Plant y ffydd ydym, neu fel yr arferai rhai ddweud ers talwm, 'plant y cadw' yw credinwyr yn Iesu Grist. Y mae gennym Geidwad i edrych i fyny arno gydag edmygedd mawr, heb ofni cael ein siomi ynddo, ac un y gallwn ymddiried ynddo yn llwyr fel ffrind a Cheidwad ein heneidiau. Gadewch inni gredu hyn, a thrwy nerth ei ras, adlewyrchu grym ei gariad yn ein bywyd heddiw, a hyd byth. Er mwyn ei enw. Amen.

Emyn 740: *Arglwydd Iesu, arwain f'enaid*

Y Fendith: O Arglwydd, wrth ymadael â'th dŷ, dyfnha dy afael arnom fel y byddom yn Gristnogion cywir ein ffydd a pharotach ein hysbryd i wneud dy waith. Ac i ti ein Tad, ac i'th Fab ein Harglwydd Iesu Grist ac i'r Ysbryd Glân, y byddo'r clod a'r gogoniant heddiw a hyd byth. Amen.

BYDDIN YR IACHAWDWRIAETH

(Awgrymir dechrau'r gwasanaeth gyda'r gynulleidfa yn gwrando ar recordiad o fand pres Byddin yr Iachawdwriaeth.)

Gweddïwn:
Yng nghlyw ac yn ysbryd band pres Byddin yr Iachawdwriaeth, cynorthwya ni, ein Tad, i barhau i glodfori dy enw yn llawen ein cân. O Arglwydd ein Duw, ti yw Crëwr a Chynhaliwr pob peth byw, a thi yn Iesu Grist yw Gwaredwr ein bywyd. Gofynnwn iti oleuo'n deall ac agor ein meddyliau fel y gwelwn o'r newydd mor rhyfeddol yw dy gariad tuag atom yn Iesu Grist. Clyw ein gweddi ac aros gyda ni. Er mwyn ei enw. Amen.

Emyn 598: *Ysbryd y gorfoledd*

Llefarydd:
Mae'r gwasanaeth heddiw yn seiliedig ar y mudiad ardderchog hwnnw, 'Byddin yr Iachawdwriaeth'. Rydym yn gyfarwydd â chlywed aelodau'r Eglwys arbennig honno (Ie, Eglwys ydi hi!) yn tystio i'r Arglwydd Iesu Grist ar y strydoedd i esmwytháu bywyd y bobl hynny y mae'r byd yn eu hanghofio. Yn yr oedfa heddiw edrychwn yn fwy manwl ar ddechreuadau'r mudiad, ac ar ei sylfaenydd. Ond cyn hynny fe wrandawn ar ychydig o adnodau o lythyr Iago sy'n pwysleisio'r wedd ymarferol i'r bywyd Cristnogol.

Darlleniad: Llythyr Iago 1: 19–27

Gweddïwn:

Diolchwn iti, ein Tad, am y fraint o fod yn aelodau o Eglwys dy Fab, ein Harglwydd Iesu Grist, a ddaeth i'n byd yn dlawd fel y cawn ni ein cyfoethogi drwy ei dlodi ef. Gwna i ni sylweddoli fod canlyn Iesu yn golygu ymwadu â ni'n hunain, codi'n croes a'i ganlyn ef. Cadw hyn yn gyson yn ein meddyliau fel y byddom yn adlewyrchu dy gariad yn ein bywyd ac yn ein perthynas â'n gilydd. Diolchwn, ein Tad, am bawb sy'n cymryd galwad Iesu Grist o ddifrif calon. Diolchwn iti am dy Eglwys ac am ei thystiolaeth. Gwna hi'n fwy o rym er daioni yn y byd, ac yn well cyfrwng i'th Ysbryd ar feddyliau ac eneidiau dy bobl. O Dad, achub dy Eglwys yn ei blin filwriaeth, a chadw hi rhag pob culni a hunanoldeb, a phob peth arall sy'n rhwystr i waith dy gariad a'th ras yn Iesu Grist.

Dy Eglwys, cofia hi
ar gyfyng awr ei thrai,
datguddia iddi'i bri,
a maddau iddi'i bai
am aros yn ei hunfan cyd,
a'i phlant yn crwydro ar faes y byd.

Gofynnwn iti ein deffro ninnau i fywyd newydd, ac i'n cyfrifoldeb i wneud ein rhan yng ngwaith dy deyrnas. Gweddïwn dros aelodau dy Eglwys yma, ac yn arbennig y rhai sy'n llesg ac yn anabl i ymuno â ni yn ein haddoliad. O Dad, dyro iddynt ffydd i ymwybod dy fod wrth law i wrando eu cri, a boed i ninnau gofio galw heibio i godi eu calon. Un teulu ydym ynot ti, Ein Tad, a brodyr a chwiorydd i'n gilydd yng Nghrist. Maddau eiddilwch ein gweddïau, a rhagora ar ein deisyfiadau oherwydd y gofynnwn hyn yn enw dy Fab, ein Harglwydd Iesu Grist. Amen.

Emyn 812: *Bydd gyda ni, O Iesu da*

Llefarydd:
Eglwys sy'n credu mewn Cristnogaeth ymarferol yw Byddin
yr Iachawdwriaeth, ac ers cael ei sefydlu yn 1865 bu'n cyflawni
gwaith ardderchog ymhlith y tlawd a'r amddifad yn y gymdeithas.
Y gŵr a sefydlodd Eglwys Byddin yr Iachawdwriaeth oedd
William Booth. Ganwyd ef i deulu tlawd yn Nottingham yn
1829, a gadawodd yr ysgol yn dair ar ddeg oed i weithio mewn
siop leol. Yn bymtheg oed, fe gafodd dröedigaeth, ac ymunodd â'r
Methodistiaid Wesleaidd. Yn fuan wedyn, dechreuodd bregethu
i drigolion tlawd Nottingham, a gwnaeth hynny yn rymus a
thanllyd iawn.

Credai'n argyhoeddedig fod yr Efengyl i'w chynnig i bawb, a
dechreuodd bregethu allan yn yr awyr agored. Cymysg oedd
ymateb y gynulleidfa ar y dechrau, ac aeth William Booth adre
fwy nag unwaith wedi ei glwyfo, a'i ddillad wedi eu rhwygo
gan ei wrthwynebwyr. Ond er iddo gael ei gam-drin fwy nag
unwaith yn enbyd, fe ddaliodd ati i bregethu i'r dosbarth tlotaf
yn y gymdeithas. Penderfynodd fynd â hwy i'w gapel ei hun, a
rhoddodd hwy i eistedd yn y seddau blaen. Fodd bynnag, nid
oedd hyn yn plesio'r gynulleidfa barchus, a siomwyd William
Booth yn fawr iawn yn eu hymateb. Mae emyn ardderchog W.
Pari Huws yn rhoi darlun clir i ni o genhadaeth unrhyw wir
eglwys, ac fe ganwn yr emyn *'Arglwydd Iesu, llanw d'Eglwys'*.

Emyn 839: *Arglwydd Iesu, llanw d'Eglwys*

Llefarydd:
Yn 1849 symudodd William Booth i Lundain, ac yno fe gafodd
ei ordeinio yn weinidog gyda'r Wesleaid yn Eglwys Gateshead.

Cyflawnodd ei waith yno gydag ymroddiad llwyr, a deuai pobl wrth y cannoedd i wrando arno ar y Sul, ond allan yn yr awyr agored yr hoffai weithio a phregethu. Tyrrai pobl o'i gwmpas, ac yn aml cerddai yng nghwmni tyrfa fawr o bobl i lawr strydoedd Gateshead, a hwythau'n cyd-ganu emynau ar donau poblogaidd y cyfnod. Dyma'r tonau oedd yn gyfarwydd i bobl y slymiau a'r strydoedd cefn – tonau'r dafarn – a than weinidogaeth William Booth gwelid meddwon yn canu emynau arnynt. Roedd William Booth wrth ei fodd, ac meddai, *'Pam y dylai'r diafol gael yr alawon gorau i gyd?'*

Yn fuan iawn yn ei weinidogaeth gwelodd fod problem y slymiau yn waeth o lawer na dim a welodd yn Nottingham. Gwelodd yn Llundain dlodi enbyd a theuluoedd mawr mewn amgylchiadau truenus, ac roedd llawer ohonynt yn gaeth i'r ddiod. Cerddai plant bach o gwmpas y strydoedd yn feddw, a gorfodai rhieni eu babanod i yfed cwrw. Cafodd William Booth ei ysgwyd yn fawr wrth weld budreddi'r ddinas ac anfoesoldeb y bobl, a phenderfynodd fod rhaid newid y sefyllfa ar fyrder. Teimlai nad oedd yr eglwysi traddodiadol yn effro i'r argyfwng o gwbl. Er hynny, ni adawodd yr Eglwys Wesleaidd ar unwaith. Yn hytrach, ar ôl dwy flynedd yn weinidog yn Eglwys Gateshead, gofynnodd am gael ei ryddhau er mwyn cael teithio ar hyd a lled y wlad i bregethu.

Ymhen pedair blynedd, fodd bynnag, fe ddaeth yn ôl i Lundain, gan egluro fod slymiau Llundain ar ei feddwl ddydd a nos, ac y dymunai weithio mwyach ymhlith trueiniaid y ddinas. Mae dameg 'Y Samariad Trugarog' yn hynod addas yma yn tydi? Gwrandawn ar y ddameg fel y'i ceir yn yr Efengyl yn ôl Luc.

Darlleniad: Luc 10: 25–37

Llefarydd:

Ymddwyn fel y Samariad Trugarog yng ngwir ystyr y gair a wnâi William Booth, ac annog eraill i wneud yr un modd. Ar y cychwyn, nid oedd yn ei fwriad o gwbl i ffurfio'i fudiad ei hun, ond yn wyneb arafwch yr eglwysi i dderbyn ei arweiniad, penderfynodd yn y diwedd nad oedd dewis arall ganddo. Gadawodd yr Eglwys Wesleaidd yn 1861, a chyda chriw bychan iawn o ddilynwyr ffurfiodd fudiad newydd dan yr enw '*The Christian Movement*'. Ychydig o lwyddiant a gafodd ar y dechrau, ac ar ddiwedd y flwyddyn gyntaf dim ond 60 o gefnogwyr oedd ganddo. Yn eu plith yr oedd Thomas Barnardo, myfyriwr meddygol ifanc a aeth ymlaen i sefydlu'r cartrefi enwog i blant amddifad. Wrth ffarwelio ag ef, dywedodd Booth wrtho, '*Dos di i ofalu am y plant, ac mi af i i ofalu am yr oedolion. Yna gyda'n gilydd fe achubwn y byd.*' Credai ei fod wedi'i alw i'r gwaith yma, a chlywn yr un argyhoeddiad gant a hanner o flynyddoedd wedyn yn yr emyn a ganwn nesaf sef rhif 805:

Rho imi nerth i wneud fy rhan,
    i gario baich fy mrawd,
i weini'n dirion ar y gwan
    a chynorthwyo'r tlawd.

Emyn 805: *Rho imi nerth i wneud fy rhan*

Llefarydd:

Yng ngweinidogaeth William Booth, gwelwyd ei gonsyrn ingol am anghenion ysbrydol a materol ei bobl. Parhaodd i bregethu'r Efengyl gan wahodd pobl i ymateb yn bersonol i gariad achubol Duw yn Iesu Grist, a hefyd fe neilltuodd lawer o'i amser yn trefnu ac yn gwella amodau byw y tlawd a'r difreintiedig yn ninas Llundain.

Dywedwyd fwy nag unwaith fod gwraig dda y tu ôl i bob dyn da! Roedd hynny yn wir yn hanes William Booth hefyd. Ei henw oedd Catherine Mumford, merch i wneuthurwr cerbydau yn Brixton, Llundain. Cawsant wyth o blant. Er bod gan Catherine fwy na digon o waith ar ei haelwyd, bu'n gefn i'w gŵr ac yn ddiarbed ei gwasanaeth i'r mudiad newydd. Yn wir, daeth yn aelod dylanwadol iawn ac yn bregethwr grymus fel ei gŵr.

Felly, gyda chymorth ei briod, Catherine, a chyd-weithwyr eraill, llwyddodd William Booth i gyflawni nifer fawr o welliannau cymdeithasol, megis agor siopau i werthu cawl a chinio tri chwrs yn rhad i'r tlodion, sefydlu canolfannau darllen ac ysgrifennu i'r anllythrennog, agor ysgolion i blant amddifad, a chynnig pob math o gymorth i'r digartref a'r di-waith. Treuliodd William Booth ei oes gyfan yn arwain ac yn gwasanaethu'r mudiad hwn, ac nid oedd pall ar ei ymroddiad. Llwyddo a chynyddu wnaeth y mudiad, a phan fu farw William Booth yn 1912 roedd Byddin yr Iachawdwriaeth yn weithgar mewn nifer fawr o wledydd gan gynnwys Awstralia ac America. Daeth deugain mil o bobl i'w angladd yn Llundain, ac yn eu plith roedd y frenhines Mary. Eisteddai yno yn ddiarwybod i bawb arall. Yn nesaf ati roedd putain a achubwyd gan bregethu grymus William Booth, ac wrth i'w arch fynd heibio rhoddodd y wraig dusw o flodau arni a throi'r un pryd i ddweud wrth y frenhines Mary, yn Saesneg, 'He cared for the likes of us.' Wrth i ni ganu'r emyn nesaf a meddwl am waith Byddin yr Iachawdwriaeth, gadewch i ninnau hefyd chwilio'n calonnau ac ymateb yn gadarnhaol i gais yr emynydd.

Emyn 841: *Agor di ein llygaid, Arglwydd*

Llefarydd:

Yn 1878 y mabwysiadodd y mudiad hwn yr enw Byddin yr Iachawdwriaeth, a dechrau defnyddio termau milwrol i ddisgrifio swyddogion y mudiad – termau fel cadfridogion, capteiniaid a leffteiniaid. Hefyd, trefnwyd i aelodau'r mudiad wisgo dillad arbennig o las ac ysgarlad, ac aed ati i gyhoeddi papur newydd dan yr enw *War Cry*. Nodwedd amlwg arall aelodau Byddin yr Iachawdwriaeth yw eu hoffter o fandiau pres a chanu emynau ar alawon poblogaidd. Yn ddieithriad pan welwn hwy yn cynnal gwasanaeth cyhoeddus, y mae ganddynt fand pres i arwain y canu, a hefyd baneri lliwgar o gwmpas.

Ni chredai William Booth mewn pwyllgorau, a phenderfynodd gadw'r holl awdurdod yn ei law ei hun. Dywedodd un tro, *'Pe bai pwyllgor yn bod yn nyddiau Moses, ni fyddai plant Israel erioed wedi croesi'r môr coch!'* Fel y dywedodd bardd yn y ganrif o'r blaen, *'Nid gorau pwyll pwyllgorau!'* Ond er iddo gadw awenau'r mudiad yn dynn yn ei ddwylo ei hun, nid oedd y Cadfridog yn unben anodd cydweithio ag ef. Yn wir, cyfrinach fawr ei lwyddiant fel diwygiwr cymdeithasol oedd ei lwyddiant yn ysbrydoli ei gyd-weithwyr i ymroi i'r dasg aruthrol o wella amodau byw pobl eu hoes, ac i ddeisyfu dyfodiad teyrnas Dduw ar y ddaear. Gadewch i ninnau hefyd offrymu'r weddi a ddysgodd Iesu Grist i ni – y weddi sy'n hiraethu am weld amcanion Duw yn teyrnasu yng nghalonnau pobl ac yn y byd.

Cyd-weddïo Gweddi'r Arglwydd.

Llefarydd:

Er nad ydym yn arfer sôn am Eglwys Byddin yr Iachawdwriaeth, mae'r diffiniad yn hollol gywir. Dyma eiriau Bramwell, mab William Booth, a ddaeth yn ail Gadfridog y Fyddin:

'Rhoddodd Byddin yr Iachawdwriaeth o'r neilltu yr arferion a'r trefniadau llywodraethol a rannodd yr Eglwys Fore. Mewn ysbryd a gwirionedd y mae hi'n rhan o Eglwys Crist byd-eang, ac yn gyflawn eglwys mewn safle ac awdurdod, ac yn rhan o gorff Crist ar y ddaear.'

Wrth gloi, gofynnwn beth yw natur y gwasanaethau yn Eglwysi Byddin yr Iachawdwriaeth? Yn sicr, rhoddir lle amlwg bob amser i ddarlleniadau o'r Beibl a thystiolaeth bersonol yr aelodau i'w ffydd yn Iesu Grist. Nodweddir y gwasanaethau hefyd â chanu llawen, ac anogir aelodau o'r gynulleidfa i offrymu gweddïau byrion. Dydi aelodau'r Fyddin ddim yn bedyddio plant, ond yn hytrach yn eu cysegru i ofal Duw. Dydi'r mudiad chwaith ddim yn gweinyddu Sacrament Swper yr Arglwydd am y rheswm sylfaenol na all symbolau eu hunain gymryd lle neges ysbrydol yr Efengyl. Ni olyga hyn, fodd bynnag, eu bod yn anoddefgar tuag at enwadau eraill sy'n gweinyddu'r sacrament. Fel ninnau, maent yn pwysleisio athrawiaeth yr holl saint, a buont yn flaenllaw yn cefnogi'r egwyddor fod gan ferched yr un hawl â dynion i gymryd rhan yng ngweinidogaeth y Gair, ac yn yr holl agweddau sydd i fywyd a gwaith Eglwys yr Arglwydd Iesu Grist. Fodd bynnag, nodwedd bennaf y mudiad hwn yw ymroddiad yr aelodau i fynd allan i ganol cymdeithas i wasanaethu eu cyd-ddynion yn enw Iesu Grist. Mae ganddynt gydwybod gymdeithasol gref, a chredant fod gwir ffydd yn Iesu Grist yn esgor ar weithredoedd da. Maent fel ninnau yn pwysleisio mai trwy ffydd yn Iesu Grist y cawn ein hachub, ond pwysleisiant ar yr un pryd fod gwir ffydd yn adlewyrchu cariad Duw, ac mai braint a chyfrifoldeb y Cristion yw cyfieithu cariad Duw yn fywyd o wasanaeth i'w gyd-ddynion.

Mae un hanesyn arall am William Booth fydd o bosibl yn sbardun i ni hefyd! Poenai ar hyd ei oes am bobl ddigartref, ac ychydig cyn ei farw dywedodd wrth Bramwell ei fab, *'I want you to do more for the homeless, Bramwell – promise me you will. But remember! If you don't, I'll come and haunt you!'* Tybed a ydym ni heddiw yn haeddu bygythiad William Booth? Oes 'na alw am i'w ysbryd ein cynhyrfu yma yng Nghymru lle mae problem digartrefedd yr un mor fawr yn yr unfed ganrif ar hugain? Gadewch i ni derfynu'n gwasanaeth drwy ganu'r geiriau sy'n atseinio gweddi Sant Ffransis o Assisi, a gofyn am ras a chymorth Duw i wneud y byd yn well lle i fyw.

Emyn 868: *Iôr, gwna fi'n offeryn dy hedd*

Y Fendith:
Ac yn awr, awn i wasanaethu'r Arglwydd yn llawen ein hysbryd, yn frwd ein calon ac yn ddiwyd ein dwylo a'n traed. A bendith Duw Hollalluog, y Tad, y Mab a'r Ysbryd Glân a fyddo gyda ni yn wastad. Amen.

(Ar ôl y fendith, gellir rhoi recordiad o fand pres Byddin yr Iachawdwriaeth ymlaen gyda'r gynulleidfa yn gwrando.)

EFENGYL DUW

Adnodau agoriadol:

'Deuwch, addolwn, ac ymgrymwn: gostyngwn ar ein gliniau ger
bron yr Arglwydd ein gwneuthurwr.'

'Dyfod y mae'r awr, ac yn awr y mae hi, pan addolo'r gwir addolwyr
y Tad mewn ysbryd a gwirionedd.'

Emyn 19: O rhoddwn fawl i'n Harglwydd Dduw

Gweddïwn:

Ein Tad, diolchwn iti am fendithion cymdeithas dy Eglwys ym
mlynyddoedd cynnar ein bywyd, pan ddaethom i'th dŷ yng
nghwmni ein rhieni. Diolchwn hefyd am fendithion addysg
dy Eglwys yn blant yn yr Ysgol Sul, ac wedi hynny yn oedfaon
dy Eglwys, a thrwy neges dy Air o Sul i Sul. O Dad, derbyn ein
diolch a'n clod.

Gweddïwn am dy fendith ar waith dy bobl heddiw yn ein heglwysi
– y rhai sy'n pregethu dy Air ac yn bugeilio dy bobl, y rhai sy'n
ymweld â'r cleifion, yn hyfforddi'r ifanc, yn gwasanaethu wrth yr
organ, yn paratoi bwrdd yr Arglwydd, yn gofalu am bregethwyr,
yn croesawu yn y cyntedd, yn stiwardio trysorfa dy Eglwys, yn
cadw'r adeiladau yn lân a chlyd, a phawb arall sy'n gwneud eu
rhan o'u bodd ac yn siriol eu hysbryd. O Dad, cynorthwya bawb
ohonom i wneud yr hyn a allwn i hyrwyddo gwaith dy Eglwys
yn ein plith, ac i lynu'n ffyddlon wrth y gwirionedd yn Iesu Grist.

Yn ôl ein harfer, ein Tad, fe gyflwynwn i'th ofal y cleifion yn eu
cartrefi ac yn ysbytai ein gwlad, a hefyd cleifion yr Eglwys. Yn

wir, cofia bawb sy'n dioddef afiechyd blin, pryder meddwl ac ansicrwydd ffydd. O Feddyg Da, esmwythâ eu doluriau ag eli dy gariad, ac anadla arnynt ysbryd iechyd a thangnefedd.

Clyw ein gweddïau a rhagora ar ein deisyfiadau, a gwêl yn dda i'n bendithio ymhellach ag ysbryd addoliad ac ysbryd ymateb i neges dy Air. Gofynnwn hyn yn enw Iesu Grist a'n dysgodd i weddïo gyda'n gilydd,
'Ein Tad, yr hwn wyt yn y nefoedd, sancteiddier dy enw. Deled dy deyrnas. Gwneler dy ewyllys, megis yn y nef, felly ar y ddaear hefyd. Dyro i ni heddiw ein bara beunyddiol. A maddau i ni ein dyledion, fel y maddeuwn ninnau i'n dyledwyr. Ac nac arwain ni i brofedigaeth; eithr gwared ni rhag drwg. Canys eiddot Ti yw'r deyrnas, a'r nerth, a'r gogoniant, yn oes oesoedd. Amen.'

Emyn 363: *Cyduned nef a llawr*

Llefarydd:
Mae'n debyg i lawer o ddarpar weinidogion dderbyn y cyngor canlynol, *'Beth bynnag arall wnei di yn y weinidogaeth, pregetha Efengyl yr Arglwydd Iesu Grist.'* Mae'n siŵr y cytunwch fod y cyngor hwn yn fuddiol iawn, oherwydd prif ac unig waith gweinidog yn y pulpud yw pregethu, nid ei syniadau a'i fympwyon personol ei hunan, ond Efengyl yr Arglwydd Iesu Grist. Ond beth yw'r Efengyl? Beth yw ei chynnwys hi? Rydym yn gyfarwydd â'r gair Efengyl, ac yn cofio mai 'newyddion da' yw ystyr y gair Efengyl. Rydym wedi hen arfer â chlywed pregethu o Sul i Sul, ac felly fe allwn gyfarwyddo cymaint â neges yr Efengyl fel nad yw'n gadael argraff arnom o gwbl.

Bellach, mae bron ugain canrif wedi mynd heibio ers pan bregethwyd yr Efengyl am y tro cyntaf. Mae hanes Cristnogaeth yn hen, ond y mae ei neges mor newydd ag erioed. Mae neges yr Efengyl yn angenrheidiol ac yn berthnasol heddiw, oherwydd y mae angen dyn am Dduw (ac am ras Duw yn ei galon) mor fawr ag erioed. Yng ngoleuni'r gwirionedd hwn, braint yr Eglwys Gristnogol heddiw yw cyhoeddi'r hen, hen hanes yn newyddion da o lawenydd mawr. Ond pa fath o Efengyl sy'n sail i'n Cristnogaeth heddiw?

Yn gyntaf, Efengyl yr Ymgnawdoliad yw Cristnogaeth. *'A daeth y Gair yn gnawd a phreswylio yn ein plith, yn llawn gras a gwirionedd.'* Gadewch inni wrando neges gyntaf yr Efengyl yn ôl Ioan.

Darlleniad: Ioan 1: 1–14

Llefarydd:
'Mewn llawer dull a llawer modd y llefarodd Duw gynt wrth yr hynafiaid trwy'r proffwydi, ond yn y dyddiau olaf hyn llefarodd wrthym ni mewn Mab.'

Un o nodweddion ein hoes yw bod mwy o sôn heddiw am grefyddau eraill, megis Bwdïaeth, Hindŵaeth, Islam, Iddewiaeth, ac yn y blaen. I ni gredinwyr yn Iesu Grist, yr hyn sy'n gwneud Cristnogaeth yn wahanol yw mai ymchwil Duw am ddyn a geir yn yr Efengyl, tra mai ymchwil dyn am Dduw a geir yng nghrefyddau eraill y byd. Efallai y teimlwch fod datganiad o'r fath yn gorsymleiddio'r sefyllfa, ac y dylid codi'r cwestiwn ai Duw sy'n ei ddatguddio ei hun i ni, ynteu ni sy'n ei ddarganfod Ef. Awgrymwn fod y ddau yn wir. Y mae Duw yn ei ddatguddio'i hun oherwydd natur ei gariad tuag atom, ac yr ydym wrth ymateb i hyn yn darganfod mor rhyfeddol yw ei gariad ef yn Iesu Grist. Mewn geiriau eraill, symbylydd mawr yr ymchwil hwn yw Duw

ei hun. Yn ei lythyr, dywed Ioan am natur ymchwil cariad Duw:
*'Yn hyn y mae cariad: nid ein bod ni'n caru Duw, ond ei fod ef wedi
ein caru ni, ac wedi anfon ei Fab i fod yn aberth cymod dros ein
pechodau.'*

Ni olyga hyn ein bod yn anwybyddu'r ffaith fod dyhead yn natur
dyn i chwilio am ystyr i'w fywyd ac am y Duw byw. Yn wir, fe geir
enghreifftiau godidog o hynny yn Llyfr y Salmau,
*'Fy enaid a hiraetha, ie, ac a flysia am gynteddau'r Arglwydd, fy
nghalon a'm cnawd a waeddant am y Duw byw.'*

Enghraifft arall o'r Hen Destament yw'r gŵr hynod hwnnw, Job.
Os bu rhywun erioed mewn ymchwil gwirioneddol am y Duw
byw, Job oedd hwnnw, ac yn ei flinder a'i anobaith fe waeddodd
fwy nag unwaith, *'O na wyddwn pa le y cawn ef!'*

Mae'n bosibl i ninnau hefyd gael profiadau tebyg, a theimlo fod
Duw ymhell oddi wrthym ac nad yw'n malio dim amdanom.
Fel Job gynt, mae llawer heddiw yn gwybod beth yw profiadau
chwerw bywyd. Maent yn dod heibio pawb ohonom yn ein tro,
ond diolch fod gyda ni'r Efengyl sy'n cyhoeddi fod Iesu wedi
datguddio Duw drwy ddod i'n byd ac i mewn i'n bywyd. Ynddo
ef, y mae gennym frawd i edrych i fyny arno gydag edmygedd
mawr, a Cheidwad y gallwn ymddiried ynddo yn llwyr ar daith
bywyd. Do,

Ymhlith holl ryfeddodau'r nef
  hwn yw y mwyaf un –
gweld yr anfeidrol, ddwyfol Fod
  yn gwisgo natur dyn.

Emyn 292: *Ymhlith holl ryfeddodau'r nef*

Llefarydd:
Yn ail, Efengyl y Groes yw Cristnogaeth. Ymchwil hyd at farwolaeth oedd ymchwil Duw yn ei Fab. Meddai'r Apostol Paul, *'Eithr nyni ydym yn pregethu Crist wedi ei groeshoelio.'* Yr hyn sydd wrth wraidd crefyddau'r byd yw'r dyhead greddfol mewn dyn i chwilio am Dduw ac am ystyr a phwrpas i'w fywyd. Fel Cristnogion fe gredwn mai Duw ei hunan a blannodd y dyhead hwn mewn dyn, ond yn ôl y Beibl, y mae dyn ohono'i hun wedi methu darganfod Duw. Mae'r darlun o ddyn ar goll yn gyffredin iawn yn y Testament Newydd. Dyma'r darlun a gyflwynir yn nameg y dryll arian, y ddafad golledig, a'r Mab Afradlon. Trwy'r damhegion hyn, cyflwynir dyn fel un ar goll yn ei bechod a'i ddallineb ysbrydol. Yn wir, thema gyson y Beibl yw bod dyn ar goll, a bod Duw yn chwilio amdano. Cwestiwn cyntaf Duw i Adda ar ôl iddo bechu a ffoi oedd, *'Pa le yr wyt ti?'* Ond newyddion da'r Testament Newydd yw bod Duw wedi gwneud mwy na gofyn, *'Pa le yr wyt ti?'* Fe ddanfonodd ei unig anedig Fab i'r byd i'n ceisio ac i'n cadw, ac fe gostiodd y ceisio hwn i Iesu Grist farwolaeth erchyll ar groes o bren:

Rhyfeddod a bery'n ddiddarfod
yw'r ffordd a gymerodd efe
i gadw pechadur colledig
drwy farw ei hun yn ei le.

Emyn 495: *Wrth edrych, Iesu, ar dy groes*

Llefarydd:
Yn drydydd, Efengyl yr Atgyfodiad yw Cristnogaeth. *'Nid yw ef yma, oherwydd y mae wedi ei gyfodi, fel y dywedodd y byddai: dewch i weld y man lle bu'n gorwedd.'*

Fe ddaeth Iesu Grist i gyflawni ymchwil cariad Duw ein Tad Nefol amdanom. Ym marn y byd, daeth yr ymchwil hwn i ben yn drychinebus wrth i Iesu farw ar y groes. Yn yr Efengyl yn ôl Marc, dywedir,

'A'r rhai oedd yn myned heibio a'i cablasant Ef, gan ysgwyd eu pennau, a dywedyd, "Och, tydi'r hwn wyt yn dinistrio'r deml, ac yn ei hadeiladu mewn tridiau, gwared dy hun, a disgyn oddi ar y groes!" Yr un ffunud yr archoffeiriaid hefyd yn gwatwar, a ddywedasant wrth ei gilydd, gyda'r ysgrifenyddion, "Eraill a waredodd, ei hun nis gall ei wared." '

Nid gelynion Iesu yn unig oedd yn meddwl felly. Am ychydig amser, fe gredodd y disgyblion hefyd mai methiant oedd gwaith Crist ar y ddaear. Cofiwn yn arbennig am y ddau ddisgybl a gerddai adref o Jerwsalem i dref o'r enw Emaus. Dyma'r darlun a gyflwynir inni ohonynt gan Luc.

Darlleniad: Luc 24: 13–27

Llefarydd:
Y mae'r adnodau a glywsom yn datgelu cyflwr ysbrydol y ddau ddisgybl ar eu ffordd o Jerwsalem i bentref o'r enw Emaus. I ddechrau, roeddynt wedi colli eu *ffydd* yn yr Iesu gymaint, *'fel nas adwaenent Ef '*. Roeddynt wedi colli eu *gobaith* ynddo hefyd, *'Ein gobaith ni oedd mai ef oedd yr un oedd yn mynd i brynu Israel i ryddid.'* Roeddynt hefyd wedi colli eu *llawenydd*, ac roedd galar a thristwch mawr wedi eu meddiannu. Medd Luc, *'Safasant hwy, a'u digalondid yn eu hwynebau.'* Ond wrth i'r Crist byw siarad â hwy, a derbyn eu gwahoddiad i'r tŷ, llanwyd y disgyblion â gobaith newydd. Medd Luc ymhellach, *'Agorwyd eu llygaid hwy, ac adnabuasant ef. A diflannodd ef o'u golwg. Meddent wrth ei gilydd, "Onid oedd ein calonnau ar dân ynom wrth iddo siarad â ni ar y ffordd, pan oedd yn egluro'r Ysgrythurau inni?" '*

Mae dwy fil o flynyddoedd wedi mynd heibio ers y Sul bythgofiadwy hwnnw pan atgyfodwyd Iesu Grist o'r bedd, ond nid yw hynny yn golygu bod gwyrth yr atgyfodiad wedi peidio â bod. Neges fawr yr atgyfodiad yw bod Iesu Grist yn fyw heddiw. Nid person hanesyddol o'r gorffennol pell ydyw mwyach ond un sy gyda ni yn ei gariad a'i ras.

Emyn 551: *Arglwydd bywyd, tyred atom*

Llefarydd:
Yn bedwerydd, Efengyl y Bywyd Tragwyddol yw Cristnogaeth.
Meddai Iesu wrth ei ddisgyblion, *'Myfi a ddeuthum fel y caent fywyd, ac y caent ef yn helaethach.'* Dengys hyn fod yna bwrpas ac ystyr i'r cyfan. Nid dod i'r byd wnaeth yr Arglwydd Iesu Grist i chwilio amdanom, a'n gadael wedyn i drengi mewn anobaith llwyr. Na, fe ddaeth Iesu i'n ceisio, a chynnig bywyd helaethach inni yn y byd hwn ac yn y bywyd tu hwnt i'r bedd.

Ond tybed faint o bobl sy'n credu mewn bywyd tragwyddol? Y mae lle i ofni ein bod yn byw mewn cyfnod lle ceisir dileu pob yfory yn hanes dynion. Byw i'r funud a wneir heddiw, a gwadu'r ffaith fod mwy a gwell i ddod. *'Y mae'r hwn sy'n credu yn y Mab yn etifeddu bywyd tragwyddol.'* Nid gwobr ar derfyn oes yw bywyd tragwyddol, ond rhodd Duw i bwy bynnag sy'n credu yn ei Fab Iesu Grist. Nid oes rhaid aros tan yfory i'w gael. Heddiw yw dydd iachawdwriaeth, ac yn Iesu Grist y mae digon o gyfoeth gras a chariad i'n cario trwy fywyd, a thrwy'r glyn i'r gwynfyd.

Yn wastad gyda thi
ac ynot ymhob man:
wrth fyw, wrth farw, gyda thi:
bydd imi byth yn rhan.

Emyn 49: *Diolch i ti, yr hollalluog Dduw*

Y Fendith:
Gras ein Harglwydd Iesu Grist, a chariad Duw, a chymdeithas yr Ysbryd Glân a fyddo gyda ni oll. Amen.

PEDR AC IOAN

Adnodau agoriadol:
'Yr ydym ni yn ei garu ef am iddo ef yn gyntaf ein caru ni.'

'Do, carodd Duw y byd gymaint nes iddo roi ei unig Fab, er mwyn i bob un sy'n credu ynddo ef beidio â mynd i ddistryw ond cael bywyd tragwyddol.'

'Os felly y carodd Duw ni, ninnau hefyd a ddylem garu ein gilydd.'

Gweddïwn:
Ein Tad, rwyt wedi ein caru erioed, ac mae dy gariad tuag atom yn parhau er gwaethaf ein hoerfelgarwch a'n diffyg ymateb. Yn dy drugaredd, bydd yn amyneddgar â ni, a dyro inni gyfle newydd i ymateb i'r newyddion da yn Iesu Grist, ac i'th addoli yn gynnes o'r galon ac yn gywir ein hysbryd. Amen.

Emyn 19: *O rhoddwn fawl i'n Harglwydd Dduw*

Llefarydd:
Mae Llyfr yr Actau yn tystio i 'fawrion weithredoedd Duw' ym mlynyddoedd cynnar yr Eglwys Gristnogol. Ynddo, cawn hanes tywalltiad nerthol yr Ysbryd Glân ar ddilynwyr Iesu yn yr oruwchystafell, Pedr yn cyhoeddi fod Iesu yn fyw a buddugoliaethus a bod rhaid lledaenu'r neges syfrdanol i'r holl genhedloedd. Yn y bedwaredd bennod, cawn hanes Pedr ac Ioan wrth eu gwaith yn iacháu dyn cloff wrth borth y Deml ac yn cyhoeddi'r newyddion da i dyrfa niferus yng Nghloestr Solomon. Ymhlith y rhai oedd yn gwrando yr oedd swyddogion y Deml, ac ar unwaith cymerwyd y ddau ddisgybl i'r ddalfa hyd

drannoeth. Gadewch inni wrando'r hanes ymhellach fel y'i ceir yn y bedwaredd bennod o Lyfr yr Actau.

Darlleniad: Actau 4: 1–12

                    Actau 4: 13–22

Gweddïwn:

(a) Deuwn ger dy fron, ein Tad nefol, i'th addoli yn enw dy Fab, ein Harglwydd Iesu Grist. Fel y dywed dy Air wrthym, *'nid oes iachawdwriaeth yn neb arall, oblegid nid oes enw arall dan y nef, wedi ei roi i'r ddynolryw, y mae'n rhaid i ni gael ein hachub drwyddo.'* Gweddïwn ar i ti gadarnhau hyn yn ein meddyliau a'n calonnau fel y byddom yn gadarn ein ffydd ac yn awyddus i ddyrchafu enw Iesu Grist bob amser. Gwyddom, ein Tad, am y duedd sydd ynom i osgoi'r anodd ac i geisio bywyd esmwyth. Rydym yn rhy barod i gyfaddawdu â'r byd er mwyn cael bywyd tawel, i fygu cydwybod er mwyn hunan-les, a chanu am y Groes heb roddi ein hysgwydd oddi tani. O Arglwydd, trugarha wrthym yn ein ffolineb a'n gwendid, a dyro inni nerth newydd i wrthsefyll y drwg a gwroldeb i arddel dy enw.

Bydd yn wrol, paid â llithro,
  er mor dywyll yw y daith
y mae seren i'th oleuo:
  cred yn Nuw a gwna dy waith.

(b) Diolchwn i ti, ein Tad, am bawb fu'n wrol eu ffydd yn ein gwlad, a hynny yn wyneb anawsterau mawr, ac ambell dro erledigaeth a hyd yn oed merthyrdod. Diolch i ti am bawb heddiw sy'n glynu'n ffyddlon wrth y gwir yn Iesu Grist ac yn cyflawni dy ofynion sanctaidd. Gweddïwn am dy fendith ar eu gwaith, a chrea o'n mewn yr un dyhead i ddyrchafu dy enw sanctaidd.

Cofiwn ger dy fron, ein Tad, aelodau dy Eglwys sy'n methu bod gyda ni oherwydd salwch a gwendid corfforol. Cysura hwy â'th gariad drwy ofal eu hanwyliaid, a dyro iddynt dy dangnefedd yn Iesu Grist. Maddau eiddilwch ein gweddïau a derbyn ni fel ag yr ydym am ein bod yn gofyn y cyfan yn enw ein Gwaredwr Iesu Grist. Amen.

Emyn 598: *Ysbryd y gorfoledd*

Llefarydd:
Arhoswn gyda hanes Pedr ac Ioan gerbron yr awdurdodau crefyddol a chanolbwyntiwn ar y drydedd adnod ar ddeg. 'Wrth weld hyder Pedr ac Ioan, a sylweddoli mai lleygwyr annysgedig oeddent, yr oedd y Cyngor yn rhyfeddu. Yr oeddent yn sylweddoli hefyd eu bod hwy wedi bod gyda Iesu.'

Yn ôl yr adnod hon mae Pedr ac Ioan mewn trafferth gyda'r awdurdodau crefyddol oherwydd iddynt iacháu dyn cloff yn enw Iesu o Nasareth, a hefyd cyhoeddi fod Iesu wedi cael ei gyfodi o farw yn fyw. Ychydig fisoedd cyn hyn, roedd eu harwr Iesu hefyd wedi sefyll o flaen y cyngor hwn, ac fe'i condemniwyd i farwolaeth ar groes Galfaria. Wel, yn yr un man, roedd Pedr ac Ioan yn sefyll ger bron yr un awdurdod crefyddol, ac yn wynebu'r posibilrwydd fel eu Harglwydd o gael eu dedfrydu i farwolaeth.

Ond er eu bod mewn perygl am eu bywydau, ni chawson nhw eu llethu gan ofn a llwfrdra o gwbl, ond yn hytrach eu llenwi â nerth yr Ysbryd Glân, a'u galluogi i sefyll yn gadarn, a chyhoeddi eu tystiolaeth yn eofn.

Yr hyn sy'n ychwanegu at ein rhyfeddod yw mai lleygwyr annysgedig oedd Pedr ac Ioan – pobl heb gael addysg ffurfiol a hyfforddiant proffesiynol. Pobl gyffredin oedden nhw, ac eto, pan ofynnwyd iddynt gan wŷr awdurdodol y Cyngor yn enw pwy yr oeddent yn iacháu ac yn pregethu, fe atebodd Pedr yn gwbl hyderus mai yn enw Iesu o Nasareth, yr hwn (meddai heb flewyn ar ei dafod) *'a groeshoeliasoch chwi, ac a gyfododd Duw oddi wrth y meirw.'* Mewn geiriau eraill, *'Chi a'i lladdodd o, ond clywch, mae Duw wedi ei godi o farw yn fyw. Mae Iesu yn fyw!'* Fel y gallwch ddychmygu, fe achosodd y geiriau herfeiddiol yna syndod mawr ymhlith aelodau'r Cyngor, a dyma yn syml yw cefndir yr adnod sy'n destun ein myfyrdod heddiw.

'Wrth weld hyder Pedr ac Ioan, a sylweddoli mai lleygwyr annysgedig oeddent, yr oedd y Cyngor yn rhyfeddu. Yr oeddent yn sylweddoli hefyd eu bod hwy wedi bod gyda Iesu.'

Emyn 370: *'Does gyffelyb iddo ef*

Llefarydd:
'Yr oeddent yn sylweddoli hefyd eu bod hwy wedi bod gyda Iesu.' Onid yw'r frawddeg hon yn datgelu i ni gyfrinach gwroldeb Pedr ac Ioan? Roedden nhw wedi bod yng nghwmni Iesu, ac roedd yn amlwg i bawb fod stamp y person rhyfedd hwn ar eu bywydau nhw. Am weddill y gwasanaeth, fe geisiwn ateb y cwestiwn pam y fath ddylanwad, a beth oedd ym mherson Iesu a barodd iddo gael y fath effaith ar ei ddilynwyr a oedd yn barod i fyw ac i farw drosto? Gŵr ifanc oedd Iesu wedi ei fagu yn werinol iawn ym mhentref Nasareth, ac eto, roedd yn wahanol i bawb arall. Pam a beth oedd ei gyfrinach? Fe gynigiwn dri ateb.

Llefarydd:
Yn gyntaf, roedd Iesu yn wahanol i bawb arall yn ei fywyd.
Mynegir hyn gan Pedr yn ei lythyr, 'Ni wnaeth ef bechod, ac ni chafwyd twyll yn ei enau.' Ac yn Llyfr yr Actau, dywedir am Iesu iddo fynd 'oddi amgylch gan wneud daioni.'

Yn ystod gweinidogaeth Iesu Grist, daeth Pedr ac Ioan i'w adnabod yn dda fel ffrind ac athro. Cyfnod cwta o dair blynedd a gawsant yng nghwmni'r Iesu, ond roedd yn ddigon i'r disgyblion sylweddoli fod y gŵr ifanc hwn yn wahanol i bawb arall. Ar un llaw, daethant i'w adnabod fel un ohonynt hwy, ond ar y llaw arall, roedd 'na ryw awdurdod rhyfedd yn ei berson, ac yn ei ffordd o drafod a dysgu'r bobl. Dywed Mathew amdano, 'Yr oedd yn eu dysgu hwy fel un ag awdurdod ganddo, ac nid fel yr ysgrifenyddion.'

Fe welwyd yr awdurdod ym mherson Iesu Grist mewn amrywiol ffyrdd, megis yn ei allu i iacháu'r cleifion ac i gyflawni gwyrthiau, a hefyd yn y modd yr oedd tyrfaoedd yn tyrru ato i wrando ei neges. Hynny yw, roedd 'na ryw awdurdod dwyfol yn perthyn iddo, ac awdurdod oedd yn hawlio sylw a gwrandawiad. Mae awdurdod yn gallu gwneud rhai pobl yn hunan bwysig, a'u harwain i gredu y dylai pawb a phopeth fod at eu gwasanaeth nhw. Nid dyma'r math o awdurdod a welwyd ym mherson Iesu Grist, ond yn hytrach, awdurdod wedi ei wreiddio mewn gostyngeiddrwydd, ac awdurdod oedd yn peri i bobl ei ddilyn yn ddigymell.

Yn yr Eglwys Fore, gwelwyd cymaint oedd effaith a dylanwad Iesu Grist ar y disgyblion. Ef oedd eu harwr. Nid oedd person gwell i'w gael yn eu golwg, ac roedd eu hedmygedd ohono yn llwyr fel eu bod yn barod i fyw ac i farw drosto os oedd rhaid. Ie, fel y dywed Pedr yng ngherdd I.D.Hooson,

Gwelais ei wyneb a chlywais ei lef,
A rhaid, a rhaid oedd ei ddilyn Ef.

Llefarydd:
Yn ail, roedd Iesu Grist yn wahanol i bawb arall yn ei farw.
Fel gŵr ifanc, roedd Iesu o Nasareth eisiau byw gymaint â phawb
arall. Dyma un o ddyheadau dyfnaf bywyd. Mae'n reddf naturiol
ymhob creadur a dyn, ac yn arbennig yng nghyfnod ieuenctid.
Fel pawb arall roedd Iesu eisiau byw, ond yn ei gwmni fe ddaeth y
disgyblion i ymwybod hefyd fod 'na ddyhead dyfnach na hynny
ynddo, sef y dyhead i gyflawni ewyllys ei Dad nefol. Meddai, *'Fy*
mwyd i yw gwneud ewyllys yr hwn a'm hanfonodd, a gorffen y
gwaith a roddodd i mi.'

Yn fuan iawn yn ystod ei weinidogaeth, daeth Iesu Grist yn
ymwybodol fod cyflawni ewyllys Duw yn y byd hwn yn costio, ac
y gallai gostio iddo ei fywyd. Mae'n anodd nodi yn union pryd y
daeth Iesu yn ymwybodol fod y groes yn rhan annatod o'r drefn
ddwyfol, ond yn sicr, nid damwain anffodus oedd y groes i Iesu.
O'r cychwyn cyntaf gwyddai fod y groes yn bosibl, yn fuan iawn
daeth yn debygol, ac yn y diwedd yn anochel.

Wrth gwrs, gallasai fod wedi dewis ffordd arall, sef defnyddio ei
ddoniau i syfrdanu ac i dderbyn canmoliaeth pobl, a'i ddyrchafu
yn frenin Israel, ond fe wrthododd hynny gan ddewis ffordd y
gwas dioddefus a *'rhoi ei einioes yn bridwerth dros lawer'.* Mae 'na
wahaniaeth mawr rhwng 'colli bywyd' a 'rhoi einioes'. Gall 'colli
bywyd' ddigwydd yn groes i ewyllys dyn, ond mae 'rhoi einioes'
yn weithred wirfoddol ac ewyllysgar. Dyma yn union a wnaeth
Iesu ar Galfaria – rhoi ei einioes, ac, yn fwy rhyfeddol, rhoi ei
einioes nid dros bobl dda a rhinweddol ond drosom ni.

Dros bechadur buost farw,
dros bechadur ar y pren.

Felly, ym marwolaeth Iesu Grist, gwelodd Pedr ac Ioan *'y cariad mwyaf rhyfedd fu erioed'*, a than gyfaredd ei gariad ni allent beidio â chanmol ei enw ger bron dynion.

Llefarydd:
Yn drydydd, roedd Iesu hefyd yn wahanol i bawb arall yn ei fuddugoliaeth. Mae'n siŵr eich bod yn cofio'r adnod hon? *'Yn y byd gorthrymder a gewch: eithr cymerwch gysur, myfi a orchfygais y byd.'* Beth yw'r gwahaniaeth rhwng buddugoliaeth Iesu a buddugoliaeth y byd? Onid hyn? Buddugoliaeth drwy ddinistrio a threisio a lladd yw buddugoliaeth y byd ond buddugoliaeth drwy wasanaethu a charu i'r eithaf yw buddugoliaeth Crist. Dyna wnaeth Iesu'r Gwas Dioddefus ar y groes. Fe'n carodd drwy gymryd *'ein pechodau yn ei gorff ar y croesbren, er mwyn i ni ddarfod â'n pechodau a byw i gyfiawnder.'*

Mae mawredd buddugoliaeth Iesu Grist ar Galfaria y tu hwnt i'n dirnadaeth ni, ac nid ydym eto wedi gweld canlyniad ei fuddugoliaeth yn llawn. Mae mwy eto i ddod. Dywed yr emynydd, *'Rwy'n gweld o bell y dydd yn dod.'* Nid ydym yn gwybod pa bryd, ond mae'r fendith sy'n deillio o fuddugoliaeth y groes o fewn ein cyrraedd heddiw wrth inni ymateb i feddyginiaeth ei gariad. Gadewch inni gredu hyn â'n holl galon a chanu gyda'r emynydd Morgan Rhys,

Wyneb siriol fy Anwylyd
  yw fy mywyd yn y byd;
ffarwel bellach bob eilunod,
  Iesu 'Mhriod aeth â'm bryd,
Brawd mewn myrdd o gyfyngderau,
  Ffrind mewn môr o ofid yw;
ni chais f'enaid archolledig
  neb yn Feddyg ond fy Nuw. Amen.

Emyn 339: *Wyneb siriol fy Anwylyd*

Y Fendith:
I ti ein Tad nefol ac i Iesu Grist ein Gwaredwr ac i'r Ysbryd Glân
y byddo'r mawl a'r anrhydedd, y doethineb a'r mawredd, a'r clod
a'r gogoniant heddiw, a hyd byth. Amen.

YN LLE CWYNO SEINIO CÂN

Llefarydd:

'Canwn am dy gariad, O Arglwydd, ac â'n genau mynegwn dy ffyddlondeb dros y cenedlaethau, oherwydd y mae dy gariad wedi ei sefydlu dros byth.'

'Gwelwch pa fath gariad y mae'r Tad wedi'i ddangos tuag atom, ac yn Iesu Grist, cawsom ein galw yn blant Duw, a dyna ydym.'

'Fel y tosturia tad wrth ei blant, felly y tosturia'r Arglwydd wrth y rhai a'i hofnant ef.'

Emyn 19: *O rhoddwn fawl i'n Harglwydd Dduw*

Darlleniad: Y Ganfed Salm

Llefarydd:

Tybed faint ohonoch glywodd Phylip Hughes, yr actor, yn portreadu'r 'dyn sâl' yn cwyno yn ddiddiwedd ei fod ddim yn hanner da! Mae'n debyg fod pawb ohonom ryw dro neu'i gilydd wedi cwyno mwy na'n siâr – cwyno fod y tywydd yn oer neu yn rhy boeth, fod y wraig neu'r gŵr yn ddiamynedd a bod y plant yn cadw gormod o sŵn, a rhwng popeth rydym yn teimlo'n hunandosturiol iawn! Os yw hyn yn fymryn o gysur inni, roedd y salmydd hefyd yn cael cyfnodau o gwyno. Yn Salm 64, yr adnod gyntaf, mae'n dweud: *'Clyw fy llais, O Dduw, wrth imi gwyno.'* Cwyno ger bron Duw, ac yn Salm 55, mae'n cyfaddef ei fod yn berson cwynfanus, *'Hwyr a bore a chanol dydd fe gwynaf a griddfan.'* I fod yn deg, mae'n bosibl fod gan y salmydd achos i gwyno ac i riddfan. Mae *'griddfan'* yn air cryf, ac yn awgrymu fod y salmydd mewn poen corfforol neu boen meddyliol, ond mae 'na wahaniaeth rhwng cwyno mewn poen a mwynhau cwyno! Tybed a glywsoch am y gŵr hwnnw oedd yn mwynhau cwyno a lladd ar bawb a phopeth ond ef ei hun. Ef ei hun yn berffaith wrth gwrs! Meddai wrth ei wraig, *'Mae pawb yn y lle 'ma yn od – pawb ond ti a fi.'* Ac yna, trodd a dweud yn ddistaw, *'Ac weithie, rwyt ti hefyd ychydig bach yn od!'*

Wel, fel pawb ohonom, roedd y salmydd yn cael cyfnodau o gwyno, ond yn y ganfed salm, y mae mewn ysbryd hollol wahanol. Yn wir, cymaint felly fel ei fod yn galw ar bawb ohonom i lawenhau ac i roi diolch i'r Arglwydd, *'Dewch i mewn i'w byrth ef â diolch, ac i'w gynteddau â mawl. Diolchwch iddo, a bendithiwch ei enw.'*

Cyd-weddïo Gweddi'r Arglwydd.

Emyn 814: *Ein gwlad a'n pobol gofiwn nawr*

Llefarydd:
Yn gyntaf, y mae'r salmydd yn galw arnom, nid i gwyno ond i seinio cân. *'Cenwch yn llafar i'r Arglwydd, yr holl ddaear'* neu yn ôl y cyfieithiad newydd, *'Rhowch wrogaeth i'r Arglwydd.'* Yn ôl y fersiwn newydd diwygiedig mae'n dweud *'Bloeddiwch mewn gorfoledd i'r Arglwydd'* neu yn ôl cynnig arall eto – beibl.net. *'Gwaeddwch yn uchel i'r Arglwydd.'* Pa un sy' orau gennych? Mae gyda chi ddewis o bedwar cyfieithiad. Pa un sy'n apelio atoch chi? A thybed pa gyfieithiad byddech yn dewis ei ddarllen yn gyhoeddus mewn oedfa?

Nid ydym yn siŵr pa gyfieithiad sy agosaf at y gwreiddiol, ond yn sicr, fyddai gweiddi a bloeddio canu ddim yn dderbyniol o gwbl

83

gan y rhan fwyaf ohonom. Ein tuedd ni bobl capeli yw cadw'n teimladau crefyddol i ni'n hunain, yn wahanol i aelodau Eglwysi Affrica a'r Eglwysi Pentecostaidd. Mae eu canu nhw'n llawer mwy bywiog ac allblyg na ni. Maent yn curo eu dwylo, yn chwifio eu breichiau ac yn dawnsio wrth ganu, ac mae'n rhaid cydnabod fod y salmydd yn ein hannog i wneud hynny, fel y gwelwn yn salm 134, '*Codwch eich dwylo yn y cysegr, a bendithiwch yr Arglwydd!*' Nid yw hyn yn rhan o'n traddodiad ni, ar wahân efallai i gyfnod Diwygiad 1904 pan oedd pethau rhyfedd yn digwydd dan gynyrfiadau'r Ysbryd Glân.

Tybed a glywsoch am y bachgen ifanc hwnnw wedi cael gwahoddiad i ganu'r organ mewn Eglwys Gadeiriol am y tro cyntaf, ac yn naturiol, roedd yn ymwybodol o'r fraint ac yn teimlo'n nerfus iawn wrth feddwl am y dasg o'i flaen. I wneud y sefyllfa yn waeth, roedd yn organ gymhleth iawn. A doedd gan yr organydd ifanc ddim syniad pa stops i'w tynnu allan. Poenai yn arw am hyn a rhannodd ei ofid hefo'i ffrind, a'r cysur a gafodd oedd, '*Paid â phoeni. Os wyt ti ddim yn siŵr pa stops i'w tynnu allan, wel, tynna'r cwbl lot!*' Cyngor gwael, o bosibl, o safbwynt cerddorol, ond o safbwynt ymroddiad ac addoliad, cyngor ardderchog! Tynnu'r stops i gyd! A pham lai, fel y dywed yr emynydd?

Does destun gwiw i'm cân
ond cariad f'Arglwydd glân
  a'i farwol glwy!

Am gyfnod byr yn unig y bu Iesu ar y ddaear 'ma. Tri deg o flynyddoedd, a chwta dair blynedd oedd ei weinidogaeth gyhoeddus, ond y fath gynnwys oedd i'w fywyd byr,
– y fath sancteiddrwydd yn ei berson,
– y fath wirioneddau yn ei neges,

– y fath dynerwch wrth fendithio plant bychain,
– y fath dosturi wrth iacháu'r cleifion,
– y fath ddewrder yn wyneb casineb ar Galfaria,
a'r fath syndod i lawer ar fore'r trydydd dydd.
Felly, yn Iesu Grist, y mae gyda ni destun ardderchog i'n caneuon.
Gallwn edrych i fyny arno gydag edmygedd mawr heb ofni cael
ein siomi ynddo, ac mae'n un y gallwn ymddiried ynddo'n llwyr
fel ffrind a cheidwad enaid. Ac oherwydd hynny, mae anogaeth
y salmydd inni glodfori enw Duw ar gân yn gwbl briodol i ni yn
y gwasanaeth hwn, 'Cenwch yn llafar i'r Arglwydd... deuwch o'i
flaen ef a chân.' Nid ansawdd ein lleisiau sy' bwysicaf wrth glodfori
Duw ar gân ond cywirdeb ein cymhellion a chynhesrwydd ein
diolchgarwch. Fel y dywed yr emynydd:
O f'enaid, cân, mawrha yr Arglwydd Dduw,
bydd lawen ynddo, dy Waredwr yw.

Gweddïwn:
Diolchwn iti, ein Tad, am ein llyfr emynau sy'n cynnwys
profiadau dy bobl i lawr ar hyd y cenedlaethau, ac sy'n fynegiant
o'n ffydd ninnau yn dy Fab annwyl Iesu Grist. Diolchwn iti am y
rhai a gyflwynodd yr emynau i'n sylw, ac am bob cyfle a gawsom
i'w dysgu ar ein cof. Diolchwn am athrawon yr Ysgol Sul a'n
dysgodd yn blant, ac am bob cyfle, nid yn unig i wybod ffeithiau
hanesyddol am Iesu Grist, ond i ymddiried ynddo fel ffrind a
Cheidwad. Cofiwn, ein Tad, lawer o'r emynau a ddysgwyd i ni'n
blant sy'n gymorth i wynebu profiadau ein bywyd o ddydd i
ddydd.

Cariad Iesu Grist,
   cariad Duw yw ef:
cariad mwya'r byd,
   cariad mwya'r nef.

Cofiwn hefyd emynau mawr ein ffydd sy'n cyfoethogi ein meddyliau ac yn llenwi ein calonnau â gorfoledd dy gariad. Bu llawer o'r emynau hyn yn falm i eneidiau dy blant ac yn sbardun i ninnau gadw'r ffydd ac i ddweud,

Ynot, Arglwydd, gorfoleddwn,
 yn dy gariad llawenhawn,
cariad erys fyth heb ballu
 a'i ffynhonnau fyth yn llawn.

Gweddïwn dros ein cyfeillion sy'n ei chael hi'n anodd llawenhau, ac yn cael eu llethu gan amgylchiadau anodd bywyd, megis
     plant sy'n dioddef diffyg sylw a chariad gan eu rhieni,
     pobl ifanc sy'n teimlo nad oes ystyr i'w bywydau,
     rhieni sy'n methu cael dau ben llinyn ynghyd,
     a phobl hŷn sy'n unig ac yn amddifad.
O Dad, trugarha, ac arwain ninnau i wneud yr hyn a allwn i esmwytháu poenau dy blant yn eu gwahanol anghenion.

Dysg inni'r ffordd i weini'n llon
er lleddfu angen byd o'r bron,
rhoi gobaith gwir i'r gwan a'r prudd,
ac archwaeth dwfn at faeth y ffydd.

Gofynnwn hyn yn enw ein Harglwydd Iesu Grist. Amen.

Llefarydd:
Yn ail, yn lle cwyno, gwasanaethu yn llawen – yr ail adnod, 'Gwasanaethwch yr Arglwydd mewn llawenydd.' Dechreuwn gyda'r gair 'gwasanaethwch'. Gallwn gyflawni hyn ar y Sul mewn oedfa ac yn ein byw bob dydd. Y mae rhai ohonom yn galw oedfa yn wasanaeth, ac mae 'gwasanaeth' yn awgrymu fod

pawb sy'n bresennol yn 'gweini' o flaen Duw. Y mae'r organydd a'r codwr wrth arwain y gân yn gwasanaethu'r Arglwydd, ac y mae cyfeillion wrth estyn croeso yn y cyntedd yn gwasanaethu'r Arglwydd. Mae athrawon yr Ysgol Sul wrth ddysgu'r plant yn gwasanaethu'r Arglwydd, ac mae'r pregethwr wrth arwain y defosiwn a phregethu'r Gair yn gwasanaethu'r Arglwydd. Yn yr un modd, yr ydych fel cynulleidfa wrth gyflwyno offrwm a chanu emynau a gwrando ar neges yr Efengyl yn gwasanaethu'r Arglwydd. Mewn geiriau eraill, mae pawb ohonom yn cael cyfle i wneud ein rhan yng ngweinidogaeth yr holl saint, ac fe allwn gyflawni hyn nid yn unig ar y Sul ond yn ein byw bob dydd.

Llefarydd:

Y mae'r gair *'llawenydd'* angen ein sylw hefyd. *'Gwasanaethwch yr Arglwydd mewn llawenydd'* – nid gwasanaethu o ran dyletswydd yn gymaint ond o'n bodd ac yn llawen. Mynegir hyn yn hyfryd iawn gan y salmydd, *'Llawenychais pan ddywedent wrthyf, Awn i dŷ yr Arglwydd.'* Y mae llawenydd yn anodd ei ddiffinio, ond yn sicr, y mae'n rhywbeth sy'n ymwneud â'n cyflwr meddyliol ac ysbrydol, a'r modd yr ydym yn ymateb i gariad Duw yn Iesu Grist. A oes gwahaniaeth ystyr i 'lawenydd' a 'hapusrwydd'? Mae rhai ohonom yn credu fod elfen o hap a siawns mewn hapusrwydd. Yn aml iawn y mae hapusrwydd yn fwy arwynebol ac yn gwywo mewn amgylchiadau llai ffafriol tra bod llawenydd yn ddyfnach ac yn gadarnach peth. Meddai'r Crynwr George Fox, *'Cerdda'n llawen drwy'r byd gan ymateb i'r hyn sydd o Dduw ym mhawb.'*

Llefarydd:

Ond wrth sôn am y llawenydd sydd yng Nghrist, mae'n rhaid bod yn ofalus. Mae nifer fawr o bobl fregus yn ein cymdeithas yn ei chael hi'n anodd ymateb ac i lawenhau. Mae llawer o resymau am hynny megis siom colli iechyd a baich hiraeth colli anwyliaid.

Daw hyn heibio pawb ohonom yn ei dro, ac ar adegau felly mae angen y sensitifrwydd i deimlo poen ein gilydd a phoen pobl eraill, neu fel y dywed Paul, i *'wylo gyda'r rhai sy'n wylo'*. Hefyd, y mae canran uchel o'n cymdeithas yn dioddef pwysau gwaith, straen meddyliol ac iselder ysbryd. Dyhead yr emynydd yw *'Rho ynom dy dosturi di.'* Onid hyn yw ein hangen mawr yn ein perthynas â'n gilydd? Y mae tosturi Iesu Grist yn peri inni deimlo poen ein gilydd a phoen y byd, a mwy na hynny i gyfieithu ein teimladau dwys dros eraill yn weithredoedd da.

Ond mae'r Apostol Paul yn ein hannog nid yn unig i wylo gyda'r rhai sy'n wylo ond hefyd i *'lawenhau gyda'r rhai sy'n llawenhau'*. Hynny yw, mae amser i gydymdeimlo ac i gyd-alaru, ac amser hefyd i godi calon ac i lawenhau yn yr Arglwydd, ac i *'wasanaethu'r Arglwydd mewn llawenydd'*.

Emyn 217: *Ynot, Arglwydd, gorfoleddwn*

Llefarydd:
Yn drydydd, yn lle cwyno, dweud yn dda. Dyma yn union mae'r salmydd yn ei wneud wrth gloi'r ganfed Salm – dweud yn dda. Pam? Ateb y salmydd yw, *'Oherwydd da yw'r Arglwydd; y mae ei gariad hyd byth, a'i ffyddlondeb hyd genhedlaeth a chenhedlaeth.'*

Tybed a ydych yn cofio'r actiwr hwnnw Stewart Jones yn portreadu Ifans y Tryc – y gŵr hwnnw oedd yn hefru am hyn a'r llall? Meddai, *'Dwi'n dweud dim, ond dweud ydw i!'* – ac yna, byddai'n dweud y drefn am bawb a phopeth, ac yn arbennig y fisitors! Ond nid felly'r salmydd. Dweud yn dda y mae'r salmydd, ac nid heb reswm. Dweud yn dda y mae oherwydd iddo weld daioni Duw yn ei fywyd, ac am fod cariad Duw wedi'i amgylchynu ar hyd ei oes.

Beth am gymhwyso a thynnu ein myfyrdod i derfyn? Fel y dywedwyd ar y dechrau, mae'n hawdd iawn cwyno a thaflu bai ar bawb a phopeth ond ni'n hunain. A rhoi'r bai hyd yn oed ar Dduw oherwydd ein bod yn meddwl nad yw'n llwyddo i gadw trefn ar y byd fel ag y dylai wneud. Pan oedd Martin Luther yn mynd drwy gyfnod o ddigalondid wrth feddwl am gyflwr yr Eglwys a chyflwr y byd fe ddywedodd, *'Pe byddwn i yn Dduw, mi fyddwn wedi cicio'r byd yn ddarnau mân.'* Ond er hynny, gwyddai am ffordd ragorach na hynny, ac rydym ni heddiw yn gwybod hyn ar sail yr hyn wnaeth Iesu Grist drosom yn ei fywyd o Fethlehem i'r Groes. Drwy ei ymlyniad wrthym, estynnodd i ni faddeuant pechodau a chyfle newydd i fyw'r bywyd newydd yng Nghrist. Ac yn y cariad amyneddgar a rhyfeddol hwn y mae'n gwaredigaeth ni, ac unig obaith ein byd. Gadewch inni ddangos ein gwerthfawrogiad drwy seinio cân o ddiolchgarwch i'r Arglwydd, ei wasanaethu yn llawen a hefyd dweud yn dda amdano. Er mwyn ei enw. Amen.

Emyn 371: *Er chwilio'r holl fyd*

Y Fendith:
O Dduw, ein Tad nefol, ar derfyn yr oedfa hon, arwain ni oddi yma â chân yn ein calonnau, neges dy Air yn atseinio yn ein clustiau, goleuni d'obaith yn fflachio yn ein llygaid, a thân dy gariad yn eirias yn ein heneidiau. Er mwyn ein Gwaredwr a'n Harglwydd Iesu Grist. Amen.

SALM 121

Gweddi agoriadol:
Chwilia ni, O Dduw, iti adnabod ein calonnau;
profa ni, iti ddeall ein meddyliau.
Edrych a ydym ar ffordd a fydd yn loes i ni,
ac arwain ni yn y ffordd dragwyddol. Amen.

Emyn 107: *Gogoniant tragwyddol i'th enw, fy Nuw*

Darlleniad: Salm 121

Llefarydd:
Pe byddwn yn gofyn i chi pa un yw eich hoff salm, rwy'n siŵr y
byddai Salm 121 yn uchel ar eich rhestr. Y mae llawer ohonom
yn gwybod y salm hon ar gof, neu o leiaf yn gyfarwydd â hi, a
chyda'n gilydd, fe geisiwn ei deall yn well eto ac ymateb i'w neges.

Yn ôl un esboniad, pererin sydd yma ar daith i ddinas Jerwsalem
i gadw gŵyl grefyddol yr Iddewon. I gyrraedd Jerwsalem, roedd
yn gorfod mynd drwy gilfachau cul a pheryglus y mynyddoedd.
Yn y mannau tywyll hyn, roedd lladron yn llechu ac yn aros
eu cyfle i daro ac i ddwyn eiddo'r pererinion, ac roedd hyn yn
digwydd gan amla' pan fyddent yn gorffwyso dros nos. Felly,
awgrym yr esboniad yw bod y pererin yma yn ofnus ac iddo yn
ei bryder mawr ofyn y cwestiwn, *'O ble y daw cymorth i mi?'*

Fel y pererin yn Llyfr y Salmau, rydym ninnau hefyd ar daith,
ac yn mynd drwy gyfnodau amrywiol iawn – cyfnodau tawel,
cyfnodau prysur, cyfnodau pryderus, a chyfnodau o dristwch
a phrofedigaethau, ac ar adegau tywyll felly rydym yn gofyn

cwestiynau dwysach nac arfer, ac o bosibl y cwestiwn dan sylw, *'O ble y daw cymorth i mi?'*

Ond nid oedolion yn unig sy'n gofyn cwestiynau. Mae profiad llawer ohonom yn debyg i'r wraig honno yn sgwrsio hefo'i hwyres fach. Dywedodd Nain wrthi ei bod ar fin cael ei phen blwydd yn saith deg oed. Roedd y fechan yn rhyfeddu fod Nain mor hen, ac yna dywedodd yn sydyn, *'O na! Ac wedyn rwyt yn marw!'* Sylw dwys gan rywun mor ifanc. Wel, os yw pethau fel hyn yn poeni plant bach ar ddechrau oes, rydym ni hefyd yn gofyn cwestiynau ynglŷn â'n meidroldeb a beth yw ystyr a phwrpas bywyd, ac yn y blaen.

Ac yna, mae cwestiynau cymdeithasol a gwleidyddol yn mynnu ein sylw. Er enghraifft, pam fod y byd mewn cyflwr mor arswydus? Pam fod rhai arweinwyr gwleidyddol yn gormesu'r werin bobl, a pham fod cymaint o anghyfiawnder a dioddefaint a newyn a marwolaethau yn digwydd yn ein byd? Pam wedyn fod cymaint o ryfeloedd dieflig wedi digwydd, ac yn dal i ddigwydd? Mae'r rhain yn hen gwestiynau sydd wedi poeni dyn i lawr ar hyd yr oesau. Ac os ydym am ddod â Duw i mewn i'r drafodaeth, pam ei fod wedi rhoi cymaint o ryddid i ddyn a chaniatáu iddo wneud y fath lanast ar ei fyd?

Llefarydd:
Mae mor hawdd gofyn cwestiynau a dwrdio, ond nid yw mor hawdd rhoi atebion. A beth bynnag, onid ein tuedd ni i gyd yw gweld problemau'r byd y tu allan i ni'n hunain, a'n gweld ni'n hunain yn well ac yn gryfach nag ydym mewn gwirionedd?

Tybed a glywsoch am y dyn hwnnw yn sôn amdano'i hun yn cerdded adre, ar ôl cael peint neu ddau! – yn mynd i drafferthion mawr mewn cors, lle gwlyb iawn, ac roedd yn suddo'n ddyfnach ac yn ddyfnach bob eiliad, nes yn y diwedd, doedd ond ei ben yn y golwg! Ond ar y funud olaf, meddai, *'Mi ges i syniad ysbrydoledig! A'r hyn wnes i, gan fy mod mor gry', oedd gwthio fy mraich yn rhydd o'r mwd – o'r gors – ac yna, cydiais yn fy ngwallt, a thynnais fy hun allan!* Dipyn o foi! Stori celwydd golau yn amlwg oedd hon! Ond o ddifrif, onid mor hawdd ein twyllo ni'n hunain? Mae'r emynydd yn nes ati wrth gyfaddef ein gwendid,

Rhy wan yw braich o gnawd,
Rhy dlawd yw gorau dyn.

Os yw'n gorau ni yn rhy dlawd, yna mae'n deg gofyn, beth am ein gwaetha'? Felly, o ble y daw cymorth imi? O ble y daw ymwared? Beth yw ateb y salmydd? *'Fy nghymorth a ddaw oddi wrth yr Arglwydd.'*

Emyn 120: *Disgwyliaf o'r mynyddoedd draw*

Gweddïwn:
(a) Bendigwn dy enw, ein Tad, am emynau sy'n codi ein golygon uwchben cymylau amser, a pheri inni sylweddoli fod mwy i'n bywydau na'r byd hwn a'i bethau. Ni olyga hynny, ein Tad, nad ydym yn gwerthfawrogi ac yn diolch i ti am fendithion tymhorol bywyd. Y mae'r cyfan yn gysegredig, ac i ti y rhown ein diolch a'n clod. Ti yw ein Crëwr daionus a'n Cynhaliwr trugarog, ond clodforwn dy enw yn fwy am mai ti yw ein Gwaredwr bendigedig yn Iesu Grist.

Bendigwn dy enw am y dydd arbennig hwn a ddaw i'n rhan bob wythnos. O Dad, boed i'r Sul fod yn hyfrydwch i ni, ac yn gyfle i ddod i berthynas agos â thi yn Iesu Grist ac i fyfyrio ar wirioneddau mawr dy Air. Rydym yn cydnabod, ein Tad, arafwch ein dealltwriaeth o'r hyn sy'n ddyrchafedig, ac yn waeth na dim, ein methiant i gyflawni'r hyn a ddisgwyli di oddi wrthym. O Dad, trugarha wrthym, ac ar bwys yr hyn a gyflawnodd Iesu drosom ar Galfaria, derbyn ni fel ag yr ydym, a dyro inni'r sicrwydd o'th faddeuant ac o feddyginiaeth dy gariad a'th ras yn Iesu Grist.

Mae enw Crist i bawb o'r saint
  fel ennaint tywalltedig,
ac yn adfywiol iawn ei rin
  i'r enaid blin, lluddedig.

(b) Erfyniwn arnat, ein Tad, i estyn adenydd dy gariad dros bawb sy'n wael ac mewn gwendid henaint. Rho ynom dy dosturi di tuag atynt hwy, ac at y rhai sy'n unig ac yn teimlo beichiau bywyd yn eu llethu. O Dad, dysg ni i gydymdeimlo â hwy, a'u cynorthwyo mewn modd ymarferol yn ysbryd dy gariad.

Rho ynom dy dosturi di,
i weld mai brodyr oll ŷm ni:
y du a'r gwyn, y llwm a'r llawn,
un gwaed, un teulu drwy dy ddawn.

Bendigwn dy enw am bob gras a nerth a gawsom yn dy gwmni yn ystod y dydd heddiw. Gweddïwn ar i ti fendithio gwaith dy Eglwys yn y tŷ hwn a phob cynulleidfa sydd wedi dod ynghyd i glodfori dy enw. O Dad, bydded gras ar dy bobl yn y dyddiau helbulus hyn, a dyro iddynt glustiau i wrando ac i amgyffred dy gariad a'th ras yn Iesu Grist. Maddau eiddilwch ein gweddïau, a rhagora ar ein deisyfiadau yn enw ein Gwaredwr bendigedig. Amen.

Emyn 179: *Dewch, hen ac ieuainc, dewch*

Llefarydd:
Ond beth yw ystyr dweud *fod Duw yn gymorth?* I ddechrau,
mae'r rhan fwyaf ohonom ni wedi cael cymorth ar daith bywyd
– gan ein rhieni – mam yn dod â ni i'r byd, ac yna dad a mam
a theulu yn ein magu'n annwyl a gofalus. Yna fe gawsom help
athrawon a chymdogion a ffrindiau i wrando arnom ac i'n helpu.
Ac ar y Sul yng nghwmni'n gilydd, rydym wedi cael cynhaliaeth
cyfeillgarwch aelodau, a chyda'n gilydd derbyn cynhaliaeth gras
a chariad Duw yn Iesu Grist. Ie, *'Fy nghymorth a ddaw oddi wrth
yr Arglwydd.'*

'Fy nghymorth' sylwch ac nid dihangfa. Dyma oedd beirniadaeth
hallt Karl Marx pan ddywedodd am grefyddwyr ei ddydd,
'Religion is the opium of the people.' Hynny yw, cyffur yw crefydd
i'n twyllo i beidio â cheisio gwella'r byd ond i edrych ymlaen at
ddihangfa yn y byd nesa'! Mae'n rhaid cytuno ei bod hi'n bosibl
defnyddio crefydd fel *dihangfa,* ond fel y gwyddom, nid clustog
i gysgu arni yw crefydd i fod, ond cymorth i wynebu treialon
bywyd. Y mae emyn Gwilym R. Jones yn mynegi hyn yn glir
iawn:

O fewn dy dŷ, ein Duw,
Y mae tangnefedd drud
A'n nertha i droi yn ôl
I'r llym, herfeiddiol fyd.

Pan awn yn ôl i'n cartrefi heddiw a gwrando'r newyddion, fe gawn
ein hatgoffa ein bod yn byw lle mae pethau creulon a thrist i'r
eithaf yn digwydd, a gall hyn weithiau ein llethu, ond diolch fod

cymorth gras a chariad Duw i'w gael i wynebu treialon bywyd ac fel y dywed yr emyn, *'i droi yn ôl i'r llym, herfeiddiol fyd.'*

Emyn 710: *Arglwydd Iesu, dysg im gerdded*

Llefarydd:
Duw yn gymorth, Duw yn nerth, ond yn fwy na dim, mae Duw yn Geidwad, *'Yr Arglwydd yw dy Geidwad.'* Mae'r gair *'Ceidwad'* yn ein cydio ni yn syth wrth yr Efengyl, ac wrth neges fawr y Nadolig, *'Canys ganwyd i chwi heddiw Geidwad yn ninas Dafydd.'* Felly, mae'r salmydd mewn cytgord meddwl ac ysbryd â newyddion da y Testament Newydd, *'Yr Arglwydd yw dy Geidwad.'*

'Yr Arglwydd a'th geidw rhag pob drwg.' Mae'r datganiad fod Duw yn abl i'n *'cadw rhag pob drwg'* yn honiad mawr. Wedi'r cyfan, onid yw'r profiad o fethu gwrthsefyll y drwg yn gyffredin i bawb ohonom? Sut mae esbonio hyn, yn arbennig wrth gofio ein bod oll yn syrthio'n ddyddiol i afael yr un drwg? Wel, ffordd y salmydd o egluro hyn yw mynegi ei ymddiriedaeth nid yn ei allu pitw ei hunan ond yng ngallu gras a daioni Duw yn ei fywyd, a chymaint felly fel bod Duw yn fwy na chymorth. Y mae hefyd yn Geidwad. *'Yr Arglwydd yw dy Geidwad',* ac yn Geidwad i'n *'cadw rhag pob drwg'.* Yn wir, medd y salmydd, *'Efe a geidw dy enaid.'*

Roedd hogyn bach wyth mlwydd oed yn teithio adre o'r ysgol. Dechreuai'r daith o dair milltir ar y bws, ac yna cerdded dros ddwy filltir a hanner i gyrraedd ei gartref. Roedd hi'n dymor y gaeaf ac yn tywyllu'n gynnar. Yn sydyn, gwaethygodd y tywydd, a dechreuodd fwrw cenllysg yn drwm. Trowsus byr oedd gan yr hogyn, ac roedd ei bengliniau yn oer ac yn wlyb. Teimlai'n unig ac yn ofnus a dechreuodd grïo'n ofnadwy, ond pwy ddaeth i'w gyfarfod ond ei dad. Roedd mor falch o'i weld, ac o'r eiliad honno, diflannodd pob ofn, a cherddodd yr hogyn bach adre yn dawel braf yn llaw gadarn ei dad.

Onid yw'r stori fach yna yn help inni amgyffred arwyddocâd neges y salmydd? Teithio tuag adre roedd y bachgen bach ofnus y pnawn hwnnw, ac fel yntau, rydym ninnau yn teithio, ac ar y daith hon y mae angen help arnom. Weithiau mae'r daith yn rhwydd a didramgwydd, ond dro arall, mae'r daith yn anodd a thywyll. Ond diolch fod gennym Dad trugarog i droi ato, ac yn Iesu Grist ffrind sy'n geidwad ein heneidiau. Gadewch inni gredu hynny â'n holl enaid ac adlewyrchu hyn yn ein bywyd heddiw, ac ymhob yfory a ddaw i'n rhan. Er mwyn ei enw. Amen.

Emyn 535: *'Does destun gwiw i'm cân*

Y Fendith:
Daeth ein hoedfa i ben, ein Tad, ond ymlaen yr awn ar ein pererindod ysbrydol. Cadw'n golygon yn gyson ar dy Fab Iesu sy'n Geidwad ein heneidiau, a chynorthwya ni nid yn unig i fod yn wrandawyr ond yn weithredwyr dy Air mewn ysbryd a gwirionedd. Ac i ti, ein Tad nefol, ac i'n Harglwydd Iesu Grist, ac i'r Ysbryd Glân y rhown ein diolch a'n clod heddiw a hyd byth. Amen.

YSBRYD GWEDDÏO

Gweddïwn:
'Ysbryd yw Duw, a rhaid i'r rhai a'i haddolant ef addoli mewn ysbryd a gwirionedd.' Diolchwn iti ein Tad am dystiolaeth dy Air a'i arweiniad sut i weddïo. Tywys ni i gytgord meddwl â thi dy hun, a phlyg ni i'th ewyllys sanctaidd. Gofynnwn hyn yn enw ein Harglwydd Iesu Grist. Amen.

Emyn 19: O rhoddwn fawl i'n Harglwydd Dduw

Cyd-weddïo Gweddi'r Arglwydd.

Llefarydd:
Thema'r gwasanaeth hwn yw gweddïo. Dywed y bardd Islwyn wrthym,

Dyma'r ddolen sydd yn uno gwendid dyn a gallu Iôr,
Dyma'r traeth i roi ein llestri ar y dwyfol, fythol fôr;
Dyma'r aber lle cyferfydd afon dymuniadau dyn
â diderfyn fôr trugaredd sydd â'i led fel Duw ei hun.

Mae'r Arglwydd Iesu yn ein dysgu sut i weddïo, a byddwn heddiw yn canolbwyntio ar ei arweiniad. Gweddi fer yw 'Gweddi'r Arglwydd' gyda chymalau cryno sy'n syth i'r pwynt, ond er hynny, mae'n gynhwysfawr a chyfoethog iawn. Onid yw'r weddi hon yn esiampl i ninnau hefyd? Nid yw bod yn amleiriog o reidrwydd yn beth da. Y mae'n rhaid cofio fod gennym ddwy glust i wrando ond dim ond un tafod i lefaru. Onid ein tuedd yw mesur gwerth gweddi yn ôl nifer y geiriau a lefarwn yn hytrach na gwrando yn dawel? Y mae gweddïo yn golygu mwy na siarad. Mae'n rhaid gwrando ac yna ymateb i'r hyn a glywir. Y mae gennym ddau air i fynegi dawn ein clustiau, sef 'clywed' a 'gwrando'. Beth tybed yw'r gwahaniaeth rhwng ystyron y ddau air yma? Efallai mai rhywbeth tebyg i hyn yw'r eglurhad. Wrth *glywed* yn unig, mae'r geiriau'n mynd i mewn trwy un glust ac allan drwy'r llall, ond wrth *wrando* cawn ein hunain yn ymateb i'r hyn sydd yn cael ei ddweud wrthym. Wrth wrando, mae'r geiriau yn mynd drwy felin ein meddwl. Gall hyn ddigwydd wrth inni weddïo dan arweiniad yr Ysbryd Glân. Y mae gwrando'n ddefosiynol dan arweiniad yr Ysbryd Glân yn creu o'n mewn ddyhead i ymateb, a gall hynny ddigwydd wrth wrando adnod neu emyn, neu wrth ymdawelu yn ddisgwylgar. Deisyfir hyn yn effeithiol iawn gan yr emynydd:

Yn y dwys ddistawrwydd
  dywed air, fy Nuw;
torred dy leferydd
  sanctaidd ar fy nghlyw.

Yn ein darlleniad heddiw o'r Bregeth ar y Mynydd, cawn yr Arglwydd Iesu yn ein rhybuddio rhag rhagrithio yn ein gweddïau.

Darlleniad: Mathew 6:1–8

Emyn 597: *O Ysbryd byw, dylifa drwom*

Llefarydd:
Yn y darlleniad a glywsom, cawn Iesu yn siarad am y perygl o ragrithio wrth weddïo, a gwelai hyn yn digwydd ymhlith crefyddwyr mwyaf selog ei genedl. Dyma'r rhai a adwaenwn yn y Testament Newydd fel Phariseaid ac Ysgrifenyddion, ac mae sylwadau Iesu yn datgelu ei siom ynddynt fel arweinwyr

crefyddol. Ar un wedd, roeddynt yn gydwybodol ac yn ffyddlon i wasanaethau'r Saboth ac i ofynion cyfraith y grefydd Iddewig. Dyma'r union bobl oedd yn gwybod holl gynnwys yr Ysgrythurau ac yn rhoi pwys mawr ar gadw holl ofynion y Ddeddf. Aent yn gyson i'r Synagog ac ar y ffordd byddai rhai ohonynt yn gweddïo ar gorneli'r stryd. Ond drwy hyn oll, gwelai Iesu ragrith eu crefydda. Gweddïent yn gyhoeddus er mwyn dangos eu sêl a'u dawn i'r rhai a gerddai heibio. Mae Iesu mor ddeifiol ei feirniadaeth ohonynt fel iddo eu galw yn rhagrithwyr. Mae'r feirniadaeth hon yn dangos fod Iesu yn ffieiddio balchder crefyddwyr ei ddydd. Yn wir, ni allai oddef hunan gyfiawnder na ffug ostyngeiddrwydd y Phariseaid a'r Ysgrifenyddion a'u chwant afiach am glod eu cyd-ddynion. Y mae rhai pobl yn gweld rhagrith ynom ni heddiw hefyd wrth inni ymarfer ein crefydd. Tybed a oes sail i'w cyhuddiad? Yn sicr, mae'n rhaid inni holi ein hunain.

Emyn 717: *I dawel lwybrau gweddi*

Gweddïwn:
'Ysbryd yw Duw, a rhaid i'w addolwyr ef addoli mewn ysbryd a gwirionedd.'

'Y mae Duw yn gwrthwynebu'r beilchion, ond i'r rhai gostyngedig y mae'n rhoi gras.'

'Nesewch at Dduw, ac fe nesâ ef atoch chwi.'

Yng nghlyw ac yn ysbryd neges dy air dysg ni, ein Tad, i weddïo ac i nesáu atat yn enw dy Fab, ein Harglwydd Iesu Grist. Yn dy bresenoldeb cadw ni, ein Tad, rhag pob balchder trahaus a ffug ostyngeiddrwydd, ac unrhyw beth arall sy'n rhwystr inni nesáu atat. Yn enw Iesu Grist, ac ar bwys yr hyn a wnaeth ef drosom ar ei daith o Fethlehem i'r groes, trugarha wrthym, a chynorthwya ni i nesáu atat yn gywir ein calon ac yn ddiolchgar ein hysbryd.

Diolchwn i ti, ein Tad, am bob help a gawsom i weddïo; gan ein rhieni ar yr aelwyd, ac ar aelwyd dy Eglwys – yn yr Ysgol Sul ac yn ein gwasanaethau. Diolchwn am y gweddïau a ddarparwyd ar ein cyfer, ac am weddïau dy blant i lawr ar hyd yr oesau. Diolchwn hefyd am emynau sy'n ein tywys ni i lwybr gweddi, ac yn ein helpu i fynegi ein cred ynot ti, ac i werthfawrogi dy gariad mawr tuag atom yn Iesu Grist.

Gweddïwn dros bawb sy'n ei chael hi'n anodd gweddïo oherwydd profiadau chwerw bywyd. Diolchwn, ein Tad, dy fod yn ein deall ac yn cydymdeimlo â ni cyn y dywedwn ddim ger dy fron. Rwyt yn gwybod am ein hanghenion oll – anghenion corfforol a meddyliol, ac uwchlaw pob dim ein hanghenion ysbrydol fel maddeuant a meddyginiaeth dy gariad. Yn dy drugaredd, clyw ein cri ac ateb ni. Maddau bob diffyg meddwl a bwriadau drwg ein calon, a derbyn ni yn enw ein Gwaredwr Iesu Grist. Amen.

Emyn 700: *Ti yr hwn sy'n gwrando gweddi*

Y Fendith:
Diolchwn iti, ein Tad, am awr i d'addoli, ac i wrando dy Air ac i nesáu atat yn ein gweddïau. Ac yn awr, wrth ymadael â'th dŷ, cadarnha hyn oll yn ein meddyliau a'n calonnau fel yr awn oddi yma yn gadarnach ein ffydd ynot ti ac yn dy ras a'th gariad yn Iesu Grist. Er mwyn ei enw. Amen.

GWEDDI'R ARGLWYDD

Llefarydd:
Daw thema ein gwasanaeth heddiw o eiriau cyntaf Gweddi'r
Arglwydd, ac yn ein myfyrdod byddwn yn atgoffa ein gilydd o
bwysigrwydd gweddïo a sut y dylem weddïo. Dyma rai adnodau
sy'n gymorth inni:

*'Ceisiwch yr Arglwydd tra gellir ei gael, galwch arno tra bydd yn
agos.'*

*'Y mae'r Arglwydd yn agos at bawb sy'n galw arno, at bawb sy'n
galw arno mewn gwirionedd.'*

'Nesewch at Dduw, ac fe nesâ ef atoch chwi.'

Emyn 10: *Hwn ydyw'r dydd o ras ein Duw*

Cyd-weddïo Gweddi'r Arglwydd.

Llefarydd:
Yn arferol, cyfeiriwn at y weddi a ddysgodd Iesu Grist inni fel
'Gweddi'r Arglwydd', ond fe'i gelwir hefyd yn *'Weddi'r Teulu'* a
'Gweddi'r Disgyblion'. Lluniodd Iesu'r weddi hon yn benodol i'w
ddilynwyr cyntaf, ond y mae credinwyr i lawr y canrifoedd wedi
gwneud defnydd mawr ohoni. Fel dilynwyr Iesu, rydym wedi
dweud *'Gweddi'r Arglwydd'* filoedd o weithiau, ac y mae'n hawdd
iawn ei hadrodd yn fecanyddol ac yn oeraidd. Mae cymhellion
cywir yn holl bwysig wrth weddïo. Beth am yr eglureb yma?
Cyllell. Ynddi'i hun, dydi cyllell ddim yn ddrwg nac yn dda. Yn
llaw rhywun â chymhellion drwg mae cyllell yn arf peryglus,

ond yn llaw meddyg sy'n ceisio gwella cleifion mae'n offeryn achubiaeth. Felly yn union ein gweddïau. Gall ein gweddïau fod yn fendith neu'n felltith. Mor bwysig felly yw uniaethu ein gweddïau â meddwl Iesu Grist a'u hoffrymu yn ysbryd ei gariad.

Gweddïwn:

Ein Tad, mae mor hawdd rhoi ein hunain yn y canol wrth weddïo a rhoi'r argraff ein bod yn dduwiol ac yn dda. O Dad, pura ein cymhellion wrth weddïo ac arwain ni i gytgord ag ysbryd dy gariad mawr yn Iesu Grist.

O tyn ni â'th drugaredd gref
  yn ôl o'n crwydro nawr,
a gwisg drachefn ein hegwan ffydd
  â nerth dy bethau mawr. Amen.

Emyn 3: *Agorwn ddrysau mawl*

Llefarydd:

Pan fyddwn yn cyfarch Duw fel *'Ein Tad'* rydym yn cynnwys pobl eraill heblaw ni ein hunain. Mae Iesu yn ein dysgu i gyfarch Duw fel *'Ein Tad'*, ac yn ein cymell i wneud hynny pan fyddwn yn gweddïo gyda'n gilydd ac ar ein pennau ein hunain. Y mae'r gair bach *'Ein'* yn ein cadw rhag cyfyngu ein gweddïau i anghenion personol yn unig. Ar gyfer teulu'r ffydd y lluniodd yr Arglwydd Iesu y weddi hon, a'i ddymuniad yw i ni ei gweddïo fel plant i'n Tad nefol a brodyr a chwiorydd i'n gilydd – nid *'Fy Nhad'* ond *'Ein Tad'*.

Mae'r pwyslais ar Dduw ein Tad yn ein cadw hefyd rhag meddwl amdano fel Duw y gallwn ei droi â'n bys bach. Na, nid taid mohono! Tuedd taid yw difetha a rhoi moethau diddiwedd yn hytrach na disgyblu mewn cariad. Nid Mr Duw ydyw chwaith, neu ryw fod pell ac oeraidd, ond Duw sy'n Dad trugarog a graslawn. Roedd gweinidog yn pregethu oddi cartref ac yn aros i ginio gyda phrifathro'r ysgol leol a'i wraig. Tra oedd y rhieni yn paratoi'r cinio, cafodd gwmni'r ferch fach. Er mwyn codi sgwrs, gofynnodd y gweinidog iddi beth a alwai ei thad yn yr ysgol. *'O! Mr Williams fel pawb arall.'* Ond fel y dywedodd y tad yn ddiweddarach, *'Yndi, mae hynny'n wir, ond un tro, pan gafodd godwm cas ar fuarth yr ysgol, nid "Mr Williams" ddywedodd hi 'radeg hynny ond "Dad".'*

Felly, fel y dywedwyd, nid rhywun pell ac oeraidd ac yn malio dim amdanom yw Duw, ond Tad agos sy'n awyddus i ddod i berthynas bersonol â ni ei blant. Wedi'r cyfan, onid tystiolaeth bendant Iesu yw mai ein Tad nefol ydyw! Nid yw'n bodloni ar y gred mai rhyw rym creadigol a haniaethol yw Duw ond Tad y gallwn nesáu ato yn hyderus a'i gyfarch fel plentyn yn closio at ei dad. Yn wir, cymaint oedd pwyslais Iesu Grist ar hyn, fel iddo ddefnyddio'r gair *'Abba, Dad'*, sef y gair ddefnyddiai plentyn bach o Iddew wrth siarad â'i dad daearol. Gadewch inni wrando ar weddi Iesu Grist yng ngardd Gethsemane, a sylwi fel y llifai'r gair *'Abba Dad!'* mor naturiol oddi ar ei wefusau.

Darlleniad: Ioan 17: 1–11

Emyn 111: *Ti Greawdwr mawr y nefoedd*

Gweddïwn:
(a) Ein Tad, rydym yn ymwybodol ohonot fel ein Crëwr a'n Cynhaliwr, ac yn cydnabod hynny yn ddiolchgar. Diolchwn hefyd ein bod yn gallu dy gyfarch fel 'Ein Tad', a bod dy fab Iesu yn Frawd inni ac yn Geidwad bendigedig.

Rydym yn cydnabod nad ydym yn rhoi amser penodol i ymwybod o'th agosrwydd grasol tuag atom fel ag y dylem. Yn wir, rydym oll wedi crwydro fel defaid i'n ffyrdd pechadurus ein hunain. O Dad, trugarha wrthym. Paid â'n bwrw ymaith oddi wrthyt, na chymryd dy ysbryd sanctaidd oddi wrthym. Yn enw ein brawd a'n Gwaredwr Iesu Grist, derbyn ni'n ôl, ac estyn inni feddyginiaeth dy gariad.

Dof fel yr wyf, ni thâl parhau
i geisio cuddio unrhyw fai;
ond gwaed y groes all fy nglanhau:
  'rwy'n dod, Oen Duw, 'rwy'n dod.

(b) Gweddïwn dros bawb sy'n ei chael hi'n anodd troi atat am gymorth. Meddyliwn am y rhai sydd wedi derbyn newyddion gwael am eu hiechyd yn ddiweddar; y rhai sydd wedi colli anwyliaid ar ôl gofalu amdanynt mor dyner; y rhai sy'n profi unigrwydd llethol ac yn dioddef iselder ysbryd; y rhai sy'n pryderu am eu sefyllfa ariannol ac yn ei chael hi'n anodd cael dau ben llinyn ynghyd. O Dad, cyflwynwn hwy i'th ofal grasol, ac erfyniwn arnat i'w cysuro â'th gariad.

Diolchwn iti am bawb sy'n gwneud daioni yn ein cymdeithas ac yn cyfieithu dy gariad yn gymwynasau hael a da. Diolch am bob mudiad dyngarol sy'n sefyll dros y gwan a'r tlawd ac yn ein hatgoffa yn gyson o'n cyfrifoldeb ninnau yng ngwaith dy deyrnas. Clyw ein gweddïau yn dy nefoedd, a rhagora ar ein deisyfiadau yn ôl dy ddoethineb a'th drugaredd yn Iesu Grist. Ac i ti, ein Tad nefol, ac i'th annwyl fab ein Gwaredwr Iesu Grist, ac i'r Ysbryd Glân y byddo'r clod a'r gogoniant, yn awr, a hyd byth. Amen.

Emyn 672: *Yn wastad gyda thi*

Llefarydd:

Parhawn ein myfyrdod ar y cymal *'Ein Tad'*. Yr ydym oll yn gyfarwydd â'r darlun o Dduw'r Tad yn y Beibl, ac enghraifft arbennig o hynny yw'r adnod hyfryd hon o Lyfr y Salmau, *'Fel y tosturia tad wrth ei blant, felly y tosturia'r Arglwydd wrth y rhai a'i hofnant ef.'* Modd bynnag, nid yw'r darlun agos a chynnes i'w gael yn aml yn yr Hen Destament. Yn hytrach, yr hyn a gawn yw'r darlun o Dduw fel Tad y genedl a Thad yr holl genhedloedd, ond yn y Testament Newydd, cawn ddarlun o Dduw fel Tad personol i chi a finnau. A'r un a gyflwynodd y darlun hwn i ni oedd neb llai na'r Arglwydd Iesu Grist. Tybed beth barodd i Iesu gyflwyno'r darlun o Dduw fel Tad agos a thrugarog? Un awgrym yw bod ganddo feddwl y byd o Joseff fel tad da a charedig, ac i hynny ei sbarduno i feddwl am Dduw fel Tad nefol. Hefyd, yr hyn sy'n arbennig yng Ngweddi'r Arglwydd yw'r ffaith i Iesu ganiatáu i'w ddilynwyr gael rhannu'r fraint fawr o gyfarch Duw yn union fel y gwnâi ef ei hunan.

Llefarydd:

Ond beth am y darlun o Dduw fel mam? Nid yw'r rhan fwyaf ohonom wedi cael trafferth erioed i feddwl am Dduw fel Tad, ond fe all achosi trafferth i rai oherwydd na chawsant dad ar yr aelwyd. Neu efallai, yn achos rhai eraill, fod eu tad yn un oeraidd neu gas. Yn ei lyfr, *Black Girl in Search of God*, sonia Bernard Shaw am ferch groenddu yn protestio yn erbyn ein harfer o sôn am Dduw fel tad. Sylw'r ferch oedd, *'I owe nothing to my father; I owe everything I am to my mother.'* Iddi hi a'i thebyg, byddai darlun y proffwyd Eseia o Dduw fel mam yn fwy dealladwy ac yn apelio'n well, *'Fel y cysurir plentyn gan ei fam, byddaf fi, medd yr Arglwydd, yn eich cysuro chwi.'*

Er ein bod yn gwerthfawrogi yn fawr iawn y darlun o Dduw fel Tad, rydym yn credu fod ychwanegu rhinweddau benywaidd yn helpu inni ddeall natur sylfaenol y Duwdod yn well. Yn Iesu Grist, rydym yn credu nad Duw pell ac oeraidd ydyw ond un sy'n agos atom fel mam ofalus a chariadus tuag at ei blant. Diolch i Eseia felly am roi inni ddarlun o Dduw fel mam.

Llefarydd:
Un o nodweddion arbennig mam yw ei pharodrwydd i ddioddef, a dyma pam y mae ei chariad yn ddiymollwng tuag at ei phlant. Ond y mae cariad mwy hyd yn oed na chariad mam, ac fe welwyd hynny yn nyfnder dioddefaint cariad Iesu Grist drosom ar Galfaria. Yn aml iawn, wrth geisio egluro hyn, rydym yn ymwybodol iawn o'n diffyg geirfa, ond fe wyddom mai dirgelwch cariad tuag at annheilwng ddyn yw cariad Duw yn Iesu Grist. Ac yn y cariad rhyfedd hwn y mae ein noddfa a'n gwaredigaeth fel unigolion a theuluoedd a chymdeithas.

Rydym yn terfynu gyda sylw gan Gwenith Davies, Aberystwyth, mewn cyfarfod chwiorydd, *'Mae genedigaeth plentyn yn un o wyrthiau Duw, ond mae gwyrth greadigol arall yn ein meddiant ni chwiorydd, sef magu ein plant mewn awyrgylch cariad a'u tywys yn dyner at Iesu Grist.'* Y mae miloedd ar filoedd o famau ein gwlad wedi magu eu plant mewn awyrgylch cariad, a hwnnw'n gariad sy'n gydnaws ag ysbryd cariad Duw'r Tad a'r Fam yn Iesu Grist. Gadewch i ninnau hefyd adlewyrchu cyfoeth y cariad rhyfedd hwn yn ein bywydau a dweud gyda'r bardd,

Ei goron yw ei gariad – i'r oesoedd,
Mae'n rasol ei fwriad,
Yn Iachawdwr a Cheidwad;
A mwy na dim, y mae'n Dad.

Emyn 222: *Tyrd atom ni, O Grëwr pob goleuni*

Y Fendith:

Yng ngweddill y dydd dyro inni, ein Tad, nerth dy ras i adlewyrchu dy faddeuant fel mam a chadernid dy gariad fel tad yn ein bywyd. Ac i ti, ein Tad nefol a'n Mam sydd yn ein caru â chariad na all ein gollwng, y byddo'r clod a'r gogoniant heddiw a hyd byth. Amen.

EIN TAD NEFOL

Gweddi agoriadol:
Ein Tad, yr Hwn wyt yn y nefoedd, plygwn o'th flaen i geisio arweiniad yr Ysbryd Glân i'th addoli. Yn dy drugaredd, pura ein cymhellion, fel y bydd ymadroddion ein genau a myfyrdod ein calon yn gymeradwy ger dy fron. Gofynnwn hyn yn enw dy Fab, ein Harglwydd Iesu Grist. Amen.

Emyn 24: *O cenwch fawl i'r Arglwydd*

Darlleniadau:
'Codwch eich dwylo yn y cysegr, a bendithiwch yr Arglwydd.'

'Ymgrymwch i'r Arglwydd yn ysblander ei sancteiddrwydd.'

'Pan fyddwch yn gweddïo, peidiwch â bod fel y rhagrithwyr;... Ond pan fyddi di'n gweddïo, dos i mewn i'th ystafell, ac wedi cau dy ddrws gweddïa ar dy Dad sydd yn y dirgel, a bydd dy Dad sydd yn gweld yn y dirgel yn dy wobrwyo.'

'Gweddïwch dros eich gilydd, er mwyn ichwi gael iachâd.'

'Nesewch at Dduw, ac fe nesâ ef atoch chwi.'

'Gweddïwch yn ddi-baid.'

Cyd-weddïo Gweddi'r Arglwydd.

Emyn 572: *Tyrd, Ysbryd Sanctaidd, rho dy wawr*

Llefarydd:
Yn ein myfyrdod ar 'Weddi'r Arglwydd' y tro diwethaf, pwysleisiwyd fod yr Arglwydd Iesu Grist yn ein rhybuddio rhag gweddïo'n amleiriog ac yn rhagrithiol. Parhawn heddiw gyda'r cyfarchiad annwyl *'Ein Tad'*.

Mae Iesu am inni ddechrau'n gweddïau nid gyda ni'n hunain ond gyda Duw ein Tad nefol. Y mae hyn yn dangos cwrteisi Cristnogol wrth orsedd gras. Nid ydym i ddechrau ein gweddïau gyda'n hanghenion ein hunain ond gyda Duw. Ein cyfrifoldeb cyntaf yw cydnabod Duw am yr hyn ydyw, a'i gyfarch fel *'Ein Tad'*.

Rydym yn cyfarch Duw fel *'Ein Tad'* oherwydd fe'n dysgwyd gan Iesu Grist i wneud hynny. Mae'r darlun o Dduw yn Dad i'w gael yn yr Hen Destament, ac enghraifft ardderchog o hynny yw tystiolaeth y salmydd yn Salm 103, *'Fel y tosturia tad wrth ei blant, felly y tosturia yr Arglwydd wrth y rhai a'i hofnant ef.'*

Mae adnodau fel hyn yn brin iawn yn yr Hen Destament. Gan amlaf, tuedd yr Iddew yw meddwl am Dduw fel Tad y genedl yn unig yn hytrach na Duw fel Tad personol. Tua phymtheg gwaith yn unig y ceir y darlun o Dduw fel Tad yn yr Hen Destament, ond fe'i ceir dros 170 o weithiau yn y Testament Newydd. Yn wir, ceir nifer dda ohonynt yn yr efengylau, ac fe gyflwynwyd hwy gan neb llai na'r Arglwydd Iesu ei hun. Yn ddiamheuaeth, nid bod pell ac oeraidd sy'n malio dim amdanom yw Duw i Iesu Grist ond Tad agos a thrugarog sy'n dymuno perthynas agos â ni ei blant. Gwelwn felly, hyd yn oed ar lefel ddynol, fod tadolaeth yn rhywbeth amgenach na chenhedlu plant a gofalu amdanynt. Y mae tadolaeth yn golygu, ar ei orau, ein bod yn caru'n plant hyd eithaf ein gallu dynol ac yn ceisio hyrwyddo eu gwir ffyniant.

Os felly cariad dynol, onid cymaint mwy cariad Duw? Yn ei Fab
Iesu Grist, rhoddodd Duw o'i orau ac ohono'i hun inni, a gwnaeth
hynny mor llwyr fel y gallwn ei gyfarch yn ôl fersiwn Luc o
Weddi'r Arglwydd, yn *'Abba'*. Dyma ffordd arferol plant Iddewig
o gyfarch eu tad daearol. Yr un modd y gallwn ninnau gyfarch
Duw ein Tad nefol. Nid Duw pell wedi colli pob diddordeb ynom
ydyw ond Tad agos a thrugarog, ac fe wyddom hyn drwy ei Fab
Iesu Grist. Mynegir hyn yn hyfryd iawn gan Edward Jones yn ei
emyn godidog:

Clyw, f'enaid tlawd, mae gennyt Dad
*   sy'n gweld dy fwriad gwan,*
a Brawd yn eiriol yn y nef
*   cyn codi o'th lef i'r lan.*

Llefarydd:
'Ein Tad, yr hwn wyt yn y nefoedd...' Y mae'r gair *'nefoedd'* yn
prysur fynd allan o'n geirfa ni, ac yn ddiystyr bellach i lawer
heddiw. Un oedd yn ymwybodol iawn bod mwy i fywyd na'r
byd hwn a'i bethau oedd yr emynydd Ann Griffiths a fu farw
cyn cyrraedd ei deg ar hugain mlwydd oed. Er mai merch ifanc
ydoedd, roedd ganddi graffter ysbrydol anghyffredin. Gwelir
hyn yn un o'i llythyrau olaf a ysgrifennodd at John Hughes,
Pontrobert sy'n cloi gyda'r frawddeg, *'Oddi wrth eich annheilwng*
chwaer, sy'n gyflym redeg o fyd amser i'r byd a bery byth.' Merch
ifanc oedd Ann Griffiths, ac eto, gwyddai fod y daith ysbrydol i
barhau.

Y mae'r cymal hwn, *'yr hwn wyt yn y nefoedd...'* yn ein hatgoffa
nad tad daearol yw Duw ond Tad sydd â'i *'orsedd yn y nefoedd,*
ac y mae ei frenhiniaeth yn rheoli pob peth.' Ond er ei fod yn
ddyrchafedig a thu hwnt i'n dirnadaeth feddyliol, y mae Iesu

Grist yn ein dysgu fod Duw yn Dad nefol ac yn un y gallwn nesáu ato gyda hyder gostyngedig.

Mae gan bawb ohonom **dad daearol**, ac fe gafodd rhai ohonom eu cwmni, eu cynghorion a'u cefnogaeth am flynyddoedd lawer. Yn aml iawn, dyfnha'r berthynas rhyngom â'n tadau fel yr ânt yn hŷn, a thyfant yn anwylach yn ein golwg. Ond y mae i dadau'r ddaear eu cyfyngderau. Hanes pob tad daearol yw heneiddio, gwanychu a marw. Meidrolion amser yw tadau'r ddaear, ond mae ein Tad nefol yr un ddoe, heddiw ac yn dragywydd oherwydd bod gallu a chariad ein Tad nefol yn ymestyn y tu hwnt i fyd amser. Ef yw'r angor tragwyddol, ac fe gadarnhaodd Iesu hynny yn ei ymddiriedaeth bersonol yn Nuw ei Dad, *'yr hwn wyt yn y nefoedd'*. Os gwnaeth Iesu Grist hynny, pwy ydym ni i gredu yn wahanol?

Mae *'nefoedd'* yn air pwysig yn ein geirfa fel Cristnogion, ac y mae llawer o'n hemynwyr yn canu am y nefoedd. Byrdwn Pedr Hir yn ei emyn adnabyddus yw:

Bydd canu yn y nefoedd
  pan ddelo'r plant ynghyd,
y rhai fu oddi cartref
  o dŷ eu Tad cyhyd.

Y mae Moelwyn yn ei emyn mawr yn cyffelybu'r nefoedd i ddinas gadarn:

Pwy a'm dwg i'r ddinas gadarn,
  lle mae Duw'n arlwyo gwledd,
lle mae'r awel yn sancteiddrwydd,
  lle mae'r llwybrau oll yn hedd?

111

Mae'r 'nefoedd' yn air anodd ei amgyffred a'i egluro oherwydd ein diffyg gwybodaeth a phrofiad ohono. Meidrolion ydym, ond rydym fel Cristnogion yn credu fod mwy i fywyd na'r byd hwn, ac mae'r ffaith fod Iesu Grist wedi dweud wrthym ei *'fod yn mynd i baratoi lle i ni'* yn ddigon. Y mae cwpled o'r emyn yn gysur mawr i lawer ohonom:

Cans byw y mae Duw a chariad yw Ef,
mae bywyd a chariad yn un yn y Nef.

Llefarydd:
'Sancteiddier dy enw...' Yn y Beibl, y mae enw yn llawer mwy na label i wahaniaethu rhwng un person a'r llall. Y mae'n mynegi cymeriad a natur y person a enwir. Er enghraifft, y mae gweddïo *'yn enw Iesu Grist'* yn golygu gweddïo yn unol â'i gymeriad ac yn ysbryd ei gariad. Yn wir, y mae'n golygu llawer mwy na pheidio cymryd enw Duw yn ofer. Mae Crist yn ein dysgu i gyfarch Duw fel ein Tad nefol a sanctaidd, ac mai parchedig ofn sy'n gweddu i ni wrth nesáu ato. Nid rhyfedd i'r Iddew defosiynol ofni ynganu ei enw rhag iddo ei ddefnyddio'n ddiystyr ac yn wamal. Parodd hyn i'r diwinydd Otto ddisgrifio Duw fel y *'Mysterium Tremendum'* oherwydd bod y dirgelwch dwyfol yn achos rhyfeddod ac ofn iddo. Yr un oedd profiad Eseia wrth ymdeimlo â sancteiddrwydd Duw yn y Deml, *'Sanct, Sanct, Sanct, yw Arglwydd y lluoedd.'* Yr un modd, mynegir profiad tebyg gan y proffwyd Habacuc, *'Ti, sydd â'th lygaid yn rhy bur i edrych ar ddrwg, ac ni elli ddioddef camwri.'*

Yn un o'i bregethau, dywedodd y Parchedig Gwyndaf Evans, Llandudno, *'Y mae rhywbeth mawr ar goll pan na fydd parchedig ofn yng nghalon y gweddïwr.'* Mae hynny yn hollol wir. Pwrpas y cymal, *'sancteiddier dy enw'*, yw ein cadw rhag bod yn hy

ym mhresenoldeb Duw, a chreu o'n mewn yr ymwybyddiaeth
o barchedig ofn ger bron yr unig wir a'r bywiol Dduw. Dyma'r
ysbryd sy'n weddus i ni bob amser.

O'th flaen, O Dduw, rwy'n dyfod
  gan sefyll o hir-bell;
pechadur yw fy enw,
  ni feddaf enw gwell.

Ni allwn wadu hynny, ond gallwn weddïo ar ein Tad nefol, nid
yn ein henw ein hunain ond yn enw ac yn ysbryd ein Harglwydd
Iesu Grist. Y mae ef yn eiriol drosom, ac yn ein sicrhau fod Duw
yn Dad trugarog ac yn ein derbyn fel ag yr ydym. Y mae hyn
yn rhyfeddod mawr ac yn destun diolch diddiwedd fod Duw yn
sanctaidd ac yn drugarog, a bod ei Fab Iesu yn Frawd inni ac yn
Geidwad bendigedig.

Gweddïwn:
Ein Tad nefol a sanctaidd, wrth blygu ger dy fron yn ein
gweddïau helpa ni i ganolbwyntio ein meddyliau arnat ac ar dy
sancteiddrwydd.

Arglwydd sanctaidd, dyrchafedig,
  wrth dy odre plygaf fi,
ni ryfyga llygaid ofnus
  edrych ar d'ogoniant di.

Wrth fynegi dymuniad yr emynydd, cadw ni rhag balchder
trahaus a ffug ostyngeiddrwydd ger dy fron. Rwyt yn gwybod,
ein Tad, am dlodi ein hangen a'n byw pell oddi wrthyt. Dyro inni
ddoethineb i gyfrif ein dyddiau ac i'th geisio o'r newydd mewn
ysbryd edifeirwch. Yn enw Iesu Grist ac ar sail yr hyn a wnaeth

drosom ar Galfaria drwy *'gymryd ein pechodau ni yn ei gorff ar y pren'* maddau inni ein pechodau, a dyro inni galon lân ac ysbryd uniawn o'n mewn.

Arglwydd, dyma fi
ar dy alwad di,
canna f'enaid yn y gwaed
a gaed ar Galfarî.

Gweddïwn dros dy Eglwys yn lleol ac yn fyd-eang. Diolch iti amdani ac am ei thystiolaeth ledled ein daear. Gwna hi'n fwy o rym er daioni yn ein byd, ac yn well cyfrwng i'th Ysbryd Glân ddylanwadu ar feddyliau ac eneidiau dy blant. Cadw ei haelodau rhag culni a hunanoldeb ac i gadw'n golwg bob amser ar Iesu, pentywysog ein ffydd. Cynorthwya ninnau hefyd i sylweddoli nad oes iachawdwriaeth yn neb arall, ac mai Iesu *'yw'r enw mwyaf mawr erioed a glywyd sôn'.*

O Dad, cadarnha hyn yn ein meddyliau a'n calonnau, ac arhosed bendith dy gariad arnom fel eglwys ac ar ein teuluoedd weddill y dydd. Derbyn ein gweddïau ar ran pawb o'th blant lle bynnag y maent a beth bynnag yw eu hanghenion. Gofynnwn hyn yn enw dy Fab, ein Harglwydd Iesu Grist. Amen.

Emyn 22: *Dan dy fendith wrth ymadael*

Y Fendith:
I Dad y trugareddau i gyd
rhown foliant, holl drigolion byd;
llu'r nef moliennwch, bawb ar gân,
y Tad a'r Mab a'r Ysbryd Glân. Amen.

TEYRNAS NEFOEDD

Llefarydd:

Thema'r gwasanaeth hwn yw Teyrnas Nefoedd, ac y mae nifer fawr o adnodau yn tystio i bwysigrwydd hyn yng ngweinidogaeth yr Arglwydd Iesu Grist. Dyma rai adnodau sy'n cadarnhau hynny:

'Ceisiwch yn gyntaf deyrnas Dduw a'i gyfiawnder ef, a'r holl bethau hyn a roddir i chwi yn ychwaneg.'

'Yn wir y mae teyrnas Dduw o'ch mewn chwi.'

'Nid pawb sy'n dweud wrthyf, "Arglwydd, Arglwydd", fydd yn mynd i mewn i deyrnas nefoedd, ond y sawl sy'n gwneud ewyllys fy Nhad, yr hwn sydd yn y nefoedd.'

Emyn 17: *Dyro inni dy arweiniad*

Darlleniad: Salm 1

Cyd-weddïo Gweddi'r Arglwydd.

Emyn 241: *O doed dy deyrnas, nefol Dad*

Llefarydd:

Gweddi fer yw 'Gweddi'r Arglwydd', gyda'i chymalau yn gryno ac yn syth i'r pwynt. Er hynny, y mae'n gynhwysfawr a chyfoethog iawn ei neges. Onid yw gweddi fer Iesu yn esiampl i ninnau hefyd? Mae mor hawdd cyfeiliorni fel y gwnaeth y Phariseaid. Gweddïent yn gyson yn y Synagog, a byddai rhai ohonynt yn gweddïo ar gorneli'r stryd er mwyn dangos eu sêl a'u dawn i'r rhai a gerddai heibio. Mae Iesu yn galw'r rhain yn rhagrithwyr. Mae rhai pobl yn gweld rhagrith ynom ni heddiw wrth inni ymarfer ein crefydd. Tybed a oes sail i'w cyhuddiad?

Yn ein myfyrdod heddiw ar 'Weddi'r Arglwydd', fe arhoswn gyda'r cymalau *'Deled dy deyrnas. Gwneler dy ewyllys, megis yn y nef, felly ar y ddaear hefyd.'* Yn y deisyfiad, *'Deled dy deyrnas'*, mae Iesu yn meddwl am Dduw nid yn unig fel Tad nefol a sanctaidd ond fel brenin ag iddo deyrnas. Yn y Testament Newydd gwelwn ddwy elfen yn nysgeidiaeth Iesu am deyrnas nefoedd. Ar un llaw, mae'r deyrnas wedi dod ym mherson Iesu Grist, ond ar y llaw arall, nid yw'r deyrnas wedi dod oherwydd ein hamharodrwydd yn aml i gyflawni ewyllys cariad Duw. Amod dyfodiad y deyrnas yn ei chyflawnder yw ufudd-dod llwyr i ewyllys Duw. Y mae hefyd yn ufudd-dod gwirfoddol oherwydd nid trwy orfodaeth y mae Duw yn sefydlu ei deyrnas. Nid teyrn yn gormesu ei blant yw Duw ond Tad amyneddgar a grasol. Y mae llawer ohonom, o bosibl, yn teimlo fod y broses i wireddu egwyddorion teyrnas nefoedd ar y ddaear yn araf iawn. Ond araf neu beidio, dyma'r unig broses sicr. Dros dro mae teyrnasoedd a sefydlwyd gan ddynion pwerus. Rydym yn gyfarwydd â theyrnasoedd y ddaear – does dim angen ond enwi rhai fel yr Aifft, Babilon, Groeg, Rhufain a Phrydain Fawr, ac eraill a fu unwaith mewn bri a chryfder mawr. Ond dengys hanes y canrifoedd mai dros dro y bu eu goruchafiaeth nhw, ond y mae teyrnas nefoedd dros byth. Yn wir, y mae bendithion y deyrnas hon eisoes yn y byd:

Lle y teyrnaso, bendith fydd;
y caeth a naid o'i rwymau'n rhydd,
y blin gaiff fythol esmwythâd,
a'r holl rai rheidus, gymorth rhad.

Y mae rhai pethau yn aros ac yn dragwyddol, 'Yr awr hon y mae yn aros ffydd, gobaith, cariad, y tri hyn; a'r mwyaf o'r rhai hyn yw cariad.' Onid hyn yw neges fawr y Testament Newydd, ac onid ein braint fel dilynwyr Iesu Grist yw adlewyrchu egwyddorion teyrnas nefoedd yn ein bywyd? Medd Iesu wrthym, 'Eithr yn gyntaf ceisiwch deyrnas Dduw, a'i gyfiawnder ef, a'r holl bethau hyn a roddir i chwi yn ychwaneg.' Fe wrandawn ymhellach ar eiriau Iesu wrth iddo ymhelaethu ar hyn.

Darlleniad: Mathew 6: 25–34

Emyn 245: *Yr Iesu a deyrnasa'n grwn*

Gweddïwn:
Ein Tad, cydnabyddwn ei bod yn hawdd siarad am deyrnas nefoedd a gwneud dim. Trugarha wrthym a deffro ynom ddyhead i wneuthur dy ewyllys sanctaidd. Clywn yn ddyddiol am rymoedd teyrnasoedd ein daear yn difa pob ewyllys da ac yn difrodi bywydau'r tlawd a'r gwan. Cydnabyddwn ein bod yn rhy barod i ildio wrth ganfod maint y difrod a'r anawsterau sydd yn ein byd. Yn wir, ein Tad, y mae mor hawdd llaesu dwylo a digalonni. Cyffeswn inni syrthio i'r cyflwr diymadferth hwn, gan ddewis llwyddiant materol a ffafrau cymdeithas o flaen bendithion ufudd-dod i ti. Yn ein diffyg ewyllys, ac yng nghanol cynyrfiadau blin ein cyfnod, dyro inni weld o'r newydd mai ti yw brenin y deyrnas ar y ddaear ac yn y nef. Gan gredu hyn, ein Tad,

Teyrnasa dros ein daear oll,
  myn gael pob gwlad i drefn:
O adfer dy ddihalog lun
  ar deulu dyn drachefn.

Gweddïwn dros Gymru ein gwlad. Rhoddaist inni yn y gorffennol ryddhad a gobaith i'n pobl drwy rym iachusol dy gariad yn Iesu Grist. Danfonaist atom ddiwygwyr i sicrhau cymdeithas wâr a chyfiawn, a danfonaist dy weision i gyhoeddi'r newyddion da yn Iesu Grist. Gofynnwn iti drugarhau wrth Gymru a'i phobl heddiw fel y byddwn unwaith eto yn dyrchafu'r hyn sy'n wir ac yn diogelu'r difreintiedig yn ein plith.

Erfyniwn am dy drugaredd arnom ninnau yn ein tlodi ysbrydol. Maddau bopeth ynom sy'n rhwystr i adlewyrchu dy gariad ac iachâ ni yn feddyliol ac yn ysbrydol. Er mwyn ein Harglwydd Iesu Grist. Amen.

Emyn 694: *Arglwydd, gad im fyw i weled*

Llefarydd:
Symudwn ymlaen at y deisyfiad, 'Gwneler dy ewyllys'. Un yn unig a gyflawnodd ewyllys Duw yn gyflawn, ac Iesu oedd hwnnw. Yn ei weddi ingol yng ngardd Gethsemane, ei ddeisyfiad oedd, *'Fy mwyd i yw gwneud ewyllys yr hwn a'm hanfonodd, a gorffen y gwaith a roddodd i mi.'* Felly, nid deisyfiad i'w gymryd yn ysgafn a difeddwl yw 'gwneler dy ewyllys'. Y mae'n golygu rhoi Duw yn gyntaf yn ein bywyd a byw yn unol â'i ewyllys. Nid peth hawdd yw hynny. Roedd Paul yn ymwybodol iawn o'i fethiannau personol, ond ni pheidiodd â brwydro ymlaen trwy nerth gras ei Waredwr Iesu Grist.

Gwelwyd yr un ysbryd ym mywydau nifer fawr o Gristnogion yr Eglwys Fore pan oedd Ymerawdwr Rhufeinig wedi rhoi gorchymyn i bawb ei addoli. Er bod Cristnogion yr Eglwys Fore yn sylweddoli difrifwch y sefyllfa, gwrthododd nifer fawr ohonynt blygu, a thaflwyd hwy i'r carchar a'u merthyru. Y mae

Cristnogion heddiw yn dioddef casineb a merthyrdod oherwydd eu ffydd yn yr Arglwydd Iesu Grist. Gall hyn ddigwydd i ninnau hefyd. Ni wyddom beth a ddaw i'n rhan, ond daliwn i gredu nad breuddwyd gwag yw teyrnas Dduw ond rhodd Duw i'r byd. Gwelwyd y deyrnas ym mherson Iesu Grist, a lle bynnag y mae'n cael ei briod le, y mae bendith yn dilyn.

Onid i hynny y cawsom ni ein galw hefyd? Dywed Iesu wrthym, *'Os myn neb ddod ar fy ôl i, rhaid iddo ymwadu ag ef ei hun a chodi ei groes a'm canlyn i.'* Y mae'n golygu ymroddiad llwyr gan adael i Dduw gymryd ein bywyd. Duw yn gyntaf, eraill yn ail, a'r hunan yn olaf, neu fel y dywed Paul, *'Gadewch i Dduw eich trawsffurfio trwy adnewyddu eich meddwl, a'ch galluogi i ganfod beth yw ei ewyllys ef, beth sy'n dda a derbyniol a pherffaith yn ei olwg ef.'*

Yn aml, teimlwn nad ydym wedi cyflawni dim na chwaith tyfu yn gryfach a chywirach Cristnogion. Er mor wir yw hynny, peidiwn ag aros i ymdrybaeddu yn ein methiannau ond ymddiried mwy yng ngras a chariad Duw yn Iesu Grist a pharhau i'w wasanaethu yn deilwng weddill ein hoes. Er mwyn ei enw. Amen.

Emyn 735: *Bydd yn wrol, paid â llithro*

Y Fendith:
Cred yn Nuw a gwna dy waith. Cadw ni ein Tad rhag digalonni yng ngwaith dy deyrnas, ac i seilio ein golygon ar Iesu, pentywysog ein ffydd. Ac iddo ef y byddo'r clod a'r gogoniant, yn awr a hyd byth. Amen.

EIN BARA BOB DYDD

Llefarydd:
'Dyro inni heddiw ein bara beunyddiol.'

'Peidiwch felly â phryderu a dweud, "Beth yr ydym i'w fwyta?" neu "Beth yr ydym i'w yfed?" neu "Beth yr ydym i'w wisgo?" ... y mae eich Tad nefol yn gwybod fod arnoch angen y rhain i gyd.'

Gweddïwn:
Ein Tad sydd wedi creu a darparu byd ar ein cyfer cyn ein bod, llanw ein calonnau ag ysbryd diolch am holl fendithion dy greadigaeth. Dyro inni ysbryd ymateb i neges dy Air, a'th addoli yn enw dy Fab, ein Harglwydd Iesu Grist. Amen.

Emyn 73: *Arglwydd grasol, dy haelioni*

Darlleniad: Llythyr Iago 2: 14–24

Llefarydd:
Yn ôl hen chwedl, anfonodd Duw ddau angel i'r byd i gasglu gweddïau. Roedd un ohonynt i gasglu'r gofynion a'r llall i gasglu'r diolchiadau. Aethant ar eu taith o gwmpas y byd, ac wedi casglu gweddïau'r bobl, aethant yn ôl i'r nefoedd. Yna aeth Duw ati i'w dosbarthu, a chanfod fod y gweddïau gofyn ddeg gwaith mwy niferus na'r gweddïau diolch.

Nid ydym yn gwybod a yw'r chwedl yna yn adlewyrchu ein tuedd fel Cristnogion ai peidio, ond credwn mai'r neges yw y dylem gydnabod yn ddiolchgar yn lle cymryd rhoddion Duw yn ganiataol. I'n cadw rhag hynny, mae Iesu yng Ngweddi'r

Arglwydd yn ein cymell yn gyntaf i gydnabod Duw, ein Tad nefol, ac i sancteiddio ei enw. Mewn geiriau eraill, yr hyn sy'n weddus i'w wneud yw cydnabod haelioni Duw tuag atom ac yna gofyn yn ostyngedig am gynhaliaeth gorfforol.

Emyn 93: *Arglwydd mawr y nef a'r ddaear*

Llefarydd:
Y mae modd rhannu *'Dyro i ni heddiw ein bara beunyddiol'* i dair rhan.

Yn gyntaf. Gweddi'r crediniwr yw hi. *'Dyro...'*
Mae gweddïo am fara – am gynhaliaeth gorfforol – yn rhagdybio ein bod yn credu yn Nuw a'i fod yn gwrando ar ein gweddïau. Dywed awdur y Llythyr at yr Hebreaid fod rhaid *'i'r sawl sy'n dod at Dduw gredu ei fod ef.'* Heb ffydd yn Nuw, nid oes pwrpas gweddïo. Efallai fod rhai yn coleddu'r syniad nad oes rhaid gweddïo am fara am fod bendithion y greadigaeth ar eu cyfer prun bynnag a ydynt yn gweddïo amdanynt ai peidio, ond nid dyma'r portread o Dduw a gawn yn y Beibl. Nid peiriant amhersonol yn taflu bwyd yw Duw ond ein Tad nefol sy'n fawr ei ofal ohonom. Y mae'r act o weddïo yn fynegiant o'n ffydd yn Nuw, ac mae gweddïo am fara yn fynegiant o'n ffydd ynddo fel Tad sy'n gwrando ac yn gofalu amdanom.

Roedd tyddynnwr tlawd yn methu cael dau ben llinyn ynghyd, a than yr amgylchiadau, aeth at y meistr tir i egluro ei sefyllfa ac i ofyn am ostyngiad yn rhent y ffarm. Ac yn wir i chi, fe gafodd bardwn y flwyddyn honno. Gwaetha'r modd, yr un fu hanes y tyddynnwr druan y flwyddyn ddilynol. Roedd y tywydd yn anghyffredin o wlyb, ac yntau'n methu cael y cynhaeaf i mewn. Yn wir, felly y bu'r drydedd flwyddyn. Aeth eto at y meistr tir i ymddiheuro ac i ofyn am gael ei ryddhau rhag talu'r rhent. Ond y tro hwn, gofynnodd y meistr i'r tenant, *'Dwedwch i mi, pam rydych yn trafferthu dod ataf bob blwyddyn, a chithe yn methu talu'r rhent?'* Ateb y tyddynnwr yn syml oedd, *'Gwir Syr, fedra i ddim talu, ond mae'n rhaid imi ddod i gydnabod fy nyled i chi.'*

Wel, onid yw hanes y tyddynnwr yn ddarlun o'n cyflwr ninnau hefyd? Dyledwyr yw pawb ohonom, a'r peth lleiaf y gallwn ei wneud yw cydnabod hynny a rhoi diolch iddo. Ie,

Ein Tad yw ef, mae'n rhoi in faeth
Y flwyddyn hon, ein cofio wnaeth.

Llefarydd:
Yn ail. Gweddi gymdeithasol yw hi. *'Dyro i ni...'* Nid *'fi'* sydd yma ond *'ni'* – *'dyro i ni'*. A yw gormodedd o fwyd yn dda i ni? Beth am y rhai sy'n gorfod byw o'r llaw i'r genau? Dyma rai cwestiynau sy'n dod i'r meddwl wrth drafod angen mawr ein brodyr a'n chwiorydd sy'n llwgu ac yn marw yn ein byd. Y mae'n arwyddocaol mai deisyfiad am fara sydd yng nghanol Gweddi'r Arglwydd. Nid gofyn am deisen yr ydym ond bara. *'Dyro i ni fara...'* Fel y dywedwyd, mewn byd lle mae miliynau yn brin o fara, mae ystyr arbennig i'r geiriau bach *'ein'* a *'ni'*. Os yw Duw yn Dad i holl blant y byd, yna mae'r gair bach *'ni'* yn cynnwys pawb. Y tristwch mawr yw bod miliynau yn ein byd yn gorfod byw ar gardod, nid oherwydd bod y cynaeafau yn brin ond oherwydd diffyg ewyllys yn ein plith ni i rannu ac i roi. Dywedwyd fod digon o fwyd ar ein daear i fwydo'r holl genhedloedd, ond nid oes digon ar gyfer hunanoldeb a thrachwant gwledydd cyfoethog ein byd. Onid yw'r geiriau canlynol yn boenus o wir?

'Mae gennym ddigon o adnoddau ar ein daear i sicrhau gwell byd,
ond nid yw hynny yn digwydd. Rydym wedi llwyddo i gynhyrchu
trydan i oleuo ein tai a'n strydoedd, ein trefi a'n dinasoedd, ond
nid ydym wedi llwyddo i oleuo'r ffordd i frawdgarwch a heddwch
byd. Rydym yn gallu cadw llawer o fwydydd yn ein rhewgelloedd
a'n hoergelloedd, ond nid ydym yn barod i'w hagor ac estyn bwyd
i'r newynog.'

Yn naturiol, mae'r cyhuddiadau a glywsom yn ein hanesmwytho,
a gwyddom na allwn osgoi galwad yr efengyl i gyflawni
ewyllys Duw. Yn ei lythyr at Gristnogion Rhufain y mae Paul
yn pwysleisio'r wedd ymarferol i'r bywyd Cristnogol, ac yn ein
cymell hyd yn oed i estyn cymwynasau i'r rhai sy'n wrthnysig a
chas tuag atom. *'Os bydd dy elynion yn newynu, rho fwyd iddynt;*
os byddant yn sychedu, rho iddynt beth i'w yfed.'

Mae cariad Duw yng Nghrist yn ein rhwymo wrth ein brodyr
a'n chwiorydd, pwy bynnag ydynt, ac yn arbennig wrth y rhai
sy'n dioddef prinder bara a chynhaliaeth gorfforol. Mor addas
felly yw'r deisyfiad, *'dyro i ni'*. Fel y dywedwyd eisoes, nid
gweddi hunanol ydyw ond gweddi gymdeithasol. Mae Iesu yn
ein hatgoffa mai un teulu mawr yw'r ddynoliaeth, a'n braint yw
gweithredu hynny drwy rannu.

Rhanna dy bethau gorau,
Rhanna, a thi yn dlawd.
Rhanna dy wên a'th gariad,
Rhanna dy gydymdeimlad,
Rhanna dy nefoedd frawd;
Rhyw nefoedd wael yw eiddo dyn
Sy'n cadw'r nefoedd iddo'i hun.

Emyn 841: *Agor di ein llygaid, Arglwydd*

Llefarydd:
Yn drydydd. *'Dyro i ni heddiw ein bara beunyddiol,'* **neu yn ôl**
cyfieithiad arall, *'Dyro i ni ein bara o ddydd i ddydd.'*
Gweddi ar gyfer heddiw yw hi. Un o nodweddion bara yw ei
fod yn llwydo'n fuan. Yn y rhan hon o'r byd, yr ydym yn rhoi'r
bara yn y rhewgell, ac y mae'n cadw yn fwytadwy am wythnosau.
Nid oedd hynny yn wir yng nghyfnod Iesu Grist. Yr arfer oedd
gwneud bara yn amlach, a pharatoi ar gyfer anghenion diwrnod
yn unig. Gwyddai Iesu am yr arfer hwn, ac anogodd ei ddilynwyr
i ymddiried pryderon yfory i ofal Duw. Meddai, *'Peidiwch felly*
â phryderu am yfory, oherwydd bydd gan yfory ei bryder ei hun.
Digon i'r diwrnod ei drafferth ei hun.' Nid yw hyn yn golygu
esgeuluso gofalon yfory ond ein bod yn ymddiried pob yfory a
ddaw i'n rhan i ofal grasol Duw. Wrth gwrs, ni wyddom beth a
ddigwydd i ni mewn diwrnod heb sôn am weddill ein bywydau.
Ond er hynny, credwn yng ngeiriau'r bardd:

yfory, dirgelwch caredig yw;
cans gwn er f'anwybod
mai da yw Duw.

I derfynu, dylid pwysleisio'r wedd ysbrydol i'r deisyfiad am fara,
a chofio *'nad ar fara yn unig y bydd dyn fyw, ond ar bob gair sy'n*
dod allan o enau Duw.' Pan gyfieithodd Sant Jerome y Beibl i'r
iaith Ladin yn y bedwaredd ganrif, trosodd y gair *'beunyddiol'*
mewn dwy ffordd. Yn Efengyl Luc ei drosiad oedd *'bara bob dydd'*,
ond yn yr Efengyl yn ôl Mathew ceir *'ein bara goruwchnaturiol'*.
Gwnaeth hyn er mwyn pwysleisio fod Duw hefyd yn diwallu ein
hanghenion ysbrydol. Y mae gan bawb ohonom anghenion na

all neb ond yr Arglwydd Iesu eu diwallu. Ef yw Bara'r Bywyd ac ynddo ef y mae ein gwaredigaeth a'n digonedd ni. I gloi ein darlleniadau o'r Beibl, gadewch inni wrando ar neges yr Arglwydd Iesu Grist yn yr Efengyl yn ôl Ioan.

Darlleniad: Ioan 6: 27–40

Emyn 302: *Dyma gyfarfod hyfryd iawn*

Gweddïwn:
Holl angen dyn, Tydi a'i gŵyr,
d'Efengyl a'i diwalla'n llwyr;
nid digon popeth hebot ti:
bara ein bywyd, cynnal ni.

Ein Tad caredig a da, cydnabyddwn mai ti yw ffynhonnell holl anghenion ein bywyd. Hebot ti y darfyddai amdanom, oherwydd ynot ti yr ydym yn byw, yn symud ac yn bod. Dyma yw tystiolaeth dy Air, ein Tad, a gweddïwn am wir ostyngeiddrwydd i gydnabod hyn yn ddiolchgar.

Diolchwn i ti am fendithion dy greadigaeth, a'r modd yr wyt yn peri i'r haul godi ar y drwg a'r da, ac yn anfon glaw ar y cyfiawn a'r anghyfiawn. Diolchwn am ein bara beunyddiol, ac am roi inni ffrwythau'r ddaear i'n cynnal a'n cadw. Wrth fynegi ein diolch i ti am dy ofal ohonom, cadw ni rhag eu crafangu i ni ein hunain. O Dad, a roddaist i ni yn Iesu Grist y cyfan ohonot ti dy hun, cymhwysa ninnau i wneud yr un modd tuag at ein gilydd, a thuag at dy blant sydd mewn angen mawr.

O gwared ni rhag in osgoi
y sawl ni ŵyr at bwy i droi;
gwna ni'n Samariaid o un fryd,
i helpu'r gwael yn hael o hyd.

Dymunwn iti hefyd, ein Tad, ofalu yn dyner dros ein teuluoedd, a thros deuluoedd yr ardal hon. Bendithia ni ag ysbryd cymdogol a pharodrwydd calon i weini ar ein gilydd, ac i wneud hynny, ein Tad, yn ysbryd dy gariad mawr tuag atom yn Iesu Grist. Maddau inni bob esgeulustod a bai, ac aros gyda ni'r dydd hwn a phob awr o'n hoes. Er mwyn dy enw. Amen.

Emyn 212: *Arnom gweina dwyfol Un*

Y Fendith:
I ti y rhoddwn ein diolch am dy holl drugareddau, ac i ti y diolchwn am dy gariad a'th ras yn Iesu Grist. Gwarchod ni weddill y dydd, a chadw ni yn dy dangnefedd heddiw, a hyd byth. Amen.

MADDEUANT DUW

Adnodau agoriadol:
'Os wyt yn cyflwyno dy offrwm wrth yr allor, ac yno'n cofio bod gan dy frawd rywbeth yn dy erbyn, gad dy offrwm yno o flaen yr allor, a dos ymaith; myn gymod yn gyntaf â'th frawd, ac yna tyrd a chyflwyno dy offrwm.'

Emyn 20: *Athro da, ar ddechrau'r dydd*

Gweddïwn:
Diolchwn iti, ein Tad, am gyfle'r Sul i godi'n golygon atat ti, ac i newid meddwl er gwell. Cyffeswn inni aros lawer gormod hefo mân bethau dibwys yn ystod yr wythnos a aeth heibio. O Dad, trugarha wrthym, a helpa ni i wneud yn fawr o'n cyfle yn yr oedfa hon.

Rho archwaeth i'n heneidiau drud
at bethau'r byd ysbrydol,
a gwna ni'n gymwys drwy dy ras,
bawb oll, i'th deyrnas nefol.

Er mwyn Iesu Grist. Amen.

Darlleniad: Salm 32

Emyn 332: *O Arglwydd da, argraffa*

Gweddïwn:
(a) Diolchwn iti, ein Tad, am y cyfle hwn i weddïo gyda'n gilydd yn enw ac yn ysbryd dy Fab Iesu Grist. Gwyddom, ein Tad, fod yr

127

ysbryd drwg yn ceisio meddiannu ein calonnau yn gyson, a lladd pob awydd ynom i gredu ynot ti ac i weddïo. O Dad, trugarha wrthym, ac er mwyn dy Fab Iesu a fu farw drosom, dyro inni ysbryd edifeiriol am ein holl bechodau.

O Dduw, trugarha wrthym, a chrea galon lân ynom, ac adnewydda ysbryd uniawn o'n mewn fel y byddo ymadroddion ein genau a myfyrdod ein calon yn gymeradwy ger dy fron, O Arglwydd, ein Craig a'n Prynwr.

Diolchwn iti am y Sul a'i fendithion unwaith eto sy'n rhoi cyfle inni ymryddhau oddi wrth ein gorchwylion beunyddiol a mwynhau cymdeithas â thi ac â'n gilydd. O Dad, cynorthwya ni i sylweddoli fod y Sul yn ddiwrnod arbennig –
yn gyfle arbennig i dy addoli mewn prydferthwch sanctaidd,
yn gyfle i gydnabod yn ddiolchgar dy ddaioni tuag atom,
ac i ymateb o'r galon i neges dy Air yn Iesu Grist.

(b) Yn ein gweddïau, dymunwn ddiolch i ti am bawb a orchfygwyd gan degwch dy gariad, ac sy'n byw dan gyfaredd harddwch person Iesu Grist. Diolchwn iti am bawb sy'n cymryd dy Fab Iesu o ddifrif calon, a thrwy nerth ei ras yn ymroi i wneud daioni. Diolchwn iti am y rhai a fu'n ddylanwad da arnom pan oeddem yn blant ac yn bobl ifanc, ond yn fwy na dim, diolchwn iti am foddion dy ras a'th gariad yn Iesu Grist. Cynorthwya ni, ein Tad, i fyfyrio ar fawredd dy gariad tuag atom yn dy Fab, a thrwy neges dy Air, dwyn i gof mai trwy ei aberth ar groes y'n prynwyd ni oddi wrth ein pechodau. Ie, *'Efe a ddrylliwyd am ein hanwireddau ni: cosbedigaeth ein heddwch ni oedd arno ef: a thrwy ei gleisiau ef yr iachawyd ni.'*

Gweddïwn, ein Tad, dros bawb sy'n fyr o'n breintiau, y rhai sy'n ddigartref ac yn amddifad o gwmni teulu a chymorth cyfeillion.

Gweddïwn hefyd dros bawb sy'n teimlo beichiau bywyd yn eu llethu;

> baich yr ifanc yn wyneb temtasiynau creulon ein hoes,
> baich rhieni yn poeni am eu plant,
> baich gweddwon yn eu hunigrwydd a'u hiraeth,
> baich yr hen yn eu gwendid a'u gwaeledd,
> baich y tlawd a'r newynog yn eu hargyfwng a'u hanobaith.

O Arglwydd, trugarha, a gwêl angen ein byd. A phlyg ninnau i'th ewyllys fel y byddom yn gwneud ein rhan yng ngwaith dy deyrnas.

O doed dy deyrnas drwy ein gwaith
a'n gweddi beunydd ar y daith;
a rho in ras i seinio clod
yr hwn a wna i'r deyrnas ddod.

Ac iddo Ef, brenin y deyrnas, y byddo'r clod a'r gogoniant, yn awr a hyd byth. Amen.

Emyn 102: *Fy enaid, bendithia yr Arglwydd*

Llefarydd:
Testun ein myfyrdod heddiw yw rhan o'r weddi ddysgodd Iesu Grist i'w ddisgyblion sef, *'Maddau i ni ein dyledion, fel y maddeuwn ninnau i'n dyledwyr.'* Yn y cymal hwn, y mae Iesu yn pwysleisio'r wedd ysbrydol i'n bywydau ac yn ein dysgu i ofyn am faddeuant ein Tad nefol. Pam? Yr ateb yn gryno yw mai pechaduriaid ydym oll, ac *'ar faddeuant rŷm yn byw'.* Gair

arwyddocaol hefyd yw *'dyledion'*. Maen air sy'n ein hatgoffa ein bod yn fethdalwyr ysbrydol i Dduw, ac na allwn ddileu ein dyled iddo. Yn wyneb hyn, yr unig beth y gallwn ei wneud yw gofyn am faddeuant Duw – a dyma'r arweiniad a gawn yn yr hen gyfieithiad.

Modd bynnag, y mae'r cyfieithiad newydd o Weddi'r Arglwydd yn rhoi gwedd rhywfaint yn wahanol, sef amod derbyn maddeuant Duw yn gyntaf yw maddau i'n gilydd – *'a maddau inni ein troseddau, fel yr ym ni wedi maddau i'r rhai a droseddodd i'n herbyn.'* Mewn geiriau eraill, y mae gwedd ymarferol iawn i faddeuant fel y pwysleisiodd yr Arglwydd Iesu yn ei bregeth ar y mynydd. Meddai,
'Os maddeuwch i eraill eu camweddau, bydd eich Tad nefol hefyd yn maddau i chwi. Ond os na faddeuwch i eraill eu camweddau, ni fydd eich Tad chwaith yn maddau eich camweddau chwi.'

Dengys hyn nad ydym, yn ôl y cyfieithiad newydd, yn gwbl oddefol yn y broses o dderbyn maddeuant. Yn syml, i gael maddeuant, mae'n rhaid rhoi maddeuant. Efallai fod ffrind wedi dweud geiriau angharedig wrthym, neu berthynas wedi digio, neu yn ôl ymadrodd lliwgar wedi *'llyncu mul'* heb unrhyw reswm amlwg. Ar adegau felly, fe ellir torri'r awyrgylch â chyllell, a neb yn barod i *'lyncu'i falchder'* i gymryd y cam cyntaf ac i ddweud y geiriau bach pwysig, *'Mae'n ddrwg gen i.'*

Llefarydd:
Ond anodd neu beidio, i gael maddeuant, mae'n rhaid maddau. Mae ysbryd cas, dialgar ac anfaddeugar yn cau'r drws ar faddeuant Duw. Prin fod angen dweud fod 'maddeuant' yn un o eiriau mawr yr Efengyl. Yn ystod ei weinidogaeth, fe ddysgodd Iesu Grist ei ddisgyblion i faddau, ond un peth yw dysgu eraill, peth arall yw

maddau eich hunan. Wel, dyma'r union beth wnaeth Iesu Grist, sef gweithredu'r hyn a ddysgodd i eraill, ac fe wnaeth hynny hyd angau erchyll ar groes. *'Pan ddaethant i'r lle a elwir Y Benglog, yno croeshoeliwyd ef a'r troseddwyr, y naill ar y dde a'r llall ar y chwith iddo. Ac meddai Iesu, "O Dad, maddau iddynt, oherwydd ni wyddant beth y maent yn ei wneud." '*

Ymateb naturiol y rhan fwyaf ohonom, pe byddem yn yr un sefyllfa â Iesu yn marw ar groes, fyddai taro'n ôl a chasáu i'r eithaf, ond nid dyma ffordd y gŵr ifanc o Nasareth. Yn hytrach, fe gododd ei olygon i'r nef ac erfyn ar ei Dad nefol i faddau i'r rhai a'i croeshoeliodd. Dengys hyn wroldeb anghyffredin a pharodrwydd calon Iesu i faddau ac i dderbyn ei ddioddefaint heb daro ôl. Yn sicr, *'dyma'r cariad mwyaf rhyfedd fu erioed.'*

Gwaetha'r modd, y mae'r ysfa i gasáu ac i ladd mewn dyn heddiw gymaint ag erioed. Er bod croes Calfaria ymhell oddi wrthym yn ddaearyddol ac yn hanesyddol, mae ei dedfryd arnom yr un mor wir heddiw ag erioed. Ond er dyfned yw'n cyflwr pechadurus, does dim rhaid i neb ohonom ymollwng i anobaith, oherwydd y mae trugaredd Duw yn ddyfnach na'n trueni ni. Ac fe wyddom hynny trwy Iesu Grist a'r hyn a wnaeth drosom ar Galfaria. Yn y cariad diymollwng hwn y mae maddeuant pechodau i'w gael. A beth yw'n hymateb?

*Arglwydd, dyma fi
ar dy alwad di,
canna f'enaid yn y gwaed
a gaed ar Galfarî.*

Llefarydd:
Yn ninas Coventry yng nghyfnod yr Ail Ryfel Byd yn 1940, llosgwyd yr Eglwys Gadeiriol yn llwyr i'r llawr. Yng nghanol adfeilion yr Eglwys, codwyd dau drawst o bren. Er iddynt losgi'n ddrwg yn y tân, aed ati i lunio croes ohonynt. Ers hynny y mae'r groes honno wedi ei gosod wrth ymyl yr Eglwys Gadeiriol fodern a adeiladwyd yn ddiweddarach. Y mae'r frawddeg sydd ar y groes ag ôl llosg yn cynnwys dau air yn unig sef, *'DAD, MADDAU'*. Gadawyd y gair *'iddynt'* allan yn gwbl fwriadol. Mae hyn yn dangos ysbryd arbennig Cristnogion Coventry. Ni wnaethant edliw i neb am y difrod. Eu neges yn hytrach drwy'r ddau air 'DAD, MADDAU' yw bod angen maddeuant ar bawb ohonom yn ddiwahân. Dyma yw cynnwys y newyddion da yn Iesu Grist. Er dyfned yw cyflwr pechadurus dyn, nid oes rhaid i neb ohonom ymollwng i anobaith. Mae trugaredd Duw yn ddyfnach na'n trueni ni, ac y mae cariad achubol yn Iesu Grist yn gryfach na'n casineb ni ac yn fwy na digon.

Mae E'n ddigon,
Y tragwyddol fywyd yw.

Emyn 770: *Mi godaf f'egwan lef*

Llefarydd:
Ceisiwn grynhoi neges sylfaenol yr Efengyl ar faddeuant. Ar groes Calfaria gwnaeth Iesu Grist yr hyn oedd yn amhosibl i bawb arall ei gyflawni. Estynnodd inni faddeuant am ein pechodau. Yng ngoleuni ei gariad diymollwng tuag atom, ni allwn byth brynu na haeddu maddeuant, ond wrth ei dderbyn, fe'n hadferir i berthynas newydd â Duw. Yn ei Bregeth ar y Mynydd, dywed Iesu, *'Derbyniasoch yn rhad, rhoddwch yn rhad.'* Rhodd cariad Duw yn Iesu Grist i ni yw maddeuant, ac wrth ei dderbyn, ni

allwn ond rhoi maddeuant i'n gilydd a derbyn ein gilydd fel brodyr a chwiorydd yng Nghrist. Os yw rhywun wedi troseddu yn ein herbyn, y mae cariad Crist yn ein cymell i faddau neu fod heb faddeuant am byth. Y mae'r fath beth â rheidrwydd cariad sy'n ein rhoi mewn sefyllfa na allwn ond maddau, neu fel anogai Paul Gristnogion ei ddydd, *'Byddwch yn dirion wrth eich gilydd; yn dyner eich calon, yn maddau i'ch gilydd fel y maddeuodd Duw yng Nghrist i chwi.'*

Mae gan lawer ohonom emynau am faddeuant Duw yn Iesu Grist sy'n hoff gennym. Dyma rai ohonynt:

Pa dduw sy'n maddau fel Tydi
yn rhad ein holl bechodau ni?

Er nad yw 'nghnawd ond gwellt
  a'm hesgyrn ddim ond clai,
mi ganaf yn y mellt,
  maddeuodd Duw fy mai.

O maddau 'mai, a chliria'n llwyr
  f'euogrwydd oll i gyd;
n'ad im dristáu dy fawredd mwy
  tra byddwyf yn y byd.

Emyn 321: *Iesu, nid oes terfyn arnat*

Y Fendith:
Ein Tad, fel rwyt wedi maddau i ni ein troseddau yn Iesu Grist, a'n derbyn fel ag yr ydym, helpa ni i wneud yr un modd â phawb heddiw. Ac arhosed maddeuant dy gariad arnom ac ynom oll. Er mwyn dy Fab annwyl, ein Harglwydd Iesu. Amen.

AMEN

Llefarydd:
Yn ein gwasanaeth heddiw, byddwn yn canolbwyntio ar gymalau olaf 'Gweddi'r Arglwydd', sef,
'Ac nac arwain ni i brofedigaeth; eithr gwared ni rhag drwg.
Canys eiddot Ti yw'r deyrnas, a'r nerth, a'r gogoniant,
yn oes oesoedd. Amen.'

Emyn 67: *Molianned uchelderau'r nef*

Darlleniad: Datguddiad 7: 9–17

Emyn 203: *Arhosaf yng nghysgod fy Nuw*

Cyd-weddïo Gweddi'r Arglwydd.

Llefarydd:
Nid yw geiriau diweddglo Gweddi'r Arglwydd yn nhestunau cynharaf yr Efengylau, ond fe'u ceir yn ddiweddarach, a'n harfer ni heddiw yw cynnwys y rhai hynny hefyd wrth weddïo. Mae Gweddi'r Arglwydd yn gron fel modrwy. Mae'n dechrau gyda Duw ac mae'n gorffen gyda Duw, Mae'n dechrau drwy gyfarch Duw fel Tad nefol a sanctaidd, ac yn gorffen drwy gyhoeddi mai eiddo Duw ein Tad nefol yw'r deyrnas a'r dyfodol.

Ond cyn datguddio holl gyfrinachau'r dyfodol, mae'r Arglwydd Iesu yn ein dysgu i ofyn, *'Ac nac arwain ni i brofedigaeth.'* Mae'r gair *'profedigaeth'* yn y weddi hon wedi achosi i rai gredu y gallai Duw ddewis ein tywys i brofedigaethau a phrofiadau anodd bywyd. Nid yw hynny yn wir. Rydym yn byw mewn oes sy'n llawn temtasiynau. Er hynny, nid bwriad Duw yw ein harwain i brofedigaeth a'n llorio ond ein cadw yn ddiogel yng nghanol brwydr galed bywyd. Dywed Iago yn ei lythyr nad yw Duw yn temtio neb, *'Ni ellir temtio Duw gan ddrygioni, ac nid yw ef ei hun yn temtio neb.'* Yn hytrach, y diafol sy'n temtio, fel y gwelsom yn hanes Iesu yn yr anialwch. Dymuno'r gorau inni y mae Duw bob amser, ac nid yw yn gosod rhwystrau i'n maglu.

Y mae'r cymal sy'n gofyn am faddeuant yn ymwneud â'n gorffennol, ond y mae'r cymal *'ac nac arwain ni i brofedigaeth'* yn ymwneud â heddiw ac â phob yfory a ddaw i'n rhan. Un dehongliad yw *'ac arwain ni, nid i brofedigaeth...'* Mewn geiriau eraill, y mae gofal Duw drosom yn ymestyn dros ein bywyd i gyd, a bod holl dreialon ein bywyd yn llaw Duw yn Iesu Grist. Nid oes rhaid ofni hyd yn oed pan brofwn dristwch a phrofedigaeth colli anwyliaid ar daith bywyd.

Emyn 289: *Mi af ymlaen yn nerth y nef*

Gweddïwn:
(a) Diolchwn iti, ein Tad, am y fendith a gawn o glodfori dy enw trwy ganu emynau sy'n cyfoethogi ein meddyliau ac yn ein sicrhau dy fod yn agos iawn atom. Diolchwn iti am y fendith a gawn o ddarllen a gwrando dy Air sy'n wirionedd tragwyddol yn Iesu Grist – dy Air sydd yn ein helpu i'n hadnabod ein hunain yng ngoleuni'r Efengyl, ac i'th adnabod di, yr unig wir a'r bywiol Dduw.

Diolchwn iti, ein Tad, am dystiolaeth dy Air mai Ti yw ein Creawdwr daionus a'n creaist ar dy lun a'th ddelw dy hun, mai ti yw ein Cynhaliwr trugarog a welaist yn dda i'n cynnal a'n cadw hyd y foment hon. Ac mai ti goruwch pob dim yw ein Gwaredwr

bendigedig yn Iesu Grist. O Dad, diolchwn iti am weithredoedd
dy ras yn Iesu Grist.

O Arglwydd Iesu Grist, gorchfygwr pechod, angau a'r bedd, gwêl
yn dda i dderbyn ein diolch a'n clod, ac i'n derbyn ni hefyd yn ein
hangen mawr –
yn ein hangen am dy faddeuant i bechodau'n bywyd,
yn ein hangen am feddyginiaeth dy gariad, ac
yn ein hangen mawr am nerth dy ras.

Yr Iesu sy'n cryfhau
o'm mewn ei waith drwy ras;
mae'n rhoddi nerth i'm henaid gwan
i faeddu 'mhechod cas.

(b) Gweddïwn dros dy Eglwys yn ei gwaith a'i chenhadaeth yn y
byd. Yn dy drugaredd, nertha dy weision i gyhoeddi'r Efengyl yn
ei chyflawnder ac i fugeilio dy bobl gyda gofal a chariad mawr.

Gweddïwn dros genhedloedd ein byd, ac yn arbennig y rhai sy'n
dioddef oherwydd anghyfiawnder cenhedloedd eraill tuag atynt.
O Dad,

Teyrnasa dros ein daear oll,
myn gael pob gwlad i drefn:
O adfer dy ddihalog lun
ar deulu dyn drachefn.

Cyflwynwn i'th ofal y cleifion yn eu cartrefi ac yn ysbytai ein
gwlad. O Feddyg Da, esmwythâ eu doluriau ag eli dy gariad, ac
anadla arnynt ysbryd iechyd a thangnefedd.

Clyw ein gweddïau a rhagora ar ein deisyfiadau, a gwêl yn dda
i'n bendithio ymhellach ag ysbryd dy addoli ac ysbryd ymateb i
neges dy Air yn Iesu Grist. Ac iddo ef y byddo'r clod a'r gogoniant
yn awr ac yn oes oesoedd. Amen.

Llefarydd:
Deuwn at gymalau olaf Gweddi'r Arglwydd:
*'Canys eiddot Ti yw'r deyrnas, a'r nerth, a'r gogoniant,
yn oes oesoedd. Amen.'*

Cyn cloi Gweddi'r Arglwydd gyda'r gair Amen, sonnir eto am
ogoniant teyrnas nefoedd. Ein tuedd ni yw meddwl am y deyrnas
hon fel delfryd fendigedig ar gyfer y byd a ddaw. Yn wir, i rai,
nid yw yn fwy na breuddwyd afreal na ellir byth ei sylweddoli.
Ond nid felly y gwelai brenin y deyrnas y sefyllfa o gwbl. Oni
ddywedodd Iesu, *'Rhoddwyd i mi bob awdurdod yn y nef ac ar y
ddaear'?* Fel Cristnogion yr oesau gynt, rydym ninnau heddiw yn
aml yn teimlo'n ddigon diymadferth yn wyneb nerthoedd y byd
hwn, ond daliwn i gredu fod holl bwerau byd a thragwyddoldeb
yn llaw gadarn Duw. Ynddo ef ac yn ei Fab Iesu Grist y mae'r gair
terfynol, *'Canys eiddot Ti yw'r deyrnas, a'r nerth, a'r gogoniant, yn
oes oesoedd. Amen.'*

Y mae'r rhan fwyaf o'n hoedfaon Cristnogol yn gorffen gyda'r
gair *'Amen'.* I rai, nid yw'n arwyddo dim mwy na diwedd oedfa a
dechrau cerdded allan, ond y mae iddo ystyr dyfnach na hynny.
Ystyr y gair Amen o'i gyfieithu yw *'Boed felly'.* O ymestyn y meddwl
a'r dyhead sydd yn y gair, golyga *'Boed i Dduw roi sêl ei fendith ar
yr hyn a ganwyd, a weddïwyd, a ddarllenwyd ac a bregethwyd.'* Yn
ddieithriad, byddai'r Parchedig J. Haines Davies, Hen Golwyn
yn dweud ar ddiwedd oedfa, *'Amen ac Amen'.* Yn aml iawn, yn
dilyn hynny, clywid y gair 'Amen' yn cael ei sibrwd gan nifer o'r

gynulleidfa. Onid pobl yr Amen ydym ninnau hefyd? Credai saint yr Eglwys Fore mai Iesu oedd *'Amen'* eu Tad nefol, ac mai yn ei law ef y ceid allweddau ddoe, heddiw a phob yfory a ddeuai i'w rhan. A chyda'r hyder hwn yn eu calonnau, cyhoeddent yn gwbl hyderus mai eiddo Duw yw'r fuddugoliaeth derfynol. *'Canys eiddot Ti yw'r deyrnas, a'r nerth, a'r gogoniant, yn oes oesoedd.'* Nid yw'n rhyfedd felly mai eu gweddi yng nghlyw datganiad mor gadarn oedd, *'Amen. Tyred Arglwydd Iesu!'* Gadewch i ni heddiw ategu'r dyhead hwn a dweud o'r galon. Amen!

Emyn 718: *Os gwelir fi, bechadur*

Y Fendith:
I Dad y trugareddau i gyd
rhown foliant, holl drigolion byd;
llu'r nef moliennwch, bawb ar gân,
y Tad a'r Mab a'r Ysbryd Glân. Amen.

Y SALMAU

Adnodau agoriadol:

'Pwy a esgyn i fynydd yr Arglwydd a phwy a saif yn ei le sanctaidd?
Y glân ei ddwylo a'r pur o galon, yr un sydd heb osod ei feddwl ar
dwyll a heb dyngu'n gelwyddog.'

'Bydd drugarog wrthyf, O Dduw, yn ôl dy ffyddlondeb;
yn ôl dy fawr dosturi dilea fy nhroseddau;
golch fi'n lân o'm drygioni,
a glanha fi o'm pechod.'

Emyn 17: *Dyro inni dy arweiniad*

Llefarydd:

Mae'r llyfr *Caneuon Ffydd* yn cynnwys nifer fawr o emynau
amrywiol eu neges, ac mae'r golygyddion wedi dosbarthu'r
emynau i wahanol adrannau i'n helpu i ddewis emynau arbennig
i'w canu ar wahanol achlysuron. Cawn nifer o adrannau, megis
emynau ar gyfer dechrau'r flwyddyn, emynau diolchgarwch,
emynau'r Groglith a'r Pasg a'r Sulgwyn a'r Nadolig, ac yn y blaen,
ac y mae hyn yn hwyluso'r dasg o ddewis emynau addas. Fel
ein llyfr emynau, mae'n bosibl dosbarthu'r salmau hefyd i nifer
fawr o adrannau, ond heddiw fe arhoswn yn arbennig gyda
thair adran, sef Salmau Edifeirwch, Salmau Tristwch, a Salmau
Diolchgarwch. Fe ddechreuwn gyda Salm 51 sy'n fynegiant o
edifeirwch y brenin Dafydd.

Darlleniad: Salm 51

Llefarydd:

Mae'r darlleniad a glywsom yn enghraifft arbennig o 'Salm Edifeirwch' sy'n cael ei phriodoli i'r brenin Dafydd. Ynddi, y mae'n cyfaddef ei bechod mewn ysbryd edifeiriol, ac yn erfyn am drugaredd. *'Trugarha wrthyf, O Dduw, yn ôl dy drugarowgrwydd: yn ôl lliaws dy dosturiaethau, dilea fy anwireddau.'* Cefndir y salm hon yw bod Dafydd wedi godinebu â Bathseba, gwraig dyn arall o'r enw Ureia. Mae'r hanes i'w gael yn Ail Lyfr Samuel, yr unfed bennod ar ddeg. Dyma sut mae'n dechrau:

'Un prynhawn yr oedd Dafydd wedi codi o'i wely ac yn cerdded ar do'r palas. Oddi yno gwelodd wraig yn ymolchi, a hithau'n un brydferth iawn. Anfonodd Dafydd i holi pwy oedd y wraig, a chael yr ateb, "Onid Bathseba ferch Eliam, gwraig Ureia yr Hethiad, yw hi?"'

Rydym yn tueddu i feddwl am Dafydd fel brenin da a rhinweddol, ond y tro hwn, y mae ar ei waethaf. Fe wirionodd Dafydd ei ben am Bathseba, a chymaint felly fel iddo anfon ei gŵr Ureia ymhell o'i gartref i ymladd dros ei wlad. Yn waeth na hynny, trefnodd fod Ureia yn cael ei ladd, a thra oedd hyn yn digwydd, roedd Dafydd yn parhau ei garwriaeth â Bathseba. Yn fuan, daeth i ddisgwyl babi, nid babi ei gŵr ond babi'r brenin. Mae'r hanes yn mynd ymlaen fel hyn:

'Pan glywodd gwraig Ureia fod ei gŵr wedi marw, galarodd am ei phriod. Ac wedi i'r cyfnod galaru fynd heibio, anfonodd Dafydd a'i chymryd i'w dŷ, a daeth hi'n wraig iddo ef, a geni mab iddo. Ond yr oedd yr hyn a wnaeth Dafydd yn ddrwg yng ngolwg yr Arglwydd.'

Yn fuan iawn fe ddaeth llawer o bobl i wybod am hyn gan gynnwys y proffwyd dewr o'r enw Nathan. Aeth ar ei union i'r palas, a dweud wrth Dafydd yn ddiflewyn ar dafod, *'Ti yw'r dyn... Yr wyt wedi lladd Ureia yr Hethiad â'r cleddyf, a chymryd ei wraig yn wraig i ti.'* Yn fyr, dyma yw cefndir Salm 51, ac yn y salm hon mae Dafydd yn syrthio ar ei fai ac yn cyffesu mewn ysbryd edifeirwch, *'Yn dy erbyn di, dydi dy hunan, y pechais, ac y gwneuthum y drwg hwn yn dy olwg.'*

Llefarydd:
Yn yr adnod hon, mae'r salmydd yn cyffesu ei bechod ger bron Duw mewn edifeirwch. Gwêl y godineb a gyflawnodd â Bathseba yn bechod yn erbyn neb llai na Duw ei hun. Tybed a ydym yn gweld ein pechod ni yn yr un modd? Nid yw enw 'Duw' yn rhan o eirfa pobl heddiw heblaw fel gair llanw wrth regi. Y mae 'pechod' yn air diarth i lawer, ac o bosibl i ninnau hefyd. Beth am gymhwyso? Fe ddywedir fod gan bob un ohonom dri phortread ohonom ein hunain.

Yn gyntaf, gwelwn yr hyn ydym yn ein golwg ein hunain, a chan amlaf, mae'n bortread ffafriol iawn! Yn ail, gwelwn yr hyn ydym yng ngolwg pobl eraill, a chan amlaf, nid yw hwnnw ddim hanner cystal. Ac yn drydydd, gwelwn yr hyn ydym mewn gwirionedd, sef yng ngoleuni yr hyn a wnaethom fel dynoliaeth i Iesu ar groes Calfaria.

Yng ngoleuni ein gilydd, efallai y teimlwn yn reit fodlon, a'n bod ddim yn well nac yn waeth na neb arall, ond yng ngoleuni bywyd sanctaidd Iesu Grist, a'r hyn a wnaethpwyd iddo gan bobl fel ni, mae'n fater gwahanol. Y mae ysbryd edifeirwch ger bron Duw yn gam cyntaf i ddod yn un o ddilynwyr Iesu Grist, ac wrth gymryd y cam pwysig hwn, deuwn i ymwybod o feddyginiaeth cariad Duw yn Iesu Grist.

Gweddïwn:
Diolchwn iti, ein Tad, am gyfoeth y Salmau a luniwyd filoedd o flynyddoedd yn ôl. Ynddynt y costrelwyd profiadau amrywiol dy bobl i lawr ar hyd y cenedlaethau, ac maent i ninnau heddiw yn fynegiant o'n ffydd a'n diolchgarwch i ti. Diolchwn hefyd, ein Tad, am gyfarwyddyd doeth ac amserol y salm a ddarllenwyd, ac am gymhelliad y salmydd i bawb ohonom fyfyrio yng nghyfraith yr Arglwydd.

Cyffeswn inni wyro i ffyrdd ein hunain lawer gwaith a mynnu crwydro'n ddiamcan hyd lwybrau hunanoldeb. O Dad, yn enw Iesu Grist, ac ar bwys yr hyn a wnaeth drosom ar y groes, trugarha wrthym ac estyn inni dy faddeuant. Diolchwn iti am bob cymorth a gawsom gan ein rhieni i barchu eraill, ac am bob cefnogaeth gan ffyddloniaid dy Eglwys i lynu wrth y gwir ac i ddyrchafu dy enw sanctaidd. Gweddïwn ar iti oleuo ein meddwl a grymuso ein penderfyniad yn yr hyn sy'n dda yn dy olwg.

Diolchwn am bawb sy'n gwneud daioni yn ein byd ac yn adlewyrchu dy gariad yn eu hymwneud ag eraill. Gwna ninnau hefyd yn gyfryngau bendith yn dy law, a chwyd ni oddi ar ein gliniau yn gryfach ein ffydd yn Iesu Grist ac yn rhai sy'n cyfieithu ei gariad yn gymwynasau hael a da.

Gweddïwn dros ein hanwyliaid, ein ffrindiau a phawb o'n cydnabod. Gofynnwn hyn am ein bod yn ymddiried ynot fel Gwarchodwr ein heneidiau a'n Gwaredwr bendigedig yn Iesu Grist. Amen.

Emyn 687: *Dal fi, fy Nuw, dal fi i'r lan*

Llefarydd:

Yn Llyfr y Salmau, cawn hefyd 'Salmau Tristwch' sy'n mynegi galar a thristwch y genedl Iddewig. Enghraifft arbennig o hynny yw Salm 137, sy'n rhoi mynegiant i ofid y genedl ar y pryd. Roedd yr Iddewon wedi eu gorchfygu gan y Babiloniaid gan adael dinas Jerwsalem yn garnedd. Dinistriwyd y deml i'r llawr ac alltudiwyd llawer o'r Iddewon o'u gwlad i Babilon bell. Yr oedd yn brofiad ysgytwol iddynt, ac yn eu gwendid a'u hargyfwng ni allent ond eistedd ac wylo a hiraethu am Seion. Mynegir hyn yn ddwys iawn yn Salm 137 fel y clywn yn y darlleniad.

Darlleniad:

'*Ger afonydd Babilon yr oeddem yn eistedd ac yn wylo*
wrth inni gofio am Seion.
Ar yr helyg yno
bu inni grogi ein telynau,
oherwydd yno gofynnodd y rhai a'n caethiwai am gân,
a'r rhai a'n hanrheithiai am ddifyrrwch.
"Canwch inni," meddent, "rai o ganeuon Seion."
Sut y medrwn ganu cân yr Arglwydd mewn tir estron?'

Llefarydd:

Beth am gymhwyso? Mae nifer ffoaduriaid ein byd yn uwch nag erioed, ac mae'n well gan lawer gan gynnwys llywodraeth Prydain gau eu clustiau rhag clywed eu cri. Ond diolch bod carfan dda o bobl ein gwlad yn teimlo i'r byw dros ffoaduriaid ein byd, a mwy na theimlo, yn barod i estyn llaw cyfeillgarwch a chroeso calon. Y mae'r argyfwng ffoaduriaid yn broblem enbyd ac yn anodd ei datrys, ond ar dir cydwybod a Christnogol, ni allwn osgoi ein cyfrifoldeb.

O gwared ni rhag in osgoi
y sawl ni ŵyr at bwy i droi;
gwna ni'n Samariaid o un fryd,
i helpu'r gwael yn hael o hyd.

Llefarydd:

Yng ngweddill Salm 137, mae'r salmydd yn mynegi profiadau dirdynnol yr Iddewon ym Mabilon, ynghyd â'u hadwaith chwerw i'r hyn a wnaeth y Babiloniaid yn Jerwsalem. Dinistriwyd y ddinas yn llwyr, a gadawyd nifer fawr o'u hanwyliaid ar ôl mewn cyflwr hunllefus. Dyma'r adnodau sy'n mynegi hyn:
'Os anghofiaf di, Jerwsalem, bydded fy neheulaw'n ddiffrwyth; bydded i'm tafod lynu wrth daflod fy ngenau os na chofiaf di, os na osodaf Jerwsalem yn uwch na'm llawenydd pennaf.'

Ond wrth barhau i fyfyrio ar drais y Babiloniaid tuag atynt fel cenedl mae gofid y salmydd am ei bobl yn troi'n ddicter a chasineb yn adnodau 8–9:
'O ferch Babilon, a ddistrywir, gwyn ei fyd y sawl sy'n talu'n ôl i ti am y cyfan a wnaethost i ni. Gwyn ei fyd y sawl sy'n cipio dy blant ac yn eu dryllio yn erbyn y graig.'

Llefarydd:

Er na allwn ar unrhyw gyfrif gyfiawnhau adwaith chwyrn yr Iddewon, dylem geisio eu deall yn eu cyfnod a'u cefndir. Hefyd, dylem ofyn i ni ein hunain a fyddem ni dan amgylchiadau tebyg yn ymateb yn fwy gwareiddiedig? Dengys hanes militaraidd llywodraethau Prydain nad ydym yn rhagori o gwbl. Mae blys am ddial yn ddwfn iawn ynom fel pobl, ac y mae'n bryd i bawb ohonom sylweddoli fod trais yn magu mwy o drais a lladd yn esgor ar ysbryd dial a thalu'n ôl. Mae'n digwydd yn ein byd heddiw, ac mae hyn yn dangos fod angen gwaredigaeth gras a chariad Duw arnom yn fwy nag erioed.

Emyn 844: *Efengyl tangnefedd, O rhed dros y byd*

Llefarydd:
Yn drydydd, 'Salmau Diolchgarwch'. Fel yr ydym wedi gweld, mae llawer o'r salmau yn taro nodyn edifeirwch a thristwch y genedl, ond mae'n bwysig nodi fod nifer fawr o'r salmau yn taro nodyn o fawl ac o ddiolchgarwch. Er enghraifft, yr wythfed salm, *'Arglwydd ein Iôr ni'*, a'r drydedd salm ar hugain, *'Yr Arglwydd yw fy Mugail'*, a Salm 65, *'Coroni yr ydwyt y flwyddyn â'th ddaioni; a'th lwybrau a ddiferant fraster... Y dolydd a wisgir â defaid, a'r dyffrynnoedd a orchuddir ag ŷd;'* ac yn y blaen. Ond heddiw fe ganolbwyntiwn ar Salm 103 sy'n rhestru bendithion yr enaid ac yn ein hatgoffa fod angen mwy arnom na bendithion y greadigaeth, ac yn pwysleisio ein hanghenion ysbrydol. Yr ail adnod ymlaen:
'Fy enaid, bendithia yr Arglwydd; ac nac anghofia ei holl ddoniau ef: yr hwn sydd yn maddau dy holl anwireddau; yr hwn sydd yn iacháu dy holl lesgedd: yr hwn sydd yn gwaredu dy fywyd o ddistryw: yr hwn sydd yn dy goroni â thrugaredd ac â thosturi.'

Yn sicr, mae'r Efengyl yn y salm hon, ac fel credinwyr yn Iesu Grist, rydym yn credu fod y bendithion hyn wedi cael eu tywallt arnom drwy ei aberth drud ar Galfaria. Bendithion yw'r rhain sy'n ein codi allan o'n cyflwr pechadurus i fywyd newydd lle cawn dderbyn maddeuant pechodau a chyfranogi o feddyginiaeth dy gariad yn Iesu Grist. A thrwyddo ef, fe'n nerthir i *'fyw mwyach nid i ni'n hunain ond i'r hwn a fu farw drosom ac a gyfodwyd.'* Er mwyn ei enw. Amen.

Emyn 523: *O gariad, O gariad anfeidrol ei faint*

Y Fendith:
Yn haelioni dy drugaredd, maddau inni ein pechodau,
Yn nerth dy ras, arwain ni i geisio dy ffyrdd,
Yng ngrym dy gariad, nertha ni i gyflawni dy ewyllys sanctaidd
heddiw, a phob diwrnod a ddaw i'n rhan.
Ac i ti, ein Tad nefol, ac i'th Fab Iesu Grist, y rhown ein diolch a'n
clod heddiw, a hyd byth. Amen.

YR ADFENT

Adnodau agoriadol:

'Disgwyliaf wrth yr Arglwydd; y mae fy enaid yn disgwyl,
a gobeithiaf yn ei air;
y mae fy enaid yn disgwyl wrth yr Arglwydd...
O Israel, gobeithia yn yr Arglwydd,
oherwydd gyda'r Arglwydd y mae ffyddlondeb,
a chydag ef y mae gwaredigaeth helaeth.
Ef sydd yn gwaredu Israel oddi wrth ei holl gamweddau.'

Gweddïwn:

Diolchwn i ti, ein Tad, am anogaeth dy Air i baratoi ac i ddisgwyl yn weddigar amdanat. Cynorthwya ni i ddisgwyl mewn ysbryd a gwirionedd, fel y cawn brofi o fendith fawr Gŵyl y Geni a gweld Duw yn y byd fel dyn bach. Amen.

Emyn 432: *O tyred di, Emanŵel*

Llefarydd:

Mae'r Nadolig yn ŵyl rhy brysur i bawb ohonom, a phan ddaw'r diwrnod mawr ei hun, mae llawer ohonom wedi blino gormod i wneud dim! Ond er gwaethaf ein blinder, daliwn ati i lenwi cypyrddau'r gegin a'r oergell i'r ymylon gyda phob math o fwydydd a diod! Yn sicr, mae'r Nadolig yn ŵyl y teulu ac yn gyfle i fwynhau cwmni ein hanwyliaid, a gobeithiwn y cawn gyfle i wneud hynny eto eleni. Ond y cwestiwn mawr yw a fyddwn wedi gwir ddathlu geni mab Duw yn faban bach? Yn ei llyfr i blant a phobl ifanc, mae Alice Evans yn gofyn cwestiwn crafog iawn:

Bydd rhai ar ddydd Nadolig, a'u meddwl ar gael gwledd,
Ond wedi'r holl loddesta, ceir tristwch ar eu gwedd;
Fe ddathlant Ŵyl y Geni, ond 'phrofant hwy mo'i hedd;
A brofi di? O! dwed i mi, a brofi di?

Y mae *'disgwyl'* yn un o eiriau mawr yr Hen Destament, ac y mae'n cael ei gysylltu â'r gobaith y daw'r Meseia ryw ddydd i waredu Israel. Gwrandawn ar Salm 130.

Darlleniad: Salm 130

Llefarydd:
Y ddau air allweddol yn Salm 130 yw *'disgwyl'* a *'gobeithio'.* Mynegir hyn yn y bumed adnod: *'Disgwyliaf wrth yr Arglwydd; y mae fy enaid yn disgwyl, a gobeithiaf yn ei air.'* Tybed faint ohonom sydd wedi disgwyl am y bws, a'r bws yn hwyr yn dod, neu yn waeth, ddim yn cyrraedd o gwbl! Daw cwpled cyfarwydd i'r cof sy'n mynegi'r edrych ymlaen am rywbeth, a hwnnw byth yn dod:

Disgwyl pethau mawr i ddyfod,
Croes i hynny maent yn dod.

Y mae'r Iddewon hyd heddiw yn dal i ddisgwyl am y Meseia, a gwrthodant gredu ei fod wedi dod ym mherson Iesu o Nasareth. Mae hyn i ni Gristnogion yn destun siom a thristwch, ond byrdwn gorfoleddus y Testament Newydd yw bod disgwyliadau'r genedl am y Meseia wedi eu gwireddu ym mherson yr Arglwydd Iesu Grist. Beth yw sail ein gobaith ni heddiw? Yn sicr, nid rhyw deimlad y daw popeth yn iawn yn y man. Nid mewn gwleidyddion uchel eu cloch a chyhoeddwyr celwyddog y papurau newydd y mae gobaith, ond yn yr Arglwydd sy'n ffyddlon yn ei drugaredd ac yn ddigyfnewid yn ei faddeuant. Dyma reswm perffaith i ddathlu mewn llawenydd a diolchgarwch. Y mae'r bychan a anwyd gynt ym Methlehem yn Geidwad mawr!

O faban bach, fy Ngheidwad mawr,
mae 'nghalon iti'n grud yn awr.

Gweddïwn:
Ein Tad nefol, wrth blygu pen i weddïo, cynorthwya ni i ymdawelu ac i ddisgwyl dy arweiniad fel y cawn ein tywys i gymundeb â thydi dy hun yn Iesu Grist.

Diolchwn iti am gyfarwyddyd dy Air sanctaidd yn nhymor yr Adfent, *'Disgwyliaf am yr Arglwydd, disgwyl fy enaid, ac yn ei air ef y gobeithiaf.'* Diolchwn iti am y gobaith sy'n deillio o neges y Nadolig – y neges sy'n cyhoeddi na all y tywyllwch ddiffodd y gwir oleuni yn Iesu Grist.

Gweddïwn, ein Tad, am i'r goleuni nefol lewyrchu ym mannau tywyll ein daear heddiw –
y goleuni sy'n obaith i'r carcharor trwy farrau tywyll ei gell,
y goleuni sy'n adferiad iechyd i'r claf yn ei bryder a'i wendid,
y goleuni sy'n gysur i'r unig yn ei hiraeth am y dyddiau gynt,
y goleuni sy'n gynhaliaeth i'r profedigaethus
ac yn galondid i frwydro 'mlaen ar daith bywyd.

Tyrd atom ni, O Grëwr pob goleuni,
tro di ein nos yn ddydd;
pâr inni weld holl lwybrau'r daith yn gloywi
dan lewyrch gras a ffydd.

Gweddïwn hefyd dros genhedloedd ein byd, ac yn arbennig y rhai sy'n dioddef oherwydd anghyfiawnder cenhedloedd eraill tuag atynt. O Dad, trugarha.

Gweddïwn hefyd dros ein cyd-aelodau sy'n amddifad o fendithion iechyd a nerth i fwynhau bywyd. O Dad, cadw hwy yn ddiogel oddi mewn i gylch dy gariad ac anadla arnynt fendith iechyd a thangnefedd. Er mwyn ein Harglwydd Iesu Grist, Goleuni'r Byd. Amen.

Emyn 445: *Engyl Bethlem, seiniwch eto*

Llefarydd:
Y mae tymor yr Adfent yn cynnwys y pedwar Sul sy'n arwain at Ŵyl y Nadolig. Tymor ydyw i baratoi ein hunain ar gyfer dathlu digwyddiad mawr yr oesau, sef geni Mab Duw yn faban bach. Meddai'r angel, *'Canys ganwyd i chwi heddiw Geidwad yn ninas Dafydd, yr hwn yw Crist yr Arglwydd.'* Yn yr Efengyl yn ôl Mathew a Luc, y mae nifer o bobl yn ymddangos ar lwyfan hanes y geni. Yn y canol y mae'r baban Iesu ym mhreseb yr anifail, ac o'i gwmpas y mae'r bugeiliaid a'r doethion, ac wrth gwrs Mair a Joseff.

Yng ngweddill ein gwasanaeth heddiw, fe arhoswn gydag ymateb Joseff i'r newyddion annisgwyl fod ei ddyweddi Mair yn disgwyl babi. Fe geir yr hanes yn yr Efengyl yn ôl Mathew. Daw'r darlleniad o'r bennod gyntaf, adnodau 18–25.

Darlleniad: Mathew 1: 18–25

Llefarydd:

Yn ganolog ar ddechrau bywyd Iesu Grist y mae Mair a Joseff, ond wedi geni'r baban, ychydig o hanes Joseff sydd gennym. Y darlun olaf sydd gennym ohono yw'r un pan oedd ef a Mair yn chwilio am y bachgen Iesu, ac yn dod o hyd iddo yn y Deml yn Jerwsalem. Deuwn i'r casgliad felly i Joseff farw yn ifanc gan adael Mair yn weddw gyda llond tŷ o blant. Er mai prin yw'n gwybodaeth amdano, y mae ymateb Joseff i newyddion yr angel yn datgelu rhywfaint am ei gymeriad.

Yn gyntaf. Penbleth Joseff. Adnod 18. *'Pan oedd Mair ei fam wedi ei dyweddïo i Joseff, cyn iddynt ddod at ei gilydd fe gafwyd ei bod hi'n feichiog o'r Ysbryd Glân.'* Nid yw'n anodd dychmygu i'r newydd hwn achosi syndod mawr i Joseff. Wedi'r cyfan, nid oeddynt wedi cael rhyw o gwbl. Y mae'r adnod sy'n dweud fod Mair yn feichiog o'r Ysbryd Glân yn ein tywys o fyd digwyddiadau pobl gyffredin i fyd digwyddiadau y tu hwnt i'n crebwyll meddyliol. Yn gwbl annisgwyl, tra oedd Joseff yn breuddwydio daeth angel ato gyda'r neges syfrdanol fod baban Mair wedi ei genhedlu o'r Ysbryd Glân.

Yn fwy na thebyg, ni ddeallodd Joseff arwyddocâd y neges yn llawn ar y pryd. Cynnil yw datganiad yr angel, ac mae'i neges yn fwy o gyhoeddiad nag eglurhad. Gwyddom drwy brofiadau bywyd fod rhai digwyddiadau yn dod i'n rhan, ac na allwn byth eu deall yn llawn. Yn y cyhoeddiad hwn, rydym ym myd dirgelwch cariad rhyfeddol Duw. Dywedir, *'Y mae'r gwynt yn chwythu lle y myn, ac yr wyt yn clywed ei sŵn, ond ni wyddost o ble y mae'n dod nac i ble y mae'n mynd.'* Onid felly yr Ysbryd Glân? Mae'n llawn dirgelwch, ond er hynny credwn mai rhan o ddirgelwch cariad Duw ydyw. Mae cyhoeddiad yr Ymgnawdoliad yn aruthrol fawr. Ni allwn byth ei amgyffred yn llawn na'i egluro â'n geiriau brau.

Un o ddiwinyddion craff yr Eglwys Fore oedd yr Apostol Paul, ac yn ei lythyrau cawn ef yn ymgodymu â mawredd dyfodiad Mab Duw i'n byd. Yn ei waith gwelwn ei amgyffrediad ysbrydol dwfn, ond er hynny ef oedd y cyntaf i sôn am ddirgelwch Duw. Meddai yn ei lythyr i Timotheus, *'Mawr yw dirgelwch duwioldeb, Duw a ymddangosodd yn y cnawd.'* Onid hyn yw'n profiad ninnau hefyd fel y dywed yr emynydd Robert ap Gwilym Ddu?

Rhy fyr yw tragwyddoldeb llawn
i ddweud yn iawn amdano.

Cyngor Awstin Sant i Gristnogion oedd, *'Cred, fel y gwnei ddeall.'* Credu sy'n dod yn gyntaf bob tro, a thrwy gredu y daw rhyfeddod neges geni'r baban Iesu yn real ac yn brofiad gorfoleddus. Yng ngeiriau'r bardd J. Eirian Davies,

Ni wyddom am ddim rhyfeddach, – Crëwr
    Yn crio mewn cadach.
    Yn faban heb ei wannach,
    Duw yn y byd fel dyn bach.

Emyn 283: *Rhyfeddu 'rwyf, O Dduw*

Llefarydd:
Yn ail. Pryder Joseff. Adnod 19. *'A chan ei fod yn ddyn cyfiawn, ond heb ddymuno ei chywilyddio'n gyhoeddus, penderfynodd Joseff, ei gŵr, ei gollwng ymaith yn ddirgel.'*
neu yn ôl cyfieithiad beibl.net
'Roedd Joseff, oedd yn mynd i'w phriodi, yn ddyn da a charedig. Doedd o ddim eisiau gwneud esiampl ohoni a'i chyhuddo hi'n gyhoeddus, felly roedd yn ystyried yn dawel fach i ganslo'r briodas.'

Nid yw'n ormod dweud i'r newyddion am Mair daflu Joseff oddi ar ei echel yn llwyr, ac yn arbennig gan ei fod yn ôl Mathew *'yn ddyn cyfiawn'* ac o egwyddor grefyddol. Yn naturiol roedd Joseff yn pryderu yn fawr drosti, ac efallai yn ofni barn pobl ohonynt. Y mae'n anodd amgyffred y gwewyr meddwl yr aeth drwyddo. Tybed a yw'r brawddegau hyn yn fynegiant o'i deimladau ansicr a bregus ar y pryd? Joseff sy'n siarad:

'Doeddwn i erioed o'r blaen wedi poeni cymaint. Roeddwn yn pendroni beth i'w wneud. Beth fyddai agwedd pobl y synagog tuag at y ddau ohonom, ac a oeddwn i'w phriodi neu ddim? Roeddwn mewn stad ryfedd iawn ac yn methu cysgu. Ac yn y diwedd, trefnais i'w gollwng yn rhydd gan obeithio y byddai fawr neb yn gwybod.'

Y mae cyfieithiad beibl.net yn awgrymu fod Joseff wedi ystyried hyn, ac y mae'n hawdd deall pam. Wedi'r cyfan, yng ngolwg y gymdeithas grefyddol Iddewig ar y pryd, roedd cael babi cyn priodi yn warth ac yn dwyn cywilydd mawr ar y ferch, ar y tad, ac ar y teulu. Dyma oedd pryder mawr Joseff, ac yn arbennig felly oherwydd ei fod yn gwybod i sicrwydd nad ef oedd y tad. Roedd ganddo feddwl y byd o Mair, ac ofnai yn ei galon y byddai hi yn cael ei llabyddio yn gyhoeddus o bosibl. Roedd hynny wedi digwydd yn y gorffennol a gallai ddigwydd eto. Ac felly, penderfynodd Joseff, er mawr ofid iddo, *'ei gollwng hi ymaith yn ddirgel.'* Nid ein bwriad yw dilorni teimladau cymysg a phryder mawr Joseff. Tybed sut fydden ni heddiw yn ymateb i sefyllfa mor ddyrys? Rydym, fel y dywed y bardd, *'yn gymysg oll i gyd'*, ac yn debyg iawn i Joseff yn aml yn ein teimladau a'n bwriadau.

Llefarydd:
Yn drydydd. Penderfyniad Joseff. Adnod 24. *'A phan ddeffrôdd Joseff o'i gwsg, gwnaeth fel yr oedd angel yr Arglwydd wedi gorchymyn, a chymryd Mair yn wraig iddo.'* Cymerodd Joseff at

ei gyfrifoldeb fel gŵr da i Mair. Fel y dywedwyd, y tro olaf inni ei weld yw'r adeg honno pan aeth Iesu yn ddeuddeng mlwydd oed i Jerwsalem. Golygai hyn fod Iesu wedi cael cyfle i'w nabod yn dda, ac i hynny medd rhai ei sbarduno i feddwl am Dduw fel Tad nefol. Os hynny, gallwn gymryd fod gan Iesu feddwl y byd o Joseff fel tad da a charedig. Gadewch i ninnau hefyd werthfawrogi pob gofal a gawsom gan ein tadau, ymroi fel Joseff gynt i garu ein gwragedd a magu ein plant yn unol ag ysbryd cariad Duw yn Iesu Grist.

Gorffennwn gyda gwrthrych mawr ein ffydd, *'Daeth Duwdod mewn baban i'n byd.'* Mae'n hawdd colli gwir ystyr yr ŵyl yng nghanol yr holl rialtwch. Ond diolch am garolau i'n helpu i gadw neges fawr yr Ŵyl yn fyw yn ein calonnau. Gadewch inni ganu carol rhif 463, *'O deuwch, ffyddloniaid'.*

Emyn 463: *O deuwch, ffyddloniaid*

Y Fendith:
Ac yn awr, ewch mewn tangnefedd i garu ac i wasanaethu'r Arglwydd, yn enw Iesu Grist. A bendith Duw Hollalluog, y Tad, y Mab a'r Ysbryd Glân a fyddo gyda chwi oll. Amen.

GWASANAETH NADOLIG

Adnodau agoriadol:
'Canys bachgen a aned i ni, mab a roed i ni, a bydd yr awdurdod ar ei ysgwydd. Fe'i gelwir, "Cynghorwr rhyfeddol, Duw cadarn, Tad bythol, Tywysog heddychlon".'

Gweddïwn:
Plygwn yn wylaidd ger dy fron gan ryfeddu mai Duw Immanuel – Duw gyda ni – wyt ti yn Iesu Grist:

Daeth Brenin yr hollfyd i oedfa ein hadfyd
er symud ein penyd a'n pwn;
heb le yn y llety, heb aelwyd, heb wely,
Nadolig fel hynny gadd hwn.

Ni allwn, ein Tad, newid y diffyg croeso gafodd y baban Iesu, ond fe allwn estyn croeso calon iddo yn yr oedfa hon. Yn dy drugaredd, cynhesa ein hysbryd, agor ein gwefusau a dyro eiriau gorfoledd inni yn ein cân. Er mwyn Iesu Grist. Amen.

Emyn 440: *Dyma'r dydd i gyd-foliannu*

Llefarydd:
Mae'r Nadolig yn dod ynghynt bob blwyddyn! Unwaith mae tymor yr haf yn dod i ben, mae'r siopau yn paratoi ein meddyliau a'n pocedi ar gyfer y Nadolig, a gwnânt hyn yn y gobaith y byddwn yn gwario mwy o bres nag erioed! Tybed beth fydd ein hanes eleni?

Yn yr efengylau, gwelwn fod nifer o bobl yn ymddangos ar lwyfan hanes y geni. Yn y canol y mae'r baban Iesu ym mhreseb yr anifail, ac o'i gwmpas Joseff a Mair, y bugeiliaid a'r doethion, y brenin Herod a'i filwyr, ac Anna'r broffwydes a Simeon yr hen ŵr duwiol. Tybed a fydd Iesu'r baban yn ein meddyliau ni y Nadolig hwn?

Wele Dduwdod yn y cnawd,
dwyfol Fab i ddyn yn Frawd;
Duw yn ddyn, fy enaid, gwêl
Iesu, ein Emanŵel!

Darlleniad: Mathew 1: 18–25

Cyd-weddïo Gweddi'r Arglwydd.

Emyn 431: *Mae'r nos yn fwyn ym Methlehem*

Llefarydd:
Yn ganolog yn hanes geni Iesu Grist y mae Mair a Joseff. Ychydig iawn o hanes Joseff sydd gennym. Y darlun olaf sydd gennym ohono yw'r un pan oedd ef a Mair yn chwilio am y bachgen Iesu, ac yn dod o hyd iddo yn y Deml yn Jerwsalem. Deuwn i'r casgliad felly i Joseff farw yn ifanc gan adael Mair yn weddw gyda llond tŷ o blant. Gwyddom fod gan Mair bump o fechgyn a nifer o ferched – yn nodweddiadol o'r cyfnod dim ond bechgyn sy'n cael eu henwi yn yr efengylau. Cawn dipyn o hanes Mair yn yr efengylau, ac ynddynt cawn ddarlun ohoni yn wraig dduwiol ei hanian ac yn fam a roddodd ei chalon i'w Harglwydd, i'w theulu ac i'w phlant.

Llefarydd:
Ceir stori am ddau bererin yn cydgerdded tua phyrth y nefoedd, y naill yn aelod o'r Eglwys Babyddol a'r llall yn aelod o'r Eglwys Brotestannaidd. Pan agorwyd y pyrth, pwy oedd yn aros i'w croesawu ond Iesu Grist a'i fam, Mair. Aeth y cyntaf ymlaen ar ei union at Mair a phenlinio o'i blaen. Meddai Mair wrtho, 'Croeso! *Buost fawr dy sêl dros fy enw. Ond hoffwn gyflwyno fy Mab i ti oherwydd rwy'n ofni na chlywaist ddigon amdano tra ar y ddaear.'* Yn dilyn, aeth yr ail yn syth at Iesu a phenlinio'n ostyngedig o'i flaen, ond meddai Iesu wrtho, *'Croeso, buost yn ffyddlon iawn i mi. Ond hoffwn gyflwyno fy mam i ti oherwydd rwy'n ofni na chlywaist nemor ddim amdani ar y ddaear.'*

Credwn fod neges bwysig yn y stori yna. Ar un llaw, o gofio gostyngeiddrwydd Mair, y mae'n sicr y byddai yn fwy na pharod i adael y llwyfan er mwyn rhoi'r holl glod i'w mab, yr Arglwydd Iesu Grist. Ond ar y llaw arall, ni allwn gredu y byddai Iesu yn gwarafun inni gofio Mair am ei hufudd-dod i ewyllys Duw a'i ffyddlondeb i'w mab hyd ei anadl olaf ar groes Calfaria. Yn y frawddeg a ddywedodd wrth ei fam cyn ei farw, canfyddwn gymaint oedd ei ofal amdani. Roedd Iesu wedi gweld ei fam mewn sefyllfaoedd amrywiol iawn, ond roedd ei gweld hi yn ei galar, oddi ar ei groes, yn brofiad ysgytwol iddo. Yr un modd, profiad dirdynnol i Mair oedd sefyll yn ymyl y groes yn gweld ei mab yn cael ei wrthod yn y modd mwyaf gwaradwyddus a'i groeshoelio fel dihiryn yn haeddu ei ddedfryd. Onid yw hyn yn brofiad dwys i bawb ohonom wrth syllu ar y cariad mwyaf rhyfedd fu erioed?

Ni wyddom ni, ni allwn ddweud
faint oedd ei ddwyfol loes,
ond credu wnawn mai drosom ni
yr aeth efe i'r groes.

Emyn 471: *Suai'r gwynt, suai'r gwynt*

Gweddïwn:
Unwaith eto, ein Tad, rydym ar drothwy gŵyl y Nadolig ac yn dymuno dyrchafu dy enw sanctaidd yn ein haddoliad i ti. Wrth geisio gwneud hynny, ein Tad, *'bydded ymadroddion ein genau a myfyrdod ein calon yn gymeradwy ger dy fron, O Arglwydd, ein Craig a'n Prynwr.'*

Diolchwn iti, ein Tad, mai Ti yw ein Creawdwr daionus a'n creaist ar dy lun a'th ddelw dy hun, mai ti yw ein Cynhaliwr trugarog a welaist yn dda i'n cynnal a'n cadw hyd y foment hon. Ac mai ti goruwch pob dim yw ein Gwaredwr bendigedig yn Iesu Grist. O Dad, diolchwn iti am weithredoedd dy ras yn Iesu Grist –

gweithredoedd dy ras ym Methlehem Jwdea
Wele Dduwdod yn y cnawd,
dwyfol Fab i ddyn yn Frawd.

gweithredoedd dy ras ar ben Calfaria
T'wysog bywyd pur yn marw,
marw i brynu'n bywyd ni.

a gweithredoedd dy ras ar fore'r trydydd dydd
Hwn ydyw'r dydd y cododd Crist
gan ddryllio pyrth y bedd;
O cyfod, f'enaid, na fydd drist,
i edrych ar ei wedd.

O Arglwydd Iesu Grist, gorchfygwr pechod, angau a'r bedd, gwêl yn dda i dderbyn ein diolch a'n clod, ac i'n derbyn ni hefyd yn ein hangen mawr – yn ein hangen am dy faddeuant i bechodau'n bywyd, yn ein hangen am feddyginiaeth dy gariad, ac yn ein hangen mawr am nerth dy ras:

Yr Iesu sy'n cryfhau
o'm mewn ei waith drwy ras;
mae'n rhoddi nerth i'm henaid gwan
i faeddu 'mhechod cas.

Gweddïwn heddiw dros dy Eglwys yn ei gwaith a'i chenhadaeth yn y byd. Yn dy drugaredd, nertha dy weision i gyhoeddi'r Efengyl yn ei chyflawnder, ac i fugeilio dy bobl gyda gofal a chariad mawr.

Gwna ninnau hefyd yn ddiolchgar am holl fendithion bywyd – am gysuron cartref a chariad anwyliaid, am deyrngarwch cyfeillion a charedigrwydd cymdogion. I Ti, ein Tad, y diolchwn oherwydd y maent oll yn deillio o'th drugaredd a'th ddaioni tuag atom. Diolchwn yn arbennig am dy fendith fwyaf un yn Iesu Grist a ddaeth i'n byd er mwyn i ni gael bywyd, a'i gael yn ei holl gyflawnder. Derbyn felly ein diolch a'n clod, ac arwain ni ymhellach i ymateb i'th gariad a'th ras yn Iesu Grist. Amen.

Emyn 453: *O ddirgelwch mawr duwioldeb*

Llefarydd:
Y mae darluniau o Mair y fam yn yr efengylau yn niferus ond prif wrthrych ein ffydd yw ei mab, yr Arglwydd Iesu Grist. Fe'i ganwyd o groth merch ifanc, a daeth i'n byd yn faban bach di-nod ac yn gwbl ddibynnol ar ei rieni. Roedd y baban Iesu fel ninnau yn gweiddi ac yn crio am gael sylw. Peidiwn byth â chredu ei fod yn rhy sanctaidd i grio! Yn nodweddiadol o natur mam, gofalai Mair amdano, ac wrth syllu arno, synhwyrai fod genedigaeth Iesu yn ddim llai nag ymyrraeth rasol Duw yn ei

bywyd. Gellir dweud hynny, wrth gwrs, am bob baban bach, ond wrth lapio'r siôl yn dynn am ei baban cyntaf-anedig, mae'n siŵr y teimlai Mair wres ei chariad ato yn llifo tuag ato. Yn wir, mae'n hawdd credu y byddai Mair yn ategu'r cwpled canlynol o waelod ei chalon,

O Faban bach, fy Ngheidwad mawr,
Mae 'nghalon iti'n grud yn awr.

Ond yn gymysg â'r wefr o gariad a llawenydd, teimlai bryder mawr am y bychan, ac felly y bu trwy'r blynyddoedd hyd nes iddi orfod ei weld mewn artaith ar groes o bren. Y mae casineb a thristwch a chariad a llawenydd yn rhan amlwg o fywyd dyn o hyd. Tybed a oes rhaid gofyn pwy all ein gwaredu?

Fel yr awgrymwyd ar ddechrau'r gwasanaeth hwn, mae'n hawdd colli gwir ystyr yr Ŵyl yng nghanol yr holl rialtwch. Ond diolch am garolau traddodiadol a newydd i'n sbarduno i gadw neges fawr yr Ŵyl yn fyw yn ein calonnau. Gorffennwn gyda'r emyn hwn sy'n brofiad i lawer ohonom:

Mae yn Iesu greadigaeth
Sydd tu hwnt i'n deall ni;
Credu ynddo, ymddiried ynddo
Ydyw'r cwbl a fedraf i.

Nadolig Llawen, a phan ddaw blwyddyn arall heibio, Blwyddyn Newydd Dda ichi i gyd!

Emyn 437: *Y bore hwn, drwy buraf hedd*

Y Fendith:

Ar derfyn y gwasanaeth hwn, ein Tad, gwyddom am ras ein Harglwydd Iesu Grist, fel y bu iddo, ac yntau'n gyfoethog, ddod yn dlawd drosom ni, er mwyn i ni ddod yn gyfoethog trwy ei dlodi ef. Derbyn ein diolch a'n clod, a chwyd ni oddi ar ein gliniau, ac anfon ni allan i'r byd yn gryfach dilynwyr i Iesu ac yn barotach ein hysbryd i'w wasanaethu y Nadolig hwn, a phob amser tra byddwn ar y ddaear hon. Amen.

Y CWPAN

Emyn 16: *O Arglwydd Dduw, y Brenin mawr*

Gweddïwn:
Diolchwn iti, ein Tad, am y dydd arbennig hwn ar ddechrau pob wythnos i ganmol dy enw mewn addoliad sanctaidd, ac ymateb i newyddion da dy Air yn Iesu Grist.

Diolchwn iti am dy ofal tyner ohonom yn ystod yr wythnos a aeth heibio ac am nerth i gyflawni ein gorchwylion arferol. Diolchwn hefyd am y Sul a'i fendithion sy'n rhoi cyfle inni i ymdawelu yn dy bresenoldeb,
  i lacio llinynnau tyn y galon,
  i ollwng beichiau bywyd ac
  i ymddiried yn llwyr yn dy drugaredd a'th gariad mawr tuag atom yn Iesu Grist.

Ymddiriedaf yn dy allu,
  mawr yw'r gwaith a wnest erioed:
ti gest angau, ti gest uffern,
  ti gest Satan dan dy droed:
    pen Calfaria,
  nac aed hwnnw byth o'm cof.

Yn ysbryd dy gariad, cyflwynwn ein gilydd i'th ofal, ynghyd â'n teuluoedd, a phawb o'n cyd-aelodau sy'n wael eu hiechyd ac yn methu dod i oedfa. Yn dy drugaredd, gwarchod hwy â'th gariad drwy ofal eu hanwyliaid a bendithia hwynt â'th dangnefedd yn Iesu Grist.

Clyw ein gweddïau hefyd ar ran pawb sy'n methu cario beichiau bywyd. Credwn, ein Tad, dy fod yn gwybod am anghenion dy blant ym mhob man,

Holl angen dyn, tydi a'i gŵyr,
d'Efengyl a'i diwalla'n llwyr;
nid digon popeth hebot ti:
bara ein bywyd, cynnal ni.

Er mwyn Iesu Grist. Amen.

Emyn 816: *Cofia'r newynog, nefol Dad*

Llefarydd:
Mae cwpan yn llestr cyfarwydd inni, ac yn cael cryn sylw yn y Beibl. Yn Llyfr Genesis, fe gawn hanes Joseff yn rhoi cwpan arian yng ngenau sach ei frawd ieuengaf Benjamin, ac yn Llyfr y Salmau, mae'r salmydd (yn y drydedd salm ar hugain) yn dweud, '*Fy ffiol sydd lawn*' neu yn ôl y cyfieithiad newydd, '*Y mae fy nghwpan yn llawn.*'

Mae 'na nifer o gyfeiriadau at gwpan yn y Testament Newydd hefyd. Yn yr efengylau, mae Iesu yn cymeradwyo'r weithred o roi cwpanaid o ddŵr i'r sychedig, a phan fynegodd Iago ac Ioan ddymuniad i gael y lle blaenaf yn y deyrnas, dywedodd Iesu wrthynt, '*Ni wyddoch beth yr ydych yn ei ofyn. A allwch chwi yfed y cwpan yr wyf fi yn ei yfed?*'

Emyn 518: *Y Gŵr a fu gynt o dan hoelion*

Llefarydd:

Yn Luc, pennod 22, adnod 17, fe gawn y geiriau hyn, *'Derbyniodd
gwpan, ac wedi diolch meddai, "Cymerwch hwn a rhannwch ef
ymhlith eich gilydd."* ' Mae'r adnod hon yn gyfarwydd – Iesu yn yr
oruwchystafell (ychydig oriau cyn cael ei groeshoelio) yn *derbyn
y cwpan, ac yn rhoi diolch*, a'r disgyblion yn cymryd y cwpan ac
yn rhannu'r gwin ymhlith ei gilydd.

Mae'n bosibl deall yr adnod hon mewn dwy ffordd – mewn
modd llythrennol a delweddol. Hynny yw, mae 'na ddarlun
camera yma o Iesu a'i ddisgyblion yn rhannu diod wrth swpera,
a hefyd ddarlun delweddol o'r hyn wnaeth Iesu o Fethlehem i'r
Groes. Felly, beth yw'r neges, a beth allwn ddweud yn fwy am y
cwpan y cyfeirir ato yn yr adnod hon?

Llefarydd:

Yn gyntaf. Cwpan yr ufudd-dod llwyr yw hi. *'Derbyniodd
gwpan.'* Mae'r darlun o Iesu yn derbyn y cwpan yn ein hatgoffa o'i
ufudd-dod llwyr i'w Dad Nefol – yr ufudd-dod perffaith hwnnw a
gostiodd iddo ddioddefaint a hunanaberth. Mae'n anodd dweud
pryd y dechreuodd Iesu yfed o gwpan ufudd-dod i'w Dad Nefol,
ond mae 'na sail gadarn i gredu iddo ymwybod â hyn yn ifanc
iawn. Er enghraifft, onid oes awgrym cryf o hynny yn ymateb y
bachgen Iesu i'w fam yn y Deml yn Jerwsalem pan ddywedodd,
*'Oni wyddech fod yn rhaid i mi fod ynghylch y pethau a berthyn
i'm Tad?'* Deuddeg oed oedd Iesu Grist ar y pryd, ac eto, gwyddai
am y rheidrwydd mewnol i yfed o gwpan ufudd-dod ei Dad
Nefol mor gynnar â hynny.

Mewn gwirionedd, does fawr ddim hanes amdano ar ôl hyn tan
ddechrau ei weinidogaeth yn ddeg ar hugain mlwydd oed, ond
fe ddywed Luc, *'Bu'n ufudd i Joseff a Mair.'* Yn yr un modd bu'n

ufudd hefyd, yn ôl y traethawd at yr Hebreaid, i'w Dad Nefol. Dyma'r adnod, *'Er mai Mab ydoedd, dysgodd ufudd-dod drwy'r hyn a ddioddefodd.'* Mae ufudd-dod a dioddefaint yn annatod i'r sawl sy'n rhodio ffordd cariad i'w phen draw. Cofiwn mai gŵr ifanc oedd Iesu Grist ar y pryd, ac yn sicr, nid oedd yn chwennych merthyrdod ar groes. Yn wir, roedd meddwl am y peth yn arswyd iddo, ac yn ei ysgwyd i waelod ei fod. Mynega Ioan hyn gyda'r ymadrodd, *'gan gymaint ei ing'*, neu yn ôl un cyfieithiad Saesneg, *'he fell into a deadly fear'*. Ond trwy'r cyfan gwyddai am reidrwydd cariad i gyflawni ewyllys Duw ei Dad nefol. A dyna yn union a wnaeth, sef cyflawni ewyllys Duw drwy sefyll dros gyfiawnder, herio rhagrith crefyddwyr ei ddydd, tosturio wrth y cleifion, estyn llaw cyfeillgarwch i'r gwrthodedig, a gweithredu ei gariad i'r eithaf ar Galfaria, gan *'gymryd ein pechodau ni yn ei gorff ar y croesbren'*.

Mae'r hyn wnaeth Iesu drosom ni ar Galfaria y tu hwnt i'n hamgyffrediad ni, ond fe wyddom mai *'dyma'r cariad mwyaf rhyfedd fu erioed'*, ac mai yn y cariad rhyfedd hwn y mae'n gwaredigaeth ni, fel byd, fel cenedl, fel cymdeithas, ac fel unigolion. Mynegir hyn yn glir ym mhroffwydoliaeth y proffwyd Eseia, *'Cosbedigaeth ein heddwch ni oedd arno Ef, a thrwy ei gleisiau ef yr iachawyd ni.'* Cwpan yr ufudd-dod llwyr. Cwpan pris ein gwaredigaeth. Fe ganwn emyn Thomas Lewis, rhif 519.

Emyn 519: *Wrth gofio'i riddfannau'n yr ardd*

Llefarydd:
Yn ail. Cwpan y feddyginiaeth lwyr yw hi. Derbyniodd Iesu'r cwpan, a dywedodd, *'Cymerwch hwn.'* Beth oedd yn y cwpan estynnodd Iesu i'w ddisgyblion? Yn llythrennol, yr hyn oedd yn y cwpan oedd gwin (ffrwyth y winwydden) ond i ni Gristnogion,

mae 'na fwy na hynny yn y cwpan, oherwydd y mae'r gwin yn symbol o waed Iesu Grist a dywalltodd dros lawer.

Mae'r gair 'gwaed' i'w gael nifer fawr o weithiau yn y Beibl, ac yn arbennig wrth egluro arwyddocâd marwolaeth Iesu Grist ar groes Calfaria. Er enghraifft, mae Pedr yn ei lythyr yn sôn am *'werthfawr waed Crist'* ac mae Paul wedyn yn dweud ein bod wedi cael ein *cyfiawnhau trwy waed Crist*, a bod *heddwch i'w gael trwy waed ein Gwaredwr*. Mae'r ddelwedd hon yn cael ei defnyddio'n helaeth hefyd gan ein hemynwyr, megis Robert ap Gwilym Ddu yn ei emyn cyfoethog,

Mae'r gwaed a redodd ar y groes
  o oes i oes i'w gofio;
rhy fyr yw tragwyddoldeb llawn
  i ddweud yn iawn amdano.

Gwnaeth Williams Pantycelyn hefyd yn fawr o'r ddelwedd hon,

Gwaed dy groes sy'n codi i fyny
  'r eiddil yn goncwerwr mawr;
gwaed dy groes sydd yn darostwng
  cewri cedyrn fyrdd i lawr:
    gad im deimlo
  awel o Galfaria fryn.

Ceir stori am weinidog mewn gwth o oedran yn gweinyddu'r Cymun. Estynnodd am y cwpan yn grynedig, a chymaint felly fel iddo golli peth o'r gwin ar y lliain gwyn. Er hynny, cadwodd yr hen ŵr yn reit hunanfeddiannol gan ddweud wrth y gynulleidfa, *'Gyfeillion, dyna yn union a ddigwyddodd ar ben Calfaria. Fe gollodd ef ei waed yn lli er mwyn i ni gael iachâd.'*

Mae cael 'iachâd' trwy waed y groes yn dangos mai pobl sâl
ydym, ac yng ngoleuni'r hyn a wnaethom i Fab Duw ar ben
Calfaria, ni allwn wadu hyn. Ac nid ychydig o annwyd sydd
arnom, ond salwch sydd wedi treiddio i fêr ein hesgyrn ac i
ddyfnderoedd ein bod. Mae cyflwr y byd heddiw yn arswydus ac
angen gwaredigaeth, ac mae'r angen hwn arnom ninnau hefyd.
Dyma oedd profiad Howel Harris wrth Fwrdd y Cymun yn
Eglwys Talgarth ar fore'r Sulgwyn yn 1735. Roedd o wedi mynd
gan deimlo baich afiechyd pechod yn ei dynnu i'r ddaear mewn
anobaith llwyr, ond fe gafodd feddyginiaeth a rhyddhad enaid.
Dyma'i dystiolaeth:
*'Wrth y Bwrdd, cadwyd Crist yn gwaedu ar y groes yn gyson
gerbron fy llygaid, a rhoddwyd i mi nerth i gredu fy mod yn derbyn
maddeuant ar gyfrif y gwaed hwnnw. Collais fy maich, ac es tuag
adre gan lamu o lawenydd, a dywedais wrth fy nghymydog a
oedd yn drist, fod fy meiau wedi eu maddau.'* Ac yna, mae'n cloi
drwy ddweud, *'O ddiwrnod bendigedig na allaf ond ei gofio yn
ddiolchgar am byth.'*

Cwpan y fendith fawr. Gadewch inni gymryd y cwpan hwn
heddiw o law ein Gwaredwr Iesu Grist, a

*c[h]ael heddwch cydwybod, a'i chlirio drwy'r gwaed,
a chorff y farwolaeth, sef pechod, dan draed.*

Llefarydd:
Yn drydydd. Cwpan y rhannu llwyr. *'Cymerwch hwn a rhannwch
ef ymhlith eich gilydd.'* Mae Iesu yn rhoi, a ninnau wrth dderbyn
yn rhannu. O ochr Duw yn Iesu Grist, mae hyn wedi digwydd
yn barod, *'Canys felly y carodd Duw y byd, fel y rhoddodd,'* medd
Ioan. Duw yn ei Fab yn rhoi ei gariad, a ninnau yn derbyn ac yn
rhannu. Mae'n bwysig cofio nad cyfle i dderbyn yn hunanol yw'r

Cymun, ond cyfle i rannu i'n gilydd mewn ysbryd cariad. Mae 'na wedd ymarferol iawn i'r bywyd Cristnogol, ac mae'r wedd honno yn cael ei hamlygu wrth inni rannu'r bara, a rhannu'r gwin o'r cwpan ymhlith ein gilydd. Un peth arall. Dyw'r weithred o rannu mewn ysbryd cariad ddim yn darfod wrth Fwrdd y Cymun. Mae'r oedfa hon yn dod i ben, ond fe fydd yr alwad arnom i rannu yn parhau. Caiff yr emynydd y gair olaf:

> *Fy ngorchwyl yn y byd*
> *yw gogoneddu Duw*
> *a gwylio dros fy enaid drud*
> *yn ddiwyd tra bwyf byw.*
> Amen.

Emyn 673: *Fy ngorchwyl yn y byd*

Y Fendith:
Ar ddiwedd yr oedfa hon, ein Tad, cymer ni yn dy law, a bugeilia ni â'th gariad yn Iesu Grist. Ac i ti'r unig wir a'r bywiol Dduw, ac i'th Fab ein Gwaredwr Iesu Grist, ac i'r Ysbryd Glân y byddo'r clod a'r gogoniant, yn awr a hyd byth. Amen.

Y CYMUNDEB

Gweddi agoriadol:
Ein Tad nefol a sanctaidd, ar y dydd arbennig hwn sy'n dod i'n rhan bob wythnos, cynorthwya ni i ddiolch am dy gariad anfeidrol tuag atom, ac i ddyrchafu enw dy Fab, ein Harglwydd Iesu Grist. Yn dy drugaredd, tywys ni dan arweiniad yr Ysbryd Glân, fel y byddom yn dy addoli mewn prydferthwch sancteiddrwydd. Gofynnwn hyn yn enw Iesu Grist. Amen.

Emyn 294: *Iesu, difyrrwch f'enaid drud*

Darlleniad: Luc 22: 14–23

Cyd-weddïo Gweddi'r Arglwydd.

Llefarydd:
Yn ein gwasanaethau ar y Sul, rydym yn darllen ac yn gwrando rhannau o'r Beibl yn gyson, ac yna yn cyflwyno'r neges ar ffurf pregeth. Dyma'r traddodiad rydym yn perthyn iddo, a dyma pam fod y pulpud yn cael y lle canolog yn ein capeli. Rydym yn credu'n gryf yng ngweinidogaeth y Gair – y Gair sy'n cyrraedd y glust, yn treiddio i'r deall, ac yn gweddnewid y galon. Ond mae'r fath beth hefyd â gweinidogaeth sy'n tynnu sylw'r llygad, ac mae hyn yn arbennig o wir wrth inni gyfranogi o Sacrament Swper yr Arglwydd.

Os felly, beth welwn ni yn y sacrament hwn? Beth sy'n weladwy i'r llygad? I ddechrau, mae 'na fwrdd â lliain gwyn arno, a hefyd llestri'r Cymundeb. Ar y platiau mae 'na fara wedi ei dorri, ac yn y cwpanau bach gwydr mae 'na win coch wedi ei dywallt. Mae i'r holl bethau hyn eu harwyddocâd a'u hystyr.

Llefarydd:
Yn gyntaf, y bwrdd. Bwrdd hirsgwar gan amlaf. Un bwrdd sylwn. Ers talwm, mewn ambell ffarm a phlas, roedd dau fwrdd – bwrdd y teulu a bwrdd y gweision. Byddai bwrdd plaen y gweision wedi ei osod yn y gegin gefn a bwrdd moethus y teulu wedi ei osod yn ystafell orau'r tŷ. Mae'n siŵr eich bod yn cofio'r cyfresi fel *Upstairs, Downstairs* a *Downton Abbey.* Ynddynt ceid dau fwrdd, a dau ddosbarth pendant, sef y boneddigion a'r gweision.

Ar aelwyd yr Eglwys hon, un bwrdd sydd ac un teulu. Dengys hyn nad oes *'ni a nhw'* oddi mewn i Eglwys yr Arglwydd Iesu Grist. Y mae pawb ar yr un gwastad ac yn frodyr a chwiorydd i'w gilydd yng Nghrist. Dyma oedd neges Iesu Grist i'w ddisgyblion: *'Yr ydych chwi'n gyfeillion i mi. Nid wyf mwyach yn eich galw yn weision, oherwydd nid yw'r gwas yn gwybod beth y mae ei feistr yn ei wneud. Yr wyf wedi eich galw yn gyfeillion, oherwydd yr wyf wedi gwneud yn hysbys i chwi bob peth a glywais gan fy Nhad.'*

Felly, un bwrdd sydd, a hwnnw'n fwrdd y teulu cyfan. Wrth y bwrdd hwn, nid oes neb ohonom yn feistr ar y llall. Rydym yn frodyr a chwiorydd i'n gilydd, a Christ ei hun yn Arglwydd ac yn Gyfaill sy'n ein harddel ni, ac yn rhannu â ni gyfrinachau dyfnaf ei galon. Onid hyn yn wir yw'r rhyfeddod mawr – fod Iesu yn ffrind i ni?

Un a gefais imi'n gyfaill,
pwy fel efe!

Emyn 368: *Un a gefais imi'n gyfaill*

170

Gweddïwn:

Yng nghlyw ac yn ysbryd yr emyn y cawsom y fraint o'i ganu, cynorthwya ni i nesáu atat yn ostyngedig ac i gydnabod mai ti yn unig sy'n deilwng o'n haddoliad a'n ffyddlondeb. Gwyddom, ein Tad, nad ydym yn driw i ti fel ag y dylem fod, na chwaith yn driw i'n gilydd. Cydnabyddwn fod rhaniadau cwbl ddiangen oddi mewn i'th Eglwys – rhaniadau sy'n deillio o'n balchder a'n hamharodrwydd i gofleidio ein gilydd fel brodyr a chwiorydd yng Nghrist dy fab. O Dad, pâr inni weld o'r newydd fod pawb ohonom yn blant i ti, ac mai ar dy drugaredd a'th gariad yr ydym oll yn byw.

Yn y gwasanaeth hwn, cadw ni rhag anghofio anghenion dy blant ymhob man, a chynorthwya ni i wneud ein rhan yng ngwaith dy deyrnas.

Caru dynion a'u gwasnaethu,
  dyma'r ffordd i garu'r Iesu;
a chawn gyfran o'i lawenydd
  a'i ogoniant yn dragywydd. Amen.

Llefarydd:

Peth arall sy'n amlwg i'r llygad yn y sacrament hwn yw'r lliain gwyn. Wrth gwrs, nid drwy hap a damwain mae hyn yn digwydd ond am i ddwylo gofalus baratoi'r cyfan – golchi, smwddio, gosod yn gymen, ac yr ydym yn diolch i'r rhai sy'n gyfrifol am wneud y tasgau defosiynol yma heb ddisgwyl dim sylw na chlod.

Er hynny, nid oes tystiolaeth fod lliain gwyn ar y bwrdd yn yr oruwchystafell. Mae'n debyg mai ar fwrdd plaen heb liain y gweinyddodd Iesu Grist, ond wedi dweud hynny, mae i'r lliain gwyn ei arwyddocâd a'i neges i ni heddiw.

I ddechrau, mae gwyn yn help inni gofio fod y wledd hon yn sanctaidd, ac mae'n sanctaidd oherwydd ein bod ym mhresenoldeb yr Arglwydd Iesu Grist. Fel y dywedodd y Parchedig Gwyndaf Evans mewn pregeth rhyw dro, 'Y mae rhywbeth yn eisiau pan na fo ias parchedig ofn wrth orsedd gras.' Wel, wrth orsedd gras Bwrdd yr Arglwydd, dylem fod yn ymwybodol o'n diffyg teilyngdod ac o'n braint i gyfranogi o'r Cymundeb.

Mae gwyn hefyd yn help inni gofio buddugoliaeth ein Harglwydd Iesu Grist. Yn Llyfr y Datguddiad, fe geir yr adnod sy'n cysylltu'r lliw gwyn â buddugoliaeth Iesu Grist. 'Yr hwn sydd yn gorchfygu, hwnnw a wisgir mewn dillad gwynion.' Felly, y mae'r Cymundeb yn gyfle i gofio nid yn unig aberth ein Gwaredwr ar Galfaria ond hefyd i gofio ei fuddugoliaeth fawr ar bechod, angau a'r bedd, a'n bod ni gredinwyr yn cael cyfranogi o feddyginiaeth ei gariad!

Emyn 538: *Mor deilwng yw'r Oen*

Llefarydd:
Symudwn ymlaen at yr hyn sydd ar y lliain gwyn, sef ychydig o fara wedi ei dorri ac ychydig o win wedi ei dywallt. Y peth cynta' sy'n taro rhywun yw nad gwledd yn yr ystyr arferol i'r gair sydd yma. Ychydig o fara sydd yma, ac ychydig o win. Felly, mae'n amlwg nad diwallu'r corff yw diben y wledd hon. Na, gwledd yw hon i ddiwallu'r enaid, ac mae'r gair 'enaid' yn ein hatgoffa ar unwaith fod dyn yn fwy na chorff, a bod gennym anghenion ysbrydol na all ond Duw ei hun eu diwallu. Ie,

Holl angen dyn, tydi a'i gŵyr,
d'Efengyl a'i diwalla'n llwyr;
nid digon popeth hebot ti:
bara ein bywyd, cynnal ni.

172

Mae 'na draddodiad mewn ambell Eglwys i osod torth o fara ar fwrdd y Cymun er mwyn pwysleisio undod corff Crist ac undod y cymunwyr yng Nghrist. Ambell dro, mae'r gweinidog wrth gyhoeddi marwolaeth Crist yn cymryd y dorth ac yn ei rhwygo hi. Y mae'r weithred hon yn help inni ddirnad dyfnder dioddefaint ein Gwaredwr, ac i gofio (fel y dywedodd Eseia) mai *'trwy ei gleisiau Ef y cawsom ni iachâd.'*

Fel y bara sy'n cael ei rwygo, mae'r gwin sy'n cael ei dywallt hefyd yn help i amgyffred aberth Iesu Grist drosom ar y groes. Mae 'na rai eglwysi yn defnyddio gwin melys, ond yn draddodiadol, nid dyma'r math o win oedd yn cael ei arfer. Nid gwin melys ond gwin mwy siarp ei flas sy'n ein hatgoffa ni o chwerwder dioddefaint ein Gwaredwr. Y mae angen ein hatgoffa o hynny, onid oes? A'n hatgoffa o'r ffaith fod anian y bwystfil yn ein gwaed ni hefyd. Felly, dwyster edifeirwch sy'n weddus wrth fwrdd yr Arglwydd, a myfyrio dwfn. Mae mor hawdd bwyta'r bara ac yfed o'r cwpan yn ddifeddwl ac yn annheilwng. Mae gan y bardd Rhydwen Williams bennill sy'n ein hatgoffa ni o hyn, ac o'n hangen mawr am faddeuant:

Maddau am gymryd y dorth a'r cwpan
Fel pe bai'r sacrament yn barti,
Rho halen dy boen yn y bara
A blas y gwaed ar y gwin.

Llefarydd:
Ar ddechrau ein sylwadau, buom yn sôn am weinidogaeth y Gair sy'n cael ei ddarllen a'i bregethu o'r pulpud. Y mae hynny yn digwydd wrth fwrdd y Cymun hefyd. Nid torri'r bara yn unig wnaeth Iesu Grist, ond rhoddi diolch a dweud wrth ei ddisgyblion, *'Hwn yw fy nghorff sy'n cael ei roi er eich mwyn*

chwi.' Ac yna, dweud wrth estyn y cwpan, *'Y cwpan hwn yw'r cyfamod newydd yn fy ngwaed i. Gwnewch hyn er cof amdanaf.'* Mae cofio Iesu wrth fwrdd y Cymun yn pontio'r canrifoedd ac yn ein cysylltu â saint yr oesau. Dyma wnaeth y disgyblion yn y ganrif gyntaf a Dewi Sant yn y chweched ganrif a Christnogion i lawr ar hyd y canrifoedd. Ac mae'n dal i ddigwydd heddiw yn eglwysi ein gwlad – *'Gwnewch hyn er cof amdanaf.'*

Ond yn fwy pwysig na dim, mae'r Cymun yn ein cysylltu ni, nid yn unig â saint yr oesau, ond ag Iesu Grist ei hun. Cofio aberth ein Gwaredwr ar y groes yr ydym wrth y bwrdd hwn, ac ymateb i feddyginiaeth ei gariad. Gadewch inni gredu hyn â'n holl galon, a nesáu ato mewn ysbryd ffydd fod gan Iesu Grist feddyginiaeth i bawb ohonom. Er mwyn ei enw. Amen.

Emyn 629: *Rho imi, nefol Dad*

Gweddi o flaen Bwrdd yr Arglwydd:
Diolch iti am y cynnal a'r cadw a fu arnom hyd y foment hon, ac am sicrwydd dy gariad rhyfeddol tuag atom yn Iesu Grist. Ac yn awr wrth dy fwrdd, helpa ni, ein Tad, i fyfyrio ar aberth Iesu Grist ac i amgyffred dirgelwch ei ddioddefiadau, fel y gwelwn mai

> trwy aberthu y mae Iesu yn teyrnasu,
> trwy ein caru y gorchfygodd ein gwaetha ni,
> trwy ddioddefaint ei gariad y rhoddodd i ni
> feddyginiaeth i'n heneidiau,
> a thrwy farw ar y groes yr estynnodd i ni
> fywyd tragwyddol.

Felly, cynorthwya ni wrth Fwrdd yr Arglwydd i nesáu atat heb geisio cuddio unrhyw fai. O Dad, trugarha wrthym, ac er mwyn dy Fab a'i angau drud maddau i ni ein pechodau, ac anadla ynom ysbryd iechyd a bywyd newydd yn Iesu Grist.

Diolchwn am feddyginiaeth dy gariad yn dy Fab – y cariad a gostiodd iddo aberth mawr hyd angau ar groes. O Dad, derbyn ein diolch, a derbyn ni er mwyn ein Gwaredwr Iesu Grist. Amen.

Y Cymundeb

Emyn 518: *Y Gŵr a fu gynt o dan hoelion*

Y Fendith:
O Dduw ein Tad, wrth inni adael dy fwrdd, arhosed dy gariad o'n mewn fel yr awn oddi yma gyda chysuron y ffydd yn ein clustiau, goleuni dy obaith yn ein llygaid, a thangnefedd dy ysbryd yn ein calon. Amen.

TAITH TRWY EXODUS

Gweddi agoriadol:
Mawr wyt ti, O! Arglwydd, a'th enw sanctaidd i'w foliannu'n wastad. Fe'n gelwaist i ymhyfrydu ynot ti. Fe'n lluniaist ni i ti dy hun, a diorffwys yw'n calonnau hyd nes y gorffwysom ynot ti. Yn dy drugaredd, derbyn ni yn awr yn enw dy Fab, ein Harglwydd Iesu Grist.

Emyn 14: *Addolwn Dduw, ein Harglwydd mawr*

Darlleniad: Exodus 1: 1–14

Gweddïwn:
(a) O Arglwydd Dduw, ein Jehofa a'r unig wir a'r bywiol Dduw, helpa ni i blygu dan arweiniad yr Ysbryd Glân ac yn enw ein Harglwydd Iesu Grist. Diolchwn iti am dy Air sanctaidd sy'n tystio i dy ymwneud grasol â phobl Israel oedd yn byw fel ninnau ar y ddaear hon. Yn ein myfyrdod heddiw, cynorthwya ni i ddysgu mwy am y genedl hon drwy lygaid a deall dy Fab Iesu Grist. Cofiwn, ein Tad, fod Iesu yn Iddew, ac iddo fawrhau diwylliant cyfoethog a chrefydd ei genedl. Hefyd, ein Tad, fe gofiwn mai'r Hen Destament oedd Beibl Iesu Grist, ac iddo wneud defnydd mawr ohono. Felly,

(b) Diolchwn iti, Ein Tad, am yr Ysgrythurau sanctaidd, ac am iti ddatguddio dy bwrpas mawr i ddynion drwy lefaru wrthym drwy enau haneswyr, proffwydi ac apostolion.

Diolchwn iti am roddi i ni gysur yn ein profedigaethau, arweiniad cadarn i'n bywydau, a gobaith dy gariad yn ein tywyllwch, a hyn i gyd drwy eiriau ac ymadroddion yr Ysgrythurau.

Diolchwn iti am bawb a lafuriodd i sicrhau'r Beibl yn yr iaith Gymraeg, ac am bob ysgolhaig ac athro a ymgysegrodd eu dysg i'n helpu i ddeall dy Air sanctaidd.

Uwchlaw pob dim diolchwn am y Gair a wnaethpwyd yn gnawd, ac a drigodd yn ein plith yn llawn gras a gwirionedd. O Dduw ein Tad, helpa ni drwy dy Air i glywed llais Iesu yn ein gwahodd i ymateb i feddyginiaeth ei gariad.

Dysg i ninnau, annwyl Iesu,
chwilio'r Gair amdanat ti;
drwy bob hanes, drwy bob adnod
dangos Di dy Hun i ni.

Diolchwn iti, ein Tad, am bawb sy'n cymryd dy Fab Iesu o ddifri' calon ac yn adlewyrchu hyn yn eu bywyd ac yn eu perthynas ag eraill. Maddau bob bai ac oerni calon tuag atat ti a thuag at ein gilydd, a thrwy nerth dy ras, dyfnha ein hymgysegriad i wneud dy waith. Er mwyn Iesu Grist. Amen.

Emyn 198: *Dyma Feibl annwyl Iesu*

Llefarydd:
Yn y bennod gyntaf a ddarllenwyd o Lyfr Exodus, cawsom grynodeb o hanes yr Israeliaid yng nghaethiwed yr Aifft, a chanlyniadau erchyll hynny yn hanes y bobl. Mae Exodus sy'n ail lyfr yr Hen Destament wedi ei rannu i ddeugain pennod, ac y mae'n wahanol i Lyfr Genesis. Nodwedd Llyfr Genesis yw sôn am unigolion a theuluoedd – Adda ac Efa, Cain ac Abel, Noa

a'i deulu, Abraham ac Isaac, a Jacob a Joseff – tra mai llyfr yn adrodd hanes y genedl Iddewig yn ei chyfnod cynnar yw Exodus, o gyfnod trigo yng Ngwlad Gosen hyd at adeiladu'r tabernacl yn yr anialwch. Yn Llyfr Exodus, rydym ar dir hanesyddol cadarnach nag yn llyfr Genesis. Wrth ddarllen Genesis, teimlwn ein bod yn camu'n ôl i'r cynfyd pell, ac i ddechreuadau'r greadigaeth, ac i hanes cynnar dyn, ond mae Llyfr Exodus yn ein tywys i gyfnod llawer diweddarach, sef rhwng 1200 a 1500 o flynyddoedd cyn geni Crist.

Yn wahanol i Lyfr Genesis, nid hanes teuluoedd fel y cyfryw sydd yn Llyfr Exodus, ond hanes cenedl. Ar y dechrau, nid oedd y genedl hon ond megis nifer bychan o dylwythau yng nghaethiwed yr Aifft, ond erbyn cyrraedd Canaan, roedd yn dechrau ymwybod ei bod yn genedl, a bod ganddi Dduw cwbl arbennig. O Lyfr Exodus ymlaen, yr hyn a gawn yn yr Hen Destament yw hanes perthynas Duw â chenedl Israel, a pherthynas y genedl hefyd â'r cenhedloedd o'i hamgylch. Gellir dosbarthu Llyfr Exodus i dair rhan, sef:
Yn gyntaf. Hanes y genedl yng nghaethiwed yr Aifft.
Yn ail. Hanes y genedl yn cael ei gwaredu o law'r Eifftiaid.
Yn drydydd. Hanes y genedl ar ei thaith faith o gaethiwed yr Aifft i wlad Canaan.
Yn ystod y daith hirfaith hon, derbyniodd y bobl y Deg Gorchymyn oddi wrth Dduw trwy law ei was Moses. Duw yw testun canolog yr hanes hwn – Duw trwy'r arweinydd Moses yn gwaredu ac yn arwain y genedl i 'wlad yr addewid'.

Llefarydd:
Heddiw, rhagflas o Lyfr Exodus yn unig a gawn. Fe ddechreuwn gyda hanes tylwythau Israel yn Gosen, rhan o wlad yr Aifft, yn nhiriogaeth yr Afon Neil. Gyda'r blynyddoedd, cynyddodd teulu

Joseff yn fawr, a daeth brenin newydd i deyrnasu yn yr Aifft, medd Llyfr Exodus, *'nad oedd yn gwybod am Joseff'* na chwaith am gymwynasau Joseff a'r safle breintiedig a roddwyd iddo ef a'i bobl yn Gosen. Fe aeth y cyfan yn angof, ac nid oedd gan y brenin newydd barch o gwbl tuag at yr Israeliaid. Yn hytrach, gwelai'r cynnydd yn eu rhifedi fel bygythiad i sefydlogrwydd ei wlad. Yn wir, ofnai y byddent ryw ddydd yn ddigon cryf i achosi gwrthryfel yn ei erbyn, a phenderfynodd eu gorfodi, fel y dywedir ym mhennod agoriadol Llyfr Exodus, i *'weithio dan ormes, a gwnaeth yr Eifftiaid eu bywyd yn chwerw trwy eu gosod i lafurio'n galed â chlai a phriddfeini, a gwneud pob math o waith yn y meysydd. Yr oedd y cwbl yn cael ei wneud dan ormes.'*

Yna, cymerodd Pharo gamau mwy llym eto. Sylweddolodd nad oedd caethiwo'r Israeliaid a'u beichio â gwaith caled yn eu rhwystro rhag cynyddu, a gorchymynnodd ladd pob bachgen bach o blith yr Israeliaid. Adnod 22, *'Yna rhoddodd Pharo orchymyn i'r holl bobl a dweud, "Taflwch i'r Neil bob mab a enir i'r Hebreaid, ond gadewch i bob merch gael byw."'*

Yn y fan hyn, gwelwn gyfatebiaeth rhwng gorchymyn y brenin Pharo yn yr Aifft a gorchymyn y brenin Herod yn Israel pan anwyd y baban Iesu ym Methlehem Jwdea. Dyma gofnod Mathew o'r hanes, *'Yna, pan ddeallodd Herod iddo gael ei dwyllo gan y seryddion, aeth yn gynddeiriog, a rhoddodd orchymyn i ladd pob bachgen ym Methlehem a'r holl gyffiniau oedd yn ddwyflwydd oed neu lai.'* Mor debyg yw dulliau trais y ddau ddigwyddiad er mwyn ceisio rhwystro gwaith gwaredigol Duw.

Llefarydd:
Beth am gymhwyso? Gwelai brenin yr Aifft gynnydd yn rhifedi'r Israeliaid fel bygythiad i sefydlogrwydd ei wlad. Mewnfudwyr

oeddynt ac ofnai eu dylanwad ar ei bobl ei hun, sef yr Eifftiaid. A ydym ni heddiw yn gorfod wynebu'r un broblem yng Nghymru? Sut y dylem ymddwyn tuag at estroniaid, a sut y dylent hwythau ymddwyn tuag atom ni?

Fel yn hanes cynnar yr Iddewon dan lywodraeth Pharo yn yr Aifft, mae trais a lladd yn digwydd yn y modd mwyaf dieflig yn hanes cenhedloedd ein byd heddiw. Nid oes unman bellach yn ddiogel, fel y gwelir yn gyson ar y newyddion. Yn wyneb hyn, beth fydd hanes ein byd yng ngweddill y ganrif newydd hon, ac ym mha fodd y gallwn fel Cristnogion gadw rhag anobeithio?

Y mae nifer o'n hemynau yn rhoi mynegiant o'n dyhead am gymdeithas fwy gwâr a byd gwell i fyw ynddo. A fyddech chi yn dymuno cael mwy o emynau yn ymwneud â phroblemau ein hoes yn *Caneuon Ffydd*? Dywed yr Athro Dr Gwilym H. Jones yn ei ysgrif, 'Y genedl yn yr Hen Destament', *'Carreg sylfaen ffydd yr Hen Destament yw bod Duw wedi ei ddatguddio'i hun trwy ddod i berthynas arbennig â chenedl Israel.'* Beth yw lle'r genedl Gymreig yng nghynlluniau Duw? Ym mha fodd yr ydym i ddeall cyfeiriadau Beiblaidd at bobl Israel fel *'y genedl etholedig'* a *'Gwnaf di yn genedl fawr a bendithiaf di; mawrygaf dy enw a byddi'n fendith'?* Yn yr un modd, pwysleisiodd Iesu wedi iddo ddewis deuddeg o ddynion i fod yn ddisgyblion, *'Nid chwi a'm dewisodd i, ond myfi a'ch dewisodd chwi.'* Mae'r gair *'dewis'* ac yn arbennig y gair *'ethol'* ac *'etholedigaeth'* i'w gael tua chant o weithiau yn y Beibl. Ym mha fodd y dylem fel Cristnogion ddeall ac esbonio'r ymadrodd hwn?

Emyn 809: *Dragwyddol, hollalluog Iôr*

Llefarydd:
Symudwn ymlaen at hanes Moses yn cael ei eni a'i guddio yn yr hesg. Cyn hyn, ceisiodd y brenin Pharo gael cydsyniad y bydwragedd i ladd bechgyn bach yr Hebreaid ar adeg eu geni. Methiant, fodd bynnag, oedd ei ymdrech, ac fe roddodd orchymyn i foddi *'pob mab a enir i'r Hebreaid'*. Dyma yw cefndir yr ail bennod sy'n cyflwyno teulu Moses. Cuddiodd Jochebed ei baban yn yr hesg ar lan yr afon Neil, ond fe arbedwyd Moses mewn modd rhyfeddol iawn, fel y clywn yn ein darlleniad nesaf.

Darlleniad: Exodus 2: 1–10

Gweddïwn:
O Dduw ein Tad, clyw ein cri ar ran babanod a phlant bychain ein byd heddiw. Diolchwn am bob gofal ohonynt a chariad rhieni a theulu tuag atynt, a phan fo angen, pob gofal proffesiynol nyrsys a meddygon ac arbenigwyr sydd wedi darganfod meddyginiaethau i oresgyn llawer o afiechydon. O Dad, derbyn ein diolch.

Cofiwn, ein Tad, am y miliynau o blant bychain sy'n marw oherwydd afiechydon a thlodi a newyn. Cadw ni rhag cau ein llygaid i sefyllfaoedd o'r fath, a phâr inni gefnogi pob ymdrech a wneir heddiw i orchfygu pob haint sy'n bygwth bywydau. O Dad, clyw ein cri.

Gweddïwn ar i lywodraethau ein byd neilltuo mwy o adnoddau i wella'r byd o'i ddoluriau yn hytrach na defnyddio adnoddau dy greadigaeth i ddibenion trais a lladd.

Yn erbyn pob gormeswr cryf
O cymer blaid y gwan;
darostwng ben y balch i lawr
a chod y tlawd i'r lan. Amen.

Llefarydd:

Rydym yn gadael hanes genedigaeth Moses, a'r modd yr arbedwyd ef rhag cael ei ladd, a symud ymlaen i'r cyfnod pan oedd Moses yn ddyn ifanc wedi cael ei fagu ar aelwyd y brenin, a chael addysg dda a holl fanteision y teulu brenhinol. Daw'r cyfnod hwn i ben gyda hanes tywyll iawn am Moses, fel y clywn yn ein darlleniad nesaf.

Darlleniad: Exodus 2: 11–15

Llefarydd:

Erbyn hyn, roedd Moses yn ôl adnod 11 wedi *'tyfu i fyny'*, ac wedi ei *'hyfforddi yn holl ddoethineb yr Eifftiaid'*. Er hynny, nid anghofiodd Moses ei dras. Hebrëwr ydoedd o hyd, ac er iddo gael ei fagu ar aelwyd foethus y brenin Eifftaidd, ni wadodd ei wreiddiau Hebreig, a daeth hynny i'r amlwg pan darodd Moses Eifftiwr yn farw am iddo gam-drin un o'i gyd-genedl ar gam. Yn naturiol, roedd i'r weithred o ladd Eifftiwr ei chanlyniadau. Trwy ei fyrbwylltra trodd Moses yn llofrudd. Collodd barch ei bobl a hefyd ei freintiau a'i hawliau fel aelod o'r teulu brenhinol. Dyma gyfnod tywyll iawn yn hanes Moses. Gwyddai unwaith y cyrhaeddai'r stori glustiau'r brenin Pharo y byddai ei fywyd mewn perygl, ac yn ei ofn, fe ffodd ar unwaith i Midian am loches.

Llefarydd:

Deuwn â'n myfyrdod i ben gyda sylwadau i'n helpu i gymhwyso ar gyfer heddiw. Mae cyfnodau tywyll a siomedig yn hanes pob un ohonom. Yn wyneb hyn, beth allwn ei wneud? A oes modd inni ddysgu oddi wrth ein methiannau? Nid yw hynny yn hawdd fel y gwelwn yn hanes Adda ac Efa. Ar ôl pechu yn erbyn Duw, cuddio wnaeth y ddau yng ngardd Eden. Gwnaeth Moses rywbeth yn debyg, fe ffodd i Midian gan obeithio cael llonydd. *'O Dduw, gad im' fod'* chwedl Dafydd Iwan. Ond a oes llonydd i'w gael? Mae'r Ysbryd Glân yn diddanu'r cythryblus, ond yn aflonyddu'r cysurus ei fyd. A oes arwyddion o hyn yn ein heglwysi? A ydym am i Dduw ein hysgwyd a'n cynhyrfu i fywyd newydd? Ai un o nodweddion diwygiad yw bod Duw yn gweithio'n rymus yng nghalonnau ac ym mywydau pobl? Yn ei lyfr, dywed y Parchedig T. Glyn Thomas, *'Roedd Moses yn un o wŷr mawr y byd, yn ŵr Duw, ac yn arweinydd cenedl.'* Fel Cymry, rydym ninnau hefyd wedi ein bendithio gan Dduw ag arweinwyr a diwygwyr sydd wedi gweddnewid hanes ein cenedl. Pwy fyddai eich dewis chi?

Ar yr wyneb, mae yna debygrwydd rhwng Iesu a Moses. Bu'r ddau yn gysylltiedig â'r Aifft. Bu Moses ym Midian a Iesu yn yr anialwch cyn dechrau eu gweinidogaeth. Danfonwyd y ddau hefyd gan Dduw i arwain pobl allan o gaethiwed. Yr oedd gan y ddau eu gwlad yr addewid fel nod – Canaan, y wlad yn llifeirio o laeth a mêl, i Moses a theyrnas Dduw, yn llifeirio o ddoniau ysbrydol a thangnefedd, i Iesu. Ond fel y gwelwn yn y Llythyr at yr Hebreaid, nid yw'r awdur yn pwyso ar y gyffelybiaeth ond yn hytrach yn cyhoeddi fod Iesu yn Fab Duw, ac iddo uniaethu ei hun â'r ddynoliaeth gyfan a rhoi ei hun yn Waredwr ar groes Calfaria. Pob diolch i Dduw am broffwydi'r Hen Destament a wnaeth gyfraniad mawr yn eu dydd, ond rhown y clod uchaf i Iesu sydd goruwch pob enw. Down â'n neges i ben gyda'r emyn:

Dyrchafer enw Iesu cu
  gan seintiau is y nen,
a holl aneirif luoedd nef,
  coronwch ef yn ben. Amen.

Emyn 235: *Dyrchafer enw Iesu cu*

Y Fendith:
A bydded i Dduw'r tangnefedd ei hun ein sancteiddio ni yn gyfan gwbl, a chadw ein hysbryd a'n henaid a'n corff yn gwbl iach a difai hyd ddyfodiad ein Harglwydd Iesu Grist. Amen.

OEN DUW

Adnodau agoriadol:
'O Arglwydd fy Nuw, ynot ti y llochesaf; gwared fi rhag fy holl erlidwyr, ac arbed fi, rhag iddynt fy llarpio fel llew, a'm darnio heb neb i'n gwaredu.'

'Dyma Oen Duw, sy'n cymryd ymaith bechod y byd.'

Gweddïwn:
Oen Duw, trugarha wrthym yn ein hangen mawr, a rho inni dy dangnefedd a boddhad enaid i dy addoli mewn ysbryd a gwirionedd. Tywys ni i borfeydd gwelltog dy Air fel y cawn nerth newydd i'th wasanaethu yn yr oedfa hon ac yn ein byw bob dydd. Amen.

Emyn 12: *Ymgrymwn oll ynghyd i lawr*

Darlleniadau: Eseia 11: 1–10
                      Ioan 1: 29–34

Emyn 765: *Dof fel yr wyf, does gennyf fi*

Gweddïwn:
(a) Ein Tad, diolchwn am wybodaeth dy Air amdanat ym mherson dy Fab Iesu Grist. Hebddo ef, byddem yn anwybodus iawn o natur dy drugaredd a'th gariad tuag atom, ac ar ddisberod yn ein hanghrediniaeth a'n tlodi ysbrydol. Diolchwn iti am wybodaeth amdanat yn yr Hen Destament drwy'r proffwydi ac am gyfraniad cyfoethog Pedr ac Ioan a Paul yn eu llythyrau i eglwysi eu hoes, a hynny yn wyneb erledigaethau chwerw a

merthyrdod. Dyro i ninnau hefyd wydnwch cariad i ddal ati heb ddigalonni, ac ysbryd parod i wneud yr hyn a allwn er mwyn yr Oen fu farw drosom ar y pren.

Er mwyn y gair, er mwyn yr Oen,
er mwyn ei boen a'i gariad,
gwna ni'n ddisyflyd dros y gwir,
a gwna ni'n bur ein rhodiad.

(b) Diolchwn, ein Tad, fod gwaith cariad Iesu Grist yn parhau yn ein plith – yn yr Eglwys hon ac yn y gymdeithas o'n hamgylch. Cydnabyddwn yn ddiolchgar mai ti yw ffynhonnell pob daioni a phob rhinwedd sy'n dyrchafu popeth sy'n werthfawr yn ein cymdeithas. Diolchwn am ysgolion ein gwlad ac ymroddiad athrawon i ddysgu ein plant a'n pobl ifanc. Diolchwn am golegau sy'n hyfforddi ieuenctid i sicrhau gwaith a bywoliaeth i'w cynnal eu hunain a'u teuluoedd. Diolchwn am ysbytai ein gwlad a'r gwaith ardderchog a wneir gan nyrsys a meddygon ac eraill i leddfu poen ac adfer iechyd. Diolchwn fod y dyhead hwn yn dal yn amlwg ymhlith meddygon a nyrsys. Trwy nerth dy ras, dyro iddynt amynedd a chalonnau parod i ddal ati yn wyneb anawsterau. A phâr i ni sy'n mwynhau bendithion iechyd gofio a gwerthfawrogi pob gofal a gawsom mewn cyfnodau o salwch a gwendid corfforol.

(c) Dymunwn, ein Tad, dy fendith ar ein cyd-aelodau sy'n glaf ac yn anabl i fwynhau oedfaon dy Eglwys. Clyw ein gweddïau drostynt, ac ateb ni. Gweddïwn, ein Tad, dros ein cyfeillion sydd wedi colli archwaeth tuag at neges dy Air a ddim yn dyheu bellach am ddod i gymdeithas dy Eglwys ar y Sul. Cadw ni rhag eu beirniadu yn annheg a rhoi'r argraff ein bod yn well dilynwyr i'th Fab, Iesu Grist. O Dad, argyhoedda bawb ohonom o'n hangen mawr, ac arwain ni i wrando o'r newydd ar neges dy Air, ac i ymateb i feddyginiaeth dy gariad tuag atom yn Iesu Grist. Amen.

Emyn 746: *Dilynaf fy Mugail drwy f'oes*

Llefarydd:
I mewn fel llew ac allan fel oen, ynteu fel arall y bydd mis Mawrth eleni? Dyma yn draddodiadol fis yr eithafion sy'n pontio rhwng oerfel y mis bach a chawodydd tyner Ebrill. Prun ai'r llew neu'r oen yn y tywydd fydd wedi cael y llaw uchaf erbyn diwedd y mis tybed?

Y mae llew ac oen yn ddarluniau pwysig am Iesu Grist yn y Beibl, lle cyfeirir ato fel 'Llew Jwda' ac 'Oen Duw'. Yn wir, yn ôl ei lyfr *The Names of Jesus* mae Vincent Taylor yn dweud mai dau ddarlun o blith dros ddeugain o enwau yw'r rhain, a thrwyddynt gallwn ddysgu beth a feddyliai canlynwyr cyntaf Iesu Grist amdano. Fe arhoswn yn arbennig heddiw hefo'r darlun o Iesu fel Oen Duw. Pan ddechreuodd Iesu ar ei weinidogaeth gyhoeddus, fe'i cyfarchwyd gan Ioan Fedyddiwr gyda'r geiriau cofiadwy, '*Dyma Oen Duw, sy'n cymryd ymaith bechod y byd!*'

Er bod nifer o bobl Cymru o hyd a'u gwreiddiau yn y tir, nid yw llawer bellach mor gyfarwydd â delweddau amaethyddol, yn arbennig delweddau o gefndir amaethyddol cynefig o gyfnod Iesu Grist. Er hynny, fe gafodd rhai ohonom ein magu yng nghefn gwlad, a threulio nifer o flynyddoedd yn bugeilio'r defaid. Yn y gwanwyn, mwynhawn weld yr ŵyn bach yn prancio, yn chwarae ac yn rhedeg ras. Yn aml iawn, byddai hynny yn digwydd ar ddiwedd dydd – tua dwsin ohonynt yn rhedeg nerth eu traed o un pen y cae i'r llall. Roedd hon yn olygfa hyfryd iawn, ond cofia rhai ohonom hefyd y byddai'r ŵyn, ymhen ychydig wythnosau, yn cael eu casglu a'u cario i'r farchnad, ac yna i'r lladd-dy.

Llefarydd:
Onid dyma fu hanes Iesu Grist hefyd? Daeth i'n byd mewn diniweidrwydd yn faban bach i deulu cyffredin. Tyfodd yn ŵr ifanc cyfrifol, a threuliodd ei flynyddoedd cynnar yn gofalu am y teulu yn Nasareth. Yna, casglodd ddwsin o wŷr ifanc o'i gwmpas i'w dysgu am deyrnas nefoedd, a galw ar y bobl i edifarhau am eu pechodau, ac i rodio ffordd cyfiawnder a chariad a thangnefedd. Cyflawnodd weinidogaeth arbennig ac unigryw, ond beth ddigwyddodd? Do, cafodd ei wrthod a'i wawdio a'i gasáu, ac yna ei groeshoelio rhwng dau leidr, neu fel y proffwydodd Eseia, *'Fe'i gorthrymwyd a'i ddarostwng, ond nid agorai ei enau; arweiniwyd ef fel oen i'r lladdfa.'*

Cyfeiriodd Ioan Fedyddiwr at Iesu fel *'Oen Duw sy'n cymryd ymaith bechod y byd'*. Arferai llawer ffarmwr rhwng y cynhaeaf gwair a'r cynhaeaf ŷd dreulio wythnos yn torri ysgall a danadl poethion a dail tafol. Gwaith araf a digon diflas ydoedd, a'r adeg hynny defnyddid nid peiriant hwylus ond pladur. Edrychai'r caeau yn llawer gwell ar ôl cyflawni'r gorchwyl hwn, ond gwyddem mai clirio arwynebol a thros dro oedd hynny, gan y byddai tyfiant newydd o chwyn yn ymddangos yn fuan iawn. A gwyddem hefyd mai'r unig ffordd i gael gwared â'r ysgall a'r danadl poethion yn llwyr oedd tynnu eu gwreiddiau o'r ddaear a'u llosgi.

Llefarydd:
Onid yr un yw'r feddyginiaeth i ninnau hefyd? Y mae chwyn

pechod yn gallu gwreiddio yn ddwfn iawn yn y galon ddynol, ac fel yr ysgall a'r danadl poethion, mae'n rhaid gwneud mwy na thorri eu pennau i ffwrdd. Mae'n rhaid eu dadwreiddio, a'r Un sy'n abl i wneud hynny yw Crist, Oen Duw – yr un *'sy'n tynnu ymaith bechod y byd.'* Pechod y byd? Ni olyga hyn bechod pobl eraill yn unig ond pechod pawb ohonom. Os trown at y proffwyd Eseia ym mhennod 53, cawn ein hatgoffa fod â wnelo dioddefaint Crist, Oen Duw â'n pechod ni heddiw. Yn wir, y mae darlun Eseia o'r Oen yn dioddef gwarth a dioddefaint yn ein gorfodi i sylweddoli ac i gydnabod ein rhan yn y gwrthod mileinig hwnnw a ddigwyddodd ar Galfaria. Gwrandewch ar yr adnod. *'Fe'i gorthrymwyd a'i ddarostwng, ond nid agorai ei enau; arweiniwyd ef fel oen i'r lladdfa, ac fel y bydd dafad yn ddistaw yn llaw'r cneifiwr, felly nid agorai yntau ei enau.'* I ni sy'n credu'r Efengyl, mae darlun Eseia o'r Oen yn cael ei arwain i'r lladdfa i'w briodoli i'n Gwaredwr Iesu Grist. Ni allwn byth amgyffred dyfnder a gwarth ei ddioddefaint, ond fe allwn syrthio mewn edifeirwch am ein rhan yn y gwrthod mawr, ac ymateb i feddyginiaeth cariad Duw yn Iesu. Gorffennwn gydag emyn sy'n mynegi hyn gyda llawenydd mawr!

'Does destun gwiw i'm cân
ond cariad f'Arglwydd glân
a'i farwol glwy';
griddfannau Calfarî
ac angau Iesu cu
yw 'nghân a'm bywyd i:
Hosanna mwy!

Emyn 535: *'Does destun gwiw i'm cân*

Y Fendith:

Gollwng ni, ein Tad, dan dy fendith, a chyda'r ymwybyddiaeth fod dy Fab, Oen Duw a gymerodd ein pechodau ni yn ei gorff ei hun ar y croesbren, yn deilwng i dderbyn pob mawl ac anrhydedd, pob doethineb a mawredd, a phob gallu a gogoniant, yr awr hon, a hyd byth. Amen.

GWEDDÏAU IESU

Gweddi agoriadol:
Ein Tad nefol, cwyd ein golygon oddi wrthym ni ein hunain i edrych ar ogoniant dy gariad yn Iesu Grist. Cynorthwya hefyd bawb ohonom sy'n cymryd rhan. O Dad, os gweli'n dda, derbyn ni yn ein gwendid ac aros gyda ni yn y canol. Er mwyn ein Harglwydd Iesu Grist. Amen.

Emyn 107: *Gogoniant tragwyddol i'th enw, fy Nuw*

Cyd-weddïo Gweddi'r Arglwydd.

Llefarydd:
Ychydig o weddïau yr Arglwydd Iesu Grist sy' gyda ni yn y Testament Newydd, ond mae gyda ni ddwy weddi wironeddol fawr o'i eiddo. Y weddi fwyaf cyfarwydd yw 'Gweddi'r Arglwydd' a ddysgodd i'w ddisgyblion, a'r weddi arall yw'r un a offrymwyd gan Iesu Grist ychydig oriau cyn ei farwolaeth ar Groes Calfaria. Gadewch inni wrando ar ei chynnwys. Daw dau ohonoch ymlaen i ddarllen.

Darlleniad: Efengyl Ioan 17: 1–19
Efengyl Ioan 17: 20–26

Llefarydd:
Mae darllen a gwrando gweddi Iesu Grist a offrymwyd ychydig amser cyn ei groeshoelio yn gwneud inni deimlo ein bod yn cerdded llwybr cysegredig iawn – llwybr lle mae'n bosibl inni glywed a theimlo curiadau calon gweddïwr mwyaf yr oesau. Ar un ystyr, mae cofnodi gweddi rhywun arall yn weithred feiddgar

iawn – yn arbennig gweddi'r Arglwydd Iesu Grist – ond beth bynnag am hynny, fe allwn fod yn sicr i Ioan, wrth gofnodi'r weddi hon, ddiogelu rhai o'r gwirioneddau mwyaf cysegredig a lefarodd Iesu Grist erioed. Y mae gwirioneddau mawr yn y weddi hon, a'n braint heddiw yw cael cerdded i mewn i'r cysegr sancteiddiolaf, fel petai, ac i mewn i feddwl a chalon yr Arglwydd Iesu Grist ei hun. Gellir rhannu'r weddi hon yn hwylus yn dair rhan. Yn y rhan gyntaf (adnodau 1–5) mae Iesu Grist yn myfyrio'n weddigar ar ei berthynas â'i Dad Nefol. Yn yr ail ran (adnodau 6–19) mae'n myfyrio ar ei berthynas â'i ddisgyblion ac yn gweddïo drostyn nhw. Ac yn y drydedd ran (adnodau 20–26) mae'n dod â'r byd i mewn i'w weddi, cyn cloi drwy weddïo am undod gwirioneddol â'i Dad Nefol, ac â'i ddisgyblion – *'Myfi ynddynt hwy, a thydi ynof fi.'*

Llefarydd:
Fe arhoswn heddiw gydag ail ran y weddi, lle mae'r Arglwydd Iesu'n gweddïo dros ei ddisgyblion, ac mae'r nawfed adnod sy'n destun ein myfyrdod yn fynegiant clir o hynny, *'Drostynt hwy yr wyf fi'n gweddïo. Nid dros y byd yr wyf yn gweddïo, ond dros y rhai a roddaist imi, oherwydd eiddot Ti ydynt.'*

Fe ddechreuwn gyda'r cymal, *'Nid dros y byd yr wyf yn gweddïo.'* Efallai y synnwn braidd o glywed nad yw Iesu Grist yn gweddïo dros y byd ond yn pwysleisio yma fod ei weddi dros ei ddisgyblion yn arbennig. Ond deallwn yn well wrth iddo egluro mai *'er mwyn i'r byd gredu mai Tydi a'm hanfonodd i.'* Hynny yw, er mwyn iddynt fod yn dystion cywir ac effeithiol i'r gwirionedd.

Mae hyn yn dangos mai trwy ei ddisgyblion a thrwy ei Eglwys y mae Iesu yn argyhoeddi'r byd. Felly, nid cymdeithas ydym fel eglwys yn bodoli er ein mwyn ni ein hunain, ond er mwyn cyflawni gwaith Duw yn y byd. Parodd hyn i'r Parchedig Tegla Davies ddweud mai gweddïo dros yr Eglwys wnaeth Iesu Grist, ond marw dros y byd. Onid dyma'r gwir? Yn lle cyflawnodd Iesu Grist ei aberth? Ai oddi mewn i'r Eglwys? Ai oddi mewn i'r Deml? Na, fe weithredodd ei gariad allan yn y byd mawr ac yng nghanol tyrfa wallgo' o bobl a oedd yn gwbl elyniaethus i'w gariad, ac yn ysu am ei waed. Bu farw yn wrthodedig ac yn destun gwawd ar groes, a chyda'i freichiau wedi eu hestyn a'i ddwylo wedi eu hoelio ar y pren. I ni, ei ddilynwyr, y mae ei freichiau estynedig yn arwyddo ehangder ei gariad, a'i ddwylo clwyfedig yn tystio i'w ymlyniad diderfyn tuag atom.

Ble gwelir cariad fel
ei ryfedd gariad ef?
Ble bu cyffelyb iddo erioed?
Rhyfeddod nef y nef!

Emyn 518: *Y Gŵr a fu gynt o dan hoelion*

Gweddïwn:
(a) Diolchwn iti, ein Tad, am gael canu emyn sy'n ein tywys i neges ganolog y groes, ac yn ein helpu i amgyffred dyfnder ein tlodi ysbrydol, a mawredd dy gariad tuag atom yn Iesu Grist. Gwyddom nad yw ein rhoi ein hunain dan chwydd wydr dy gariad sanctaidd yn hawdd o bell ffordd, ond fe wyddom hefyd, ein Tad, fod hynny yn llesol inni. Credwn mai dy ddymuniad di yw ein gwella o bob anhwylder sydd yn ein poeni a phob pechod sydd ynom.

Felly, cynorthwya ni i nesáu atat fel ag yr ydym, a heb geisio cuddio unrhyw fai. O Dad, bydd drugarog wrthym, ac er mwyn dy Fab a'i angau drud maddau i ni ein pechodau i'th erbyn, ac anadla o'n mewn ysbryd iechyd a bywyd newydd yn Iesu Grist.

Dof fel yr wyf, 'does gennyf fi
ond dadlau rhin dy aberth di,
a'th fod yn galw: clyw fy nghri,
* 'rwy'n dod, Oen Duw, 'rwy'n dod.*

O Arglwydd Iesu, wrth ddod atat yn ein hangen mawr, goleua ein deall i amgyffred dirgelwch dy ddioddefiadau, fel y gwelwn mai

> trwy aberthu yr wyt yn teyrnasu,
> trwy garu yr wyt yn gorchfygu,
> trwy ddioddef yr wyt yn achub, a
> thrwy farw drosom yr estynnaist i ni faddeuant
> pechodau a thangnefedd enaid.

O Dad, derbyn ein diolch a'n clod. Amen.

(b) Yng nghlyw ac ysbryd dy gariad, gweddïwn dros ein teuluoedd a'n cyfeillion, a phawb sy'n methu cario beichiau bywyd. Fe wyddom ni am nifer, ein Tad, ond credwn fod beichiau pawb o'th blant yn wybyddus i ti. Erfyniwn arnat i wrando eu cri, a'n tywys ninnau i fod yn gyfryngau cysur a bendith yn dy law. Diolchwn, ein Tad, am bawb sy'n ymateb i'th alwad i'th wasanaethu, a gweddïwn gyda'r emynydd,

Arglwydd Iesu, llanw d'Eglwys
* â'th Lân Ysbryd di dy hun*
fel y gwasanaetho'r nefoedd
* drwy roi'i llaw i achub dyn.*

Gweddïwn ar iti ein hachub ninnau hefyd drwy'n deffro i'n cyfrifoldebau, a'n codi oddi ar ein gliniau yn gryfach ein ffydd

194

yn dy Fab Iesu Grist, ac yn barotach ein hysbryd i'w wasanaethu. Clyw bob gweddi ddistaw a offrymir o'r galon, a derbyn ninnau wedi maddau pob bai i'th erbyn oherwydd gofynnwn y cyfan yn enw ein Gwaredwr Iesu Grist. Amen.

Llefarydd:
Y mae cariad angerddol Duw tuag atom yn Iesu Grist yn dangos nad bendith a phrofiad bach clyd i'w gadw dan glo yn y galon yw'r bywyd newydd hwn. Y mae i'w roi a'i rannu yn llawen i bwy bynnag sy'n barod i wrando a'i dderbyn. Onid yw hyn yn wir am yr Eglwys Gristnogol? Mae'r Eglwys sy'n poeni mwy am ei bodolaeth na'i chenhadaeth yn sicr o ddirwyn i ben. Onid yw hyn yn rhybudd i ni heddiw? Bydded felly inni gael ein meddiannu â dyhead yr emynydd i weld y byd yn ymateb i gariad anfeidrol Duw yn Iesu Grist:

Doed gogledd, de a dwyrain pell
i glywed y newyddion gwell,
ac eled sŵn Efengyl gras
yn gylch oddeutu'r ddaear las.

Emyn 244: *O na foed ardal cyn bo hir*

Llefarydd:
Ond i ddod yn ôl at yr adnod sydd dan sylw, *'Drostynt hwy yr wyf fi'n gweddïo.'*

Mae'r adnod hon a'i thebyg sydd yn y weddi yn dangos nid yn unig fod cariad Iesu Grist yn eang ond hefyd yn ddwfn tuag at y rhai agosa' ato fo, sef ei ddisgyblion. Gwelwyd hyn yn ei berthynas â nhw yn ystod ei weinidogaeth. Treuliodd dair blynedd o'i fywyd yn llwyr gyda'i ddilynwyr yn mwynhau eu cwmni a'u hyfforddi yn egwyddorion teyrnas nefoedd. Dyma oedd dull gweinidogaeth Iesu Grist. Dylanwadodd yn drwm ar yr ychydig, a phlannu argyhoeddiadau'r Deyrnas yn ddwfn yn eu calonnau. Ie, *'Drostynt hwy yr wyf fi'n gweddïo.'*

Mae'n bwysig nodi hefyd i Iesu yn ei weddi eiriol dros ei ddisgyblion, pan oedd awr y groes yn agos ac yn pwyso'n drwm arno. Roedd y groes a fu'n gysgod o'i flaen ers amser yn prysur droi'n realaeth erchyll iddo. Cyn hyn, gwelodd hi'n dod o bell, ond bellach, roedd awr ei groes wedi dod. Dyma yw arwyddocâd y gair 'awr' yn ei weddi, *'O Dad, y mae'r awr wedi dod. Gogonedda dy Fab, er mwyn i'r Mab dy ogoneddu di.'* Gwyddai iddo ddod i'r byd i ogoneddu enw Duw, ac y byddai'r groes yn chwalu ei ddisgyblion gyda'u gobeithion i bob man. Pryderai Iesu amdanynt, a pharai ei bryder iddo weddïo drostynt. Yn wir, mae'n hawdd dychmygu iddo weddïo yn benodol dros bob un o'i ddisgyblion – iddo weddïo dros Bedr wyllt ei dymer a Thomas yr amheuwr, Mathew'r publican, Iago ac Ioan, meibion gwyllt y daran a hefyd Jwdas Iscariot. Ie, *'Drostynt hwy yr wyf fi'n gweddïo.'* Hynny yw, dros y rhai a adwaenai mor dda, ac a fu gydag ef drwy'r amser. Roedd yn eu nabod ac eu caru, ac yn gwybod am eu hanghenion mawr.

Ar adegau anodd bywyd, yr hunan a'n diogelwch ni sy'n dod gyntaf, ond yng ngolwg Iesu, nid ei ddiogelwch ei hunan a gafodd y flaenoriaeth ond diogelwch ei ddisgyblion. Gwyddai y byddai croes Calfaria yn golygu amser caled iddynt. Hyd hynny, roeddent yn ddiogel yn ei gwmni, fel mae'n dweud yn ei weddi, *'Pan oeddwn gyda hwy, yr oeddwn i'n eu cadw'n ddiogel trwy dy enw. Gwyliais drostynt, ac ni chollwyd yr un ohonynt, ar wahân i fab colledigaeth. Ond yn awr yr wyf yn dod atat ti.'* Y mae marwolaeth Iesu ar groes yn golygu na fydd gyda'i ddisgyblion yn yr ystyr arferol. Er hynny, pryderai amdanynt, ac â ymlaen i'w cyflwyno i'w Dad nefol, a dweud, *'Y mae'r byd wedi eu casáu hwy. Nid wyf yn gweddïo ar i Ti eu cymryd allan o'r byd, ond ar i Ti eu cadw'n ddiogel rhag yr Un drwg.'*

Llefarydd:
Mae Iesu Grist yn gweddïo dros ei ddisgyblion am nifer o resymau eraill hefyd. Ni wnawn ond eu crybwyll heddiw. Mae'n gweddïo ar iddynt gael eu bendithio â llawenydd cyflawn sy'n ddibynnol nid ar amgylchiadau allanol, ond ar y sicrwydd mewnol na fyddant byth yn amddifad o'i gariad angerddol tuag atynt.

Yn ei weddi, mae Iesu yn gweddïo hefyd am undod rhyngddo ef ei hun a'r disgyblion, a rhwng y disgyblion a'i gilydd. Dyma i chi bwnc pwysig! Undod Cristnogion â'i gilydd. Y mae'n dda dweud fod hyn yn cael ei wireddu oddi mewn i'r eglwys leol, ond gwaetha'r modd, y mae enwadaeth gul ein heglwysi yn dal i'n cadw draw oddi wrth ein gilydd.

O gwna yn awr yn un, ti Grist ein pen,
dy wasgaredig gorff heb rwyg na llen,
a difa mwy ein gwahaniaethau mân
drwy weinidogaeth glau yr Ysbryd Glân.

Gair i gloi. Y mae un o'n hemynwyr yn dweud fod gweddïau'r hen weddïwyr fel angylion yn y gwynt, ac â ymlaen i ofyn,

Pwy a ŵyr sawl bendith heddiw
ddaw i ni o'r dyddiau gynt?

Os gall gweddïau'r saint gynt fod yn fendith i ni heddiw, pa faint mwy yw bendith gweddïwr mwyaf yr oesau?! Do, fe wnaeth

eiriol dros euog fyd yn y gorffennol pell, ac y mae'n dal i eiriol
drosom heddiw yn y nef:

Eiriolwr yw tu hwnt i'r llen,
ac ar ei ben fo'r goron!

Mae dros ugain canrif bellach wedi mynd heibio ers Croes
Calfaria, ond er hynny, dyw amser ddim wedi gwareiddio dyn.
Y mae dialedd a chasineb a phechod yn rhan o'n natur ni o hyd,
ac mae cyflwr y byd heddiw yn dangos hyn yn glir iawn. Ond os
mai natur dyn yw pechu, natur Duw yn Iesu Grist yw trugarhau,
ac estyn meddyginiaeth ei gariad i bwy bynnag sy'n credu yn
ei enw. Mae mor hawdd caru pobl sydd yn ein caru ni, ond yr
hyn a wnaeth Iesu Grist oedd caru pechaduriaid gwael, a'n cysur
mawr heddiw yw bod ei gariad Ef yn gryfach na'n casineb ni ac
yn ddigon i faddau'n beiau i gyd.

Trwy angau Crist daeth inni hedd,
  a chymod yn ei waed;
a thrwy ei glwyfau dyfnion Ef
  caed inni lwyr iachâd!

Diolch iddo a phob clod i'w enw. Amen.

Emyn 523: *O gariad, O gariad anfeidrol ei faint*

Y Fendith:
O Dduw ein Tad, wrth inni adael dy dŷ, arhosed dy gariad o'n
mewn fel yr awn oddi yma gyda chysuron ffydd Iesu yn ein
clustiau, goleuni Iesu yn ein llygaid, a thangnefedd Iesu yn ein
calonnau. Amen.

DEWI SANT

Brawddeg agoriadol:
Dechreuwn ein gwasanaeth gydag anogaeth Dewi Sant i bobl ei
oes ac i ninnau heddiw:
'Arglwyddi, frodyr a chwiorydd, byddwch lawen a chedwch eich
ffydd a'ch cred, a gwnewch y pethau bychain a glywsoch ac a
welsoch gennyf fi.'

Gweddïwn:
Yng nghlyw ac yn ysbryd neges Dewi Sant, cynorthwya ni, ein
Tad, i ddathlu ein gŵyl genedlaethol yn llawen ein hysbryd, yn
gadarn ein ffydd ac yn barod i gyflawni'r pethau bychain sy'n
bwysig yn dy olwg di, ac er mwyn dy Fab, ein Harglwydd Iesu
Grist. Amen.

Emyn 197: *Molwn di, O Dduw ein tadau*

Darlleniad: Ecclesiasticus 44: 1–15
    Mathew 5: 1–10

Llefarydd:
Unwaith eto, daeth yn amser inni gofio a dathlu ein gŵyl
genedlaethol. Y mae gan genhedloedd eraill Prydain eu
dathliadau cenedlaethol, ond mae ein dathliad ni ynghlwm wrth
berson arbennig iawn o'r enw Dewi Sant. Mae cofio Dewi yn ein
tywys yn ôl dros y canrifoedd i'r chweched ganrif, ac oherwydd
hynny, ychydig iawn o wybodaeth sydd gennym amdano mewn
gwirionedd. Dywed un bardd amdano,

Am ei dras y mae dryswch
Na ŵyr y wlad lawr ei lwch.

Pan mae gwybodaeth am berson enwog yn brin, y mae chwedlau yn tyfu o'i gwmpas sy'n sôn am ei ddoniau, ei rinweddau a'i gampau, ac yn y blaen. Dyma yn union a ddigwyddodd hefo Dewi Sant. Dros y canrifoedd, tyfodd nifer o chwedlau amdano, megis y chwedl amdano yn adfer golwg ei athro Paulinws a thro arall i'r ddaear yn Llanddewibrefi godi o dan ei draed er mwyn i bob un yn y dorf ei weld a'i glywed yn pregethu.

Ond heddiw fe arhoswn gyda chwedl arall sy'n sôn am ddoniau a rhinweddau Dewi Sant. Un diwrnod, daeth angel at Sant, brenin Ceredigion, a dweud wrtho y byddai ei wraig Non yn dod yn feichiog, ac yn cael mab. Drannoeth aeth Sant i hela ar lan afon Teifi, a llwyddodd i gael tri pheth byw, sef carw, nyth gwenyn a physgodyn, a rhoddodd ran o'r rhain yn rhodd i fynachlog gerllaw. Ymddangosodd yr angel i Sant unwaith eto, a dywedodd y byddai y tair rhodd yn arwyddo tair rhinwedd a fyddai'n perthyn i'w fab Dewi.

Llefarydd:
Dechreuodd yr angel gyda'r carw gan ddweud y byddai Dewi yn brwydro fel carw yn erbyn drygioni. Yn y cyfnod hwnnw, credai'r bobl fod gan garw allu i ladd nadroedd gwenwynllyd, ac y byddent yn gwneud hynny drwy eu sathru yn gelain i'r ddaear. Mae'n ddiddorol sylwi fod y neidr yn y chwedl ac yn y Beibl yn cynrychioli drygioni a chasineb. Yn ôl Llyfr Genesis, prif nodwedd neidr yw ei chyfrwystra a'i gallu i hudo ac i rwydo i'w chrafangau.

Wel, onid yw gelynion ein ffydd heddiw yn gyfrwys? Nid oes erledigaeth fel y cyfryw, ond y mae hinsawdd faterol ac anghrediniol ein hoes yn rhwystr gwirioneddol i'n cenhadaeth Gristnogol. Wrth gwrs, mae 'na gyfnodau tywyll wedi digwydd cyn heddiw. Cyfnod felly oedd hi yn y chweched ganrif, ond yr hyn a wnaeth Dewi Sant a'i gyd-fynachod oedd troi'r argyfwng yn her ac yn gyfle newydd. Heriodd farbariaeth ei ddydd drwy bregethu'r Efengyl a sefydlu celloedd o gymdeithasau Cristnogol yn ein gwlad. Clywyd lawer gwaith mai'r ffordd orau i amddiffyn yw ymosod yn hytrach na rhoi ein pennau yn y tywod a gobeithio'r gorau. Nid hynny a wna'r carw mewn argyfwng, ac nid hynny a wnaeth Dewi Sant. Cododd oddi ar ei liniau ac ymroi i'r gwaith y'i galwyd iddo, ac ymroi i gyhoeddi'r Efengyl a brwydro dros yr hyn sy'n wir ac yn ddyrchafedig. Onid yw hyn yn sbardun i ninnau hefyd?

Gweddïwn:

O Arglwydd Dduw ein tadau,
  ein craig a'n tŵr wyt ti:
O gogonedda eto
  dy enw ynom ni.

Diolchwn iti, ein Tad, am bawb fu'n gyfryngau i ogoneddu dy enw, ac am y rhai fu'n oleuadau llachar yn hanes ein gwlad. Ni adewaist mohonom yn ddi-dyst i lawr ar hyd y canrifoedd, a heddiw rydym yn clodfori dy enw am dy weision yng nghyfnod cynnar ein cenedl. Mawrygwn dy enw am Ddewi Sant, ac am iddo ymgysegru i gyhoeddi'r Efengyl i'r werin mewn cyfnod anodd a llafurio'n ddiarbed i sefydlu celloedd Cristnogol ac eglwysi. Do, bendithiaist ein cenedl ag amrywiaeth fawr o bobl fu'n ffyddlon i'r gwirionedd yng Nghrist dy fab ac yn ymroddgar eu gwasanaeth i ti yn ein heglwysi. Diolchwn hefyd am y rhai fu'n

wasanaethgar i ti mewn gwahanol feysydd – ym myd masnach
ac amaeth, ac eraill yn ymladd dros gyfiawnder cymdeithasol
i'r tlawd a'r gorthrymedig. O Dduw ein Tad, ffynhonnell pob
daioni a tharddiad pob rhinwedd a gras yn Iesu Grist, gwna i
ni sylweddoli mai dyledwyr ydym i'n cyndadau a'n mamau, ac
mai ein braint heddiw yw cadw'n ffyddlon i ti, ac i bopeth da a
dyrchafedig sy'n perthyn i ni fel cenedl.

Gwna ni yn deilwng, drwy dy ras,
  o ryddid teyrnas Iesu;
y breintiau brynwyd gynt â gwaed,
  parhaed ein plant i'w caru.

Uwchlaw pob dim, diolchwn am dy Fab, ein Harglwydd Iesu
Grist, a'i aberth drud drosom ar Galfaria. Cadw'n golygon arno
ef bob amser oherwydd ef yw ein tangnefedd ni ac unig obaith
ein byd. Er mwyn ei enw. Amen.

Emyn 811: *Am bawb fu'n wrol dros y gwir*

Llefarydd:
Symudwn ymlaen at yr ail beth byw a welodd tad Dewi Sant,
sef nifer fawr o wenyn yn casglu'r neithdar yn ddiwyd o flodyn
i flodyn er mwyn gwneud mêl ohono. Dywedodd yr angel wrth
Sant y byddai ei fab Dewi yn debyg i'r gwenyn o ran ymroddiad
a dygnwch. Ac felly y bu. Dywed haneswyr wrthym i Dewi Sant
a'i gyd-fynachod gyflawni gwaith mawr yn eu cyfnod. Nid oedd
ganddynt gyfleusterau fel sydd gyda ni heddiw. Llwybrau garw a
ffyrdd anwastad a chulion oedd yng Nghymru, a chyntefig iawn
iawn oedd bywyd y bobl. Ond ni rwystrwyd Dewi i bregethu'r
Efengyl a sefydlu celloedd o Gristnogion yn Ne Cymru. Yn

ddiweddarach, datblygodd y rhain yn ganolfannau pwysig ac yn eglwysi. Un o'r rhai hynny oedd y fynachlog yng Nglyn Rhosyn, ac yno y saif Eglwys Gadeiriol Tyddewi ar y man lle'r oedd y fynachlog. Heddiw y mae enw Dewi Sant yn cael ei gysylltu â nifer fawr o eglwysi yng Nghymru, Llydaw, Cernyw a de-orllewin Lloegr, ac y mae hyn yn dangos ei ddylanwad mawr ar fywyd crefyddol ei ddydd, ac i lawr ar hyd y canrifoedd. Yn ei gerdd i Dewi Sant, mae'r bardd Gwenallt yn rhoi darlun byw iawn ohono.

Cariodd ei Eglwys i bobman
Fel corff, a hwnnw yn fywyd, ymennydd ac ewyllys
A wnâi bethau bach a mawr.
Daeth â'r Eglwys i'n cartrefi,
Rhoi'r Llestri Santaidd ar ford y gegin,
A chael bara o'r pantri a gwin sâl o'r seler,
A sefyll y tu ôl i'r bwrdd fel tramp
Rhag iddo guddio rhagom ryfeddod yr Aberth.
Ac wedi'r Cymun cawsom sgwrs wrth y tân,
A soniodd ef wrthym am Drefn naturiol Duw,
Y person, y teulu, y genedl a'r gymdeithas o genhedloedd,
A'r Groes yn ein cadw rhag troi un ohonynt yn dduw.
Dywedodd mai Duw a luniodd ein cenedl ni
I'w bwrpas Ef Ei Hun,
Ac y byddai ei thranc yn nam ar y Drefn honno.

Ni allwn ddweud mwy – dim ond ymroi fel y gwna'r gwenyn a Dewi Sant gynt, a gwneud ein rhan yng ngwaith teyrnas Dduw yn Iesu Grist.

Emyn 812: *Bydd gyda ni, O Iesu da*

Llefarydd:

Y trydydd peth byw a welodd tad Dewi Sant ar ei daith ar lan afon Teifi oedd pysgodyn, a neges yr angel i Sant oedd y byddai ei fab Dewi ar ôl tyfu'n ŵr ifanc yn byw bywyd syml iawn. Yn ôl yr hanes, daeth Dewi yn Gristion ac ymgysegru ei hun i'r bywyd mynachaidd. Byddai'r mynachod yn byw bywyd syml a hunanaberthol. Eu bwyd arferol oedd llysiau a dŵr, a gweithient yn eithriadol o galed yn trin y tir. Gweithient yn galed yn gorfforol er mwyn cael rhyddid llwyr i wasanaethu Duw drwy gysuro'r cleifion a helpu'r tlodion. Eu hunig ddiod oedd dŵr, a dyma pam y gelwir Dewi wrth yr enw Dewi Ddyfrwr.

O'r tri peth byw welodd tad Dewi Sant, yr un mwyaf allweddol yw'r pysgodyn oherwydd dyma oedd arwyddlun Cristnogion yr Eglwys Fore a Dewi Sant yn y chweched ganrif. Arwyddlun ydoedd yn bennaf i nodi mai Crist oedd ei Waredwr. Y gair Groeg am bysgodyn yw ICHTHUS, a'r hyn wnaeth Cristnogion y ganrif gyntaf oedd defnyddio'r pum llythyren yn y gair ICHTHUS i nodi pwyntiau sylfaenol eu ffydd am Iesu Grist, sef:

I am Iesous, sef Iesu y dyn,
CH am Christos, sef Crist y Meseia,
TH am Theos, sef Duw,
U am Uios, sef Mab, ac
S am Soter, sef Gwaredwr.

Credai Cristnogion y ganrif gyntaf fod Iesu'r dyn yn Feseia, yn Fab Duw ac yn Waredwr. Dyma oedd cred Dewi Sant yn y chweched ganrif a dyma yw'n cred ni heddiw ganrifoedd yn ddiweddarach. Credwn fod Iesu yn berson unigryw, a bod ein tynged fel unigolion, teuluoedd a chenedl a chenhedloedd ein daear ynghlwm wrth yr unig un all ein gwaredu. Terfynwn gydag emyn John Roberts:

O tyred i'n gwaredu, Iesu da,
  fel cynt y daethost ar dy newydd wedd,
a'r drysau 'nghau, at rai dan ofnus bla,
  a'u cadarnhau â nerthol air dy hedd:
llefara dy dangnefedd yma nawr
a dangos inni greithiau d'aberth mawr.

Emyn 375: *O tyred i'n gwaredu, Iesu da*

Y Fendith:

Wrth derfynu'r gwasanaeth hwn, gofynnwn iti gadarnhau ein herfyniadau dros ein cenedl. Gwna hi yn genedl a fydd yn dy garu ac yn dy addoli, fel y byddwn yn adlewyrchu dy gariad yn ein cymunedau ac fel teuluoedd. Er mwyn ein Harglwydd Iesu Grist. Amen.

'BYDDWCH LAWEN...'

Gweddïwn:
Cynorthwya ni heddiw, ein Tad, i fod yn llawen ein haddoliad, yn weddigar ein hysbryd, ac yn ddiolchgar am holl fendithion ein bywyd. Tywys ni i'r gwirionedd yn Iesu Grist, a chwyd ein golygon atat ti fel y bydd yr oedfa hon yn foddion gras i'n heneidiau ac yn ogoniant i'th enw. Amen.

Emyn 163: *Cyduned Seion lân*

Llefarydd:
Ein tystiolaeth fel Cristnogion yw mai un person yn unig sydd wedi cyflawni ewyllys Duw, a'r person hwnnw yw'r Arglwydd Iesu Grist. Ac fe wnaeth hynny mor llwyr ac mor gyflawn fel y gallai ddweud wrth farw ar y groes y gair rhyfedd hwnnw, *'Gorffennwyd'*. Yn y person Iesu, mae gyda ni Arglwydd i edrych i fyny arno gydag edmygedd mawr, ac un hefyd i ymddiried ynddo fel Cyfaill a Cheidwad ein heneidiau. Yn ein myfyrdod heddiw, rydym yn canolbwyntio ar dair ffordd i efelychu Iesu Grist, sef drwy fod yn llawen ein cân, yn weddigar ein hysbryd ac yn ddiolchgar bob amser. Nid anogaethau achlysurol yw'r rhain ond i'w cyflawni yn gyson a phob amser. Mynegir hwy yn gryno ac yn effeithiol yn Llythyr Cyntaf Paul at Gristnogion Thesalonica, y bumed bennod ac yn adnodau 16–18, *'Llawenhewch bob amser... Ym mhob dim rhowch ddiolch, oherwydd hyn yw ewyllys Duw yng Nghrist Iesu i chwi.'* Dechreuwn ein myfyrdod gydag anogaeth Paul, *'Llawenhewch bob amser.'* Yn y Beibl mae nifer dda o adnodau yn ein cymell i fod felly, fel y gwelwn yn yr adnodau canlynol:

Llefarydd:

'Llawenychais pan ddywedent wrthyf, Awn i dŷ yr Arglwydd.'
Salm 122: 1

'Llawenhewch yn yr Arglwydd bob amser; fe'i dywedaf eto, llawenhewch.' Philipiaid 4: 4

'Llawenhau yn yr Arglwydd yw eich nerth.' Nehemia 8:10

'Y mae teyrnas nefoedd yn debyg i drysor wedi ei guddio mewn maes; pan ddaeth rhywun o hyd iddo, fe'i cuddiodd, ac yn ei lawenydd y mae'n mynd ac yn gwerthu'r cwbl sydd ganddo, ac yn prynu'r maes hwnnw.' Mathew 13: 44

*'Byddwch chwi'n drist, ond fe droir eich tristwch yn llawenydd...
Ond fe'ch gwelaf chwi eto, ac fe lawenha eich calon, ac ni chaiff neb ddwyn eich llawenydd oddi arnoch.'* Efengyl Ioan 16: 20, 22

'Aethant hwy ymaith o ŵydd y Sanhedrin, yn llawen am iddynt gael eu cyfrif yn deilwng i dderbyn amarch er mwyn yr Enw.'
Actau 5: 41

Llefarydd:
Y mae'r adnodau a glywsoch yn ein sbarduno, o bosibl, i gofio adnodau eraill, megis cyngor Iesu Grist i'w ddisgyblion, *'Peidiwch â bod yn wyneb drist fel y Phariseaid a'r Ysgrifenyddion. Rhagrithwyr ydynt.'* Yn ôl Iesu nid yw wyneb trist yn arwydd o dduwioldeb o gwbl. Yn hytrach, meddai, *'Byddwch lawen a hyfryd.'*

Mae'r ffin rhwng llawenydd a thristwch yn gallu bod yn denau iawn. Yn wir, gallwn deimlo'n llawen ac yn drist ar yr un pryd.

Mae pawb ohonom wedi cael y profiad o chwerthin a chrio ar yr un pryd! Mae tristwch a llawenydd yn rhan o brofiad bywyd bob dydd, a gall yr amgylchiadau rydym ynddynt lywio ein teimladau. Yn wir, mae'r Apostol Paul yn ein hannog i 'wylo gyda'r rhai sy'n wylo, ac i lawenhau gyda'r rhai sydd yn llawen.' Y mae hyn yn gofyn am y gras i ymwybod â theimladau ein gilydd ac i gynorthwyo ein gilydd ar daith bywyd. Ond wrth bwysleisio hynny, credwn fod ein llawenydd yn yr Arglwydd Iesu yn gryfach na'n tristwch, ac yn hirach ei barhad. Yn wir, y mae bendithion yr Efengyl, fel y dywed yr emynydd, yn gallu goroesi gofidiau'r byd hwn a'n gwneud yn fwy na choncwerwyr trwy'r hwn a'n carodd.

Gwawr wedi hwyrnos, cân wedi loes,
nerth wedi llesgedd, coron 'r ôl croes;
chwerw dry'n felys, nos fydd yn ddydd,
cartref 'r ôl crwydro, wylo ni bydd.

Yn ei lythyrau, mae'r Apostol Paul yn tystio i'r llawenydd hwn sy'n tarddu o'i ffydd yn Iesu Grist. Dyma oedd cyfrinach a ffynhonnell ei lawenydd a'i orfoledd. Gwyddai, er ei fod yn bechadur, fod Iesu yn ei garu, ac yn ei dderbyn yn ei wendidau. Yn ychwanegol, rhyfeddai gyda llawenydd mawr fod Iesu Grist wedi gweld yn dda i'w alw i fod yn Apostol mawr y cenhedloedd. Gadewch i ninnau hefyd rannu o'r profiad dyrchafol hwn!

Gweddïwn:
Cyfaddefwn, ein Tad, nad yw bod yn llawen yn dod yn rhwydd bob amser. Y mae amgylchiadau anodd a themtasiynau bywyd yn ein llethu ar adegau. Cyffeswn mai ni ein hunain yn aml sy'n achosi hyn, oherwydd ein styfnigrwydd i beidio dy wasanaethu di ac i fynnu rhoi ein hunain yn gyntaf. O Dad, trugarha wrthym yn ein ffolineb pechadurus. Yn enw Iesu Grist a ddaeth

i'n byd i wasanaethu ac i roi ei einioes drosom hyd angau ar groes, erfyniwn am dy faddeuant, ac ar iti ein llenwi ag ysbryd diolchgarwch a llawenydd. Yng ngeiriau'r salmydd, *'Crea galon lân ynof, O Dduw; ac adnewydda ysbryd uniawn o'm mewn. Na fwrw fi ymaith oddi ger dy fron; ac na chymer dy ysbryd sanctaidd oddi wrthyf. Dyro drachefn i mi orfoledd dy iachawdwriaeth; ac â'th hael ysbryd cynnal fi.'*

Diolchwn iti, ein Tad, am bawb sy'n llawen eu hysbryd ac yn foddion i'n codi ninnau o'n hunan dosturi. Ymbiliwn dros bawb sy'n dioddef iselder ysbryd ac yn teimlo cymylau tywyll yn crynhoi o'u cwmpas. O Dad, diolchwn i ti am arbenigwyr – yn nyrsys a meddygon – i wrando cri'r cleifion yn eu gwahanol anghenion ac i estyn cymorth. Gwêl yn dda i gryfhau baich eu cyfrifoldebau a'u bendithio yn eu hymgysegriad. Gwna ninnau hefyd yn ddiolchgar ac yn llawen ynot ti, oherwydd ti yw ffynhonnell pob daioni a thosturi yn Iesu Grist. Amen.

Emyn 358: *Gwyn a gwridog, hawddgar iawn*

Llefarydd:
Symudwn ymlaen o'r alwad i ddod yn llawen i weddïo'n ddibaid. Gadewch inni wrando ar ddetholiad o adnodau sy'n ein cymell ni i weddïo.

'Gwrando ar fy ngeiriau, Arglwydd, ystyria fy nghwynfan; clyw fy nghri am gymorth, fy Mrenin a'm Duw.' Salm 5: 1–2

'Bore trannoeth yn gynnar iawn, cododd Iesu ac aeth allan. Aeth ymaith i le unig, ac yno yr oedd yn gweddïo.' Marc 1: 35

'Yr oedd ef yn gweddïo mewn rhyw fan, ac wedi iddo orffen dywedodd un o'i ddisgyblion wrtho, "Arglwydd, dysg i ni weddïo, fel y dysgodd Ioan yntau i'w ddisgyblion ef." ' Luc 11: 1

'Ond pan fyddi di'n gweddïo, dos i mewn i'th ystafell, ac wedi cau dy ddrws gweddïa ar dy Dad sydd yn y dirgel, a bydd dy Dad sydd yn gweld yn y dirgel yn dy wobrwyo.' Mathew 6: 6

'Gweddïwch yn ddi-baid.' 1 Thesaloniaid 5: 17

Llefarydd:
Yn ddi-os, y mae'r adnodau a glywsoch yn tanlinellu'r pwysigrwydd o weddïo. Er hynny, tybed faint ohonom sy'n gweddïo gyson? Mynega meddyg mewn llyfr yn adrodd ei atgofion fod llawer yn nydd afiechyd yn galw am feddyg ac yn galw ar Dduw, ond ar ôl gwella yn anghofio'r naill a'r llall! *'Gweddïwch yn ddi-baid'* yw anogaeth Paul. Gellir deall yr anogaeth hon yn well o bosibl wrth ei chyffelybu i aderyn bach. Nid yw aderyn bob amser yn yr awyr ar ei adenydd ond y mae bob amser yn ei adenydd. Onid felly y dylem ninnau fod hefyd? Ni ddisgwylir i ni fod ar ein gliniau bob awr o'r dydd, ond ein bod yn weddigar ein hysbryd bob amser.

Roedd merch fach wedi mynd i aros at ei nain (mam-gu) am ychydig o ddyddiau, a mwynhaodd y ddwy gwmni ei gilydd yn fawr iawn. Roedd yr hen wraig yn tynnu 'mlaen mewn dyddiau, ond wedi heneiddio'n rasol ac yn brydferth. Dychwelodd y ferch fach adref a'r peth cyntaf a ddywedodd wrth ei mam oedd, *'Pan fydda' i wedi mynd yn hen, dwi eisiau bod yn debyg i Nain.'* Ymatebodd ei mam yn gariadus a dweud, *'Wel, fy ngeneth annwyl, mae'n well iti ddechrau arni heb oedi!'* Gwyddai ei mam nad yw neb ohonom yn tyfu dros nos i aeddfedrwydd ysbryd a phrydferthwch cymeriad a phersonoliaeth. Y mae'n rhaid rhoi cyfle i Dduw ein llenwi â chyfoeth gras a chariad yn Iesu Grist, ac fe wna hynny wrth inni agor ein calonnau iddo yn ein gweddïau. Mynegir hyn yn hyfryd iawn gan y bardd Islwyn yn ei gerdd:

Dyma'r ddolen sydd yn uno gwendid dyn a gallu Iôr,
Dyma'r traeth i roi ein llestri ar y dwyfol, fythol fôr;
Dyma'r aber lle cyferfydd afon dymuniadau dyn
â diderfyn fôr trugaredd sydd â'i led fel Duw ei hun.

Gweddïwn:
O Arglwydd Iesu, ein Cyfaill a'n Hathro, helpa ni weddïo fel y dylem wneud. Yn aml iawn, y mae ein meddyliau ymhell oddi wrthyt, ac nid ydym yn gwybod sut i weddïo fel y dylem wneud. O Arglwydd, trugarha wrthym, a disgybla ni i aros yn amyneddgar am gymorth yr Ysbryd Glân. Dy Ysbryd sy'n cynhesu ein calonnau tuag atat, yn goleuo ein deall i'th adnabod yn well, ac sy'n abl i ryddhau llinynnau'n tafod i fynegi ein deisyfiadau ger dy fron ac i ogoneddu dy enw. Dymunwn fendith dy gariad ar ein gweddïau – ein gweddïau ar ran ein gilydd, ar ran ein cyd-aelodau a'n cyfeillion, ac ar ran pawb yn y fro hon. Clyw ein gweddïau dros bawb sy'n dioddef anhwylder a gwendid henaint. Yn dy diriondeb, gwarchod hwy drwy ofal eu hanwyliaid, a gad i ninnau fod yn gyfrwng cydymdeimlad a chysur i bawb a gyfarfyddwn heddiw. Maddau eiddilwch ein gweddïau. Maddau ein byw pell oddi wrthyt, a derbyn ni yn ôl i'th fynwes, oherwydd ein bod yn gofyn y cyfan yn enw ein Gwaredwr a'n Harglwydd Iesu Grist. Amen.

Emyn 12: *Ymgrymwn oll ynghyd i lawr*

Llefarydd:

Yn nhrydedd ran ein myfyrdod, symudwn o'r anogaeth i weddïo i ddiolch i'r Arglwydd am holl fendithion ein bywyd. Gwrandawn eto ar nifer o adnodau sy'n pwysleisio hyn:

'Ewch i mewn i'w byrth ef â diolch, ac i'w gynteddau â mawl: diolchwch iddo, a bendithiwch ei enw.' Salm 100: 4

'Atebodd Iesu, "Oni lanhawyd y deg? Ble mae'r naw? Ai'r estron hwn yn unig a gafwyd i ddychwelyd ac i roi gogoniant i Dduw?" ' Luc 17: 17–18

'Oherwydd er eich mwyn chwi y mae'r cyfan, fel y bo i ras Duw fynd ar gynnydd ymhlith mwy a mwy o bobl, ac amlhau'r diolch fwyfwy er gogoniant Duw.' 2 Corinthiaid 4: 15

'Beth bynnag yr ydych yn ei wneud, ar air neu ar weithred, gwnewch bopeth yn enw yr Arglwydd Iesu, gan roi diolch i Dduw, y Tad, drwyddo ef.' Colosiaid 3: 17

'Ym mhob dim rhowch ddiolch, oherwydd hyn yw ewyllys Duw yng Nghrist Iesu i chwi.' 1 Thesaloniaid 5: 18

Llefarydd:

Ceir sawl cyfieithiad o'r adnod olaf a glywsom. *'Ym mhob dim diolchwch'* yw fersiwn yr hen gyfieithiad, ond i rai ohonom, y mae cyfieithiadau eraill o'r adnod hon yn fwy dealladwy. Un cyfieithiad yw *'Rhowch ddiolch, sut bynnag mae arnoch chi.'* Ni olyga hynny ein bod yn diolch am bob peth, ond ein bod yn ddiolchgar ein hysbryd bob amser, a pha amgylchiadau bynnag yr ydym ynddynt. Dyma'r ysbryd, fel y dywed yr emyn, sy'n gydnaws ag ysbryd cariad Duw yn Iesu Grist.

Boed fy mywyd oll yn ddiolch,
dim ond diolch yw fy lle.

Uwchlaw pob dim, diolchwn am y rhodd fwyaf o bob rhodd,
'Do, carodd Duw y byd gymaint nes iddo roi ei unig Fab, er
mwyn i bob un sy'n credu ynddo ef beidio â mynd i ddistryw
ond cael bywyd tragwyddol.' Ardderchog yw gogoniant y cread,
ond ardderchocach yw gogoniant y Crist sydd yn *'ddisgleirdeb*
gogoniant Duw ac yn wir lun ei berson ef.' Mawr yw gwerth ein
bara beunyddiol, ond mwy gwerthfawr yw Bara'r Bywyd – *'y*
bara a ddisgynnodd o'r nef' – ac sy'n fwyd i ddiwallu anghenion
dyfnaf ein heneidiau heddiw.

Am y bara bery byth
heb heneiddio
canwn tra bo ynom chwyth:
diolch iddo.

Emyn 212: *Arnom gweina dwyfol Un*

Y Fendith:
Wrth inni ymadael â'th dŷ, ein Tad, arhosed neges dy Air yn fyw
ar ein cof, fel y byddwn bob amser yn llawen ein calonnau, yn
weddigar ein hysbryd ac yn ddiolchgar bob amser. Ac i ti, ein Tad
nefol, ac i'th Fab annwyl Iesu Grist, ac i'r Ysbryd Glân y byddo'r
clod a'r gogoniant, yn awr, a hyd byth. Amen.

WILLIAM WILLIAMS, PANTYCELYN

Llefarydd:
Pryd y cafodd William Williams ei dröedigaeth ac yn lle?
Pa effaith a gafodd hynny ar ei fywyd?
Pam na chafodd ei ordeinio'n offeiriad?
Pam y galwyd Williams yn Bêr Ganiedydd?
Faint o emynau a gyfansoddodd?
Pam y sefydlodd gymaint o seiadau, a beth oedd ei gyfraniad i'r
seiadau hynny?

Dyna i chi rai cwestiynau, ynghyd ag eraill, y byddwn yn ceisio
eu hateb heddiw. Yn sicr, roedd William Williams, Pantycelyn
yn un o eneidiau mawr yr Eglwys Gristnogol yng Nghymru yn y
ddeunawfed ganrif, a heddiw, fe geisiwn olrhain ei hanes a rhoi
diolch i Dduw am ei gyfraniad difesur i fywyd ein cenedl.

Gweddïwn:
Ti O! Dduw ein Tad a folwn, ac â'r cyfan sydd ynom dy enw
a fendithiwn. Boed i'r dymuniad hwn dreiddio yn ddwfn i'n
heneidiau fel y byddom yn dy addoli mewn ysbryd a gwirionedd
ac yn ymateb i neges dy Air yn gywir o'r galon. Gofynnwn hyn
yn enw dy Fab, ein Harglwydd Iesu Grist. Amen.

Emyn 194: *Anweledig! 'rwy'n dy garu*

Darlleniad: Salm 84

Gweddïwn:
Diolchwn, ein Tad, am salmau cân yr Iddew sydd yn ein tywys
i ddyrchafu dy enw sanctaidd. Ti yn dy nefoedd yw'r unig wir

Dduw, ac ynot ti y mae ein digonedd. Gogoneddwn dy enw am ryfeddodau dy gread a'r byd o'n cwmpas, a chyda'r salmydd y dywedwn, *'Arglwydd ein Iôr ni, mor ardderchog yw dy enw ar yr holl ddaear: yr hwn a osodaist dy ogoniant uwch y nefoedd.'* Gogoneddwn dy enw am greu dy fyd, a'i gynnal a'i gadw mewn modd rhyfeddol iawn. Diolchwn am Gymru ein gwlad – am y mynyddoedd a'r bryniau o'n cwmpas, a'r dyffrynnoedd ffrwythlon a hyfryd. O Arglwydd ein Duw, dyro inni lygaid i sylwi ar brydferthwch byd natur, a chalon i werthfawrogi'r cyfan yn ddiolchgar i ti.

Ti Greawdwr mawr y nefoedd,
mor ardderchog dy weithredoedd;
ti yw Brenin creadigaeth,
ti yw awdur iachawdwriaeth.

Bendigwn dy enw am ein hemynau cyfoethog sydd yn ein codi i'r ymwybyddiaeth dy fod yn fwy na Duw sydd wedi ein creu a'n cadw yn gorfforol. Ti hefyd yw ein Gwaredwr bendigedig yn Iesu Grist, ac ef yw ein tangnefedd ni ac unig obaith ein byd. Wrth fynegi hyn, ein Tad, gweddïwn ar i ti gadarnhau hyn yn ein meddyliau a'n calonnau fel y profwn o'r newydd o fendith dy bresenoldeb ac o feddyginiaeth dy gariad yn Iesu Grist. Cyffeswn ein pechodau oherwydd y gwyddom inni grwydro ymhell oddi wrthyt mewn meddwl, gair a gweithred. Dwysâ ni ag ysbryd edifeirwch, ac yn Iesu a'i angau drud, maddau inni ein pechodau. *'Glanha fi,'* medd y salmydd, *'ag isop, a mi a lanheir: golch fi, a byddaf wynnach na'r eira.'*

Gweddïwn dros ein brodyr a'n chwiorydd sy'n dioddef anghyfiawnder a chaledi bywyd. Dyro iddynt nerth dy ras i ymgynnal ac i ymddiried ynot Ti. Gwna ninnau yn ymwybodol o anghenion pobl eraill ac yn barod i estyn llaw i'w cynorthwyo mewn ysbryd cydymdeimlad a chariad.

Gristion, gweithia dros yr Iesu,
Weithiodd drosot i'th waredu;
  Gweithio erddo rydd lawenydd –
  Gwenau Duw, a'i fendith beunydd.

Clyw ein gweddïau a rhagora ar ein deisyfiadau oherwydd y gofynnwn hyn yn enw dy Fab, ein Harglwydd Iesu Grist. Amen.

Emyn 321: *Iesu, nid oes terfyn arnat*

Llefarydd:
I'r mwyafrif ohonom, cofiwn William Williams Pantycelyn fel emynydd. Dywedwyd amdano yn Saesneg, *'He sang Wales into piety. He was in fact, the Charles Wesley of Wales.'* Yn ystod ei fywyd, fe gyfansoddodd dros 850 o emynau, ac y mae 88 ohonynt yn ein llyfr emynau. Williams yn ddiau yw emynydd mwyaf ein cenedl, ac fel y dywedwyd amdano yn annwyl iawn, *'Williams biau'r gân.'* Ond heddiw fe arhoswn gyda'i gyfraniad fel arweinydd a phregethwr y 'Diwygiad Efengylaidd' yn y ddeunawfed ganrif.

Nid ar fferm Pantycelyn y ganwyd William Williams ond yng Nghefncoed, Llanfair-ar-y-bryn, ger Llanymddyfri, Sir Gaerfyrddin yn gynnar yn y flwyddyn 1717. Yr oedd yn un o chwech o blant John a Dorothy Williams. Magwyd ei fam yn eglwyswraig, ond roedd ei dad John Williams yn Annibynnwr, ac yn ddiacon yng nghapel Cefnarthen. Derbyniodd eu mab William y rhan fwyaf o'i addysg yn Athrofa Llwyn Llwyd, un o ysgolion yr Hen Ymneilltuwyr. Dysgodd Saesneg a thipyn go dda o Hebraeg, Groeg a Lladin, ac ef mae'n debyg oedd y mwyaf dysgedig ac eang ei ddiwylliant o'r Tadau Methodistaidd yn y ddeunawfed ganrif.

Emyn 336: *Iesu, ti yw ffynnon bywyd*

Yn ŵr ifanc, roedd William eisiau bod yn feddyg, ond yn ôl ei dystiolaeth ei hun, *'fe'm daliwyd gan wŷs oddi uchod'* wrth wrando ar bregethwr ifanc tanllyd. Ar ei ffordd adref o Athrofa Llwyn Llwyd roedd Williams pan glywodd Howell Harris yn pregethu yn yr awyr agored ym mynwent Talgarth. Y flwyddyn oedd 1738, ac ugain oed oedd Williams ar y pryd. Doedd y pregethwr Harris ddim yn llawer hŷn chwaith – dim ond pedair ar hugain mlwydd oed. I lawer o offeiriaid ei gyfnod, rebel a phenboethyn crefyddol oedd Howell Harris, ac oherwydd hynny, fe'i rhwystrwyd i bregethu oddi mewn i furiau'r Eglwys wladol. Felly, doedd dim amdani ond cenhadu yn yr awyr agored, a dyna wnaeth Howell Harris. Safodd ar garreg fedd ei dad, a phregethu'r Efengyl i bwy bynnag oedd yn dymuno gwrando. Tybed beth fyddai'n hymateb ni heddiw wrth weld rhywun yn pregethu yn yr awyr agored? A fyddem yn aros i wrando neu yn mynd heibio?

Llefarydd:
Prun bynnag, yn y dyrfa yn gwrando arno yr oedd William Williams, yr hogyn ugain mlwydd oed, a than bregethu tanllyd Howell Harris, cafodd dröedigaeth ysgytwol yn y fan a'r lle. Digwyddodd hynny yn 1738, ac nid anghofiodd y profiad aruthrol hwnnw am weddill ei fywyd, fel y dywed ei hun yn y pennill hwn a luniodd yn ddiweddarach:

Dyma'r bore fyth mi gofiaf,
  Clywais innau lais o'r nef.
Daliwyd fi wrth wŷs oddi uchod
  Gan ei sŵn dychrynllyd ef.
Dyma'r fan, trwy byw mi gofiaf,
  Gwelais i di gynta' erioed,
O flaen porth yr eglwys eang
  Heb un twmpath dan dy droed.

Fel arweinwyr eraill y Diwygiad Methodistaidd, pwysleisiai Williams yr angen am dröedigaeth i ddod yn Gristion. Credai mai Duw yn unig a allai achub pechaduriaid o'u cyflwr truenus, ac mai trwy brofiad o ras Duw yn Iesu Grist y deuir yn Gristion. Yn y cyswllt hwn, mae'n deg gofyn a oes angen adfer y pwyslais hwn yn ein pregethu a'n proffes heddiw? Tybed beth fyddai ein hymateb ni heddiw wrth wrando ar bregethwr yn pwysleisio'r angen am dröedigaeth? Dywedodd Iesu wrth yr athro crefyddol Nicodemus a ddaeth at Iesu liw nos, '*Y mae'n rhaid dy eni di drachefn.*' Fe aeth Gwenallt mor bell â dweud am bregethwyr ei gyfnod,

Nid oes angerdd yr ailenedigaeth tan eu hwyliau,
Dim ond crefyddolder tenau a chlyd.

Yn sicr, dyma'r peth olaf y gallwn ei ddweud am bregethwyr y Diwygiad Methodistaidd, gan gynnwys William Williams. Profodd rym cariad achubol Duw yn Iesu Grist yn ei galon, ac ymrodd i bregethu gydag argyhoeddiad ac angerdd mawr. Mynegir ei gred a'i orfoledd yn yr Efengyl yn ei emynau, fel y gwelwn yn y pennill hwn:

Ti faddeuaist fil o feiau
i'r pechadur gwaetha'i ryw;
Arglwydd, maddau eto i minnau –
ar faddeuant 'rwyf yn byw:
d'unig haeddiant
yw 'ngorfoledd i a'm grym.

I hwyluso'n hymdrech i gloriannu cyfraniad aruthrol Williams i fywyd crefyddol ein cenedl, fe arhoswn heddiw gyda Williams yr eglwyswr a Williams y pregethwr teithiol, a'r tro nesaf, fe ganolbwyntiwn ar Williams yr emynydd.

Llefarydd:

Fel Howell Harris, roedd gan Williams Pantycelyn le cynnes yn ei galon i'r Eglwys wladol, ond fel Harris, fe aeth i wrthdrawiad fwy nag unwaith â'r eglwys honno. Yn wir, fe ddigwyddodd hynny yn fuan wedi ei dröedigaeth ym mynwent Talgarth. Dyma'r hanes yn fyr. Er i Williams gael ei godi yn Annibynnwr a'i addysgu yn Athrofa'r Ymneilltuwyr, penderfynodd fynd yn offeiriad gyda'r Eglwys wladol. Yn 1740, aeth yn giwrad i Eglwys Llanwrtyd. Yr offeiriad yn yr Eglwys honno oedd Theophilus Evans, awdur *Drych yr Oesoedd*, ond ni ddangosodd ryw lawer o gydymdeimlad na chefnogaeth i'w giwrad ifanc a brwd. Daeth hyn i'r amlwg pan wrthododd gymeradwyo cais William Williams ger bron esgob Tŷ Ddewi i fod yn offeiriad.

Y prif reswm am ei wrthodiad, mae'n debyg, oedd fod Williams, fel Harris, yn pregethu y tu allan i furiau Eglwys Loegr – a dyma'r dyfyniad, *'mewn lleoedd nad oedd yn llan'*. Nid oedd hyn yn boddhau esgob Tŷ Ddewi na chwaith offeiriad Llanwrtyd. Fel eglwyswr pybyr, ni allai Theophilus Evans ddygymod ag unrhyw fudiad a oedd yn gwanhau Eglwys Loegr. Yn wyneb gwrthodiad

219

esgob Tŷ Ddewi i'w ordeinio yn offeiriad, ymddiswyddodd William Williams o'i swydd fel ciwrad yn 1743, ac ymuno gyda Howell Harris a Daniel Rowland yn eu hymgyrch i efengyleiddio Cymru.

Yn y cyswllt hwn, mae'n deg nodi unwaith eto nad dymuniad Williams, mwy na Howell Harris, oedd gadael Eglwys Loegr. Yn wir, mae lle i gredu mai dyhead a gobaith y to cyntaf o arweinwyr efengylaidd oedd i fendith fawr y Diwygiad ddiwygio Eglwys Loegr o'i mewn. Ni fwriadodd Williams, fel Howell Harris, greu enwad newydd, ond yn y diwedd, dyna a ddigwyddodd. Bu farw Williams yn 1791, ac erbyn dechrau'r bedwaredd ganrif ar bymtheg, sylweddolwyd nad oedd modd diwygio Eglwys Loegr o'i mewn. Roedd yn well ganddi aros yn yr hen rigolau crefyddol, ac yn y flwyddyn 1811, ffurfiwyd yn swyddogol enwad newydd yn ein gwlad, sef y Methodistiaid Calfinaidd.

Llefarydd:
Fe ofynnwyd fwy nag unwaith pam na fyddai Williams Pantycelyn wedi aros gyda'r Annibynwyr, a chyflwyno ei hun i'r weinidogaeth hefo nhw. Un rheswm o bosibl oedd dylanwad ei fam Dorothy arno. Yn wahanol i'w dad, eglwyswraig selog oedd hi, ac mae'n siŵr i hynny adael ei ôl ar feddwl a chalon ei mab, ond mae lle i gredu fod 'na resymau dyfnach pam na cheisiodd Williams fynd i'r weinidogaeth gyda'r hen Ymneilltuwyr. Ar ôl ei dröedigaeth ysgytwol roedd Williams ar dân dros ei Arglwydd, a bellach roedd yn teimlo fod yn rhaid iddo bregethu'r Efengyl lle bynnag yr elai.

At ei gilydd, pobl ddigyffro oedd yr Hen Ymneilltuwyr (sef yr Annibynwyr a'r Bedyddwyr), a dyma pam y galwyd hwy gan rai yn 'Sentars sychion'. Roeddynt, fel y dywedodd Howell Harris, 'yn

gadael yr enaid yn dawel a digyffro. Nid ydynt yn chwilio'r galon.'
Roedd beirniadaeth Williams Pantycelyn yn ddigon tebyg hefyd,
fel y gwelwn yn y pennill hwn a luniodd,

Pan oedd Cymru yn gorwedd mewn rhyw dywyll farwol hun,
Heb na phresbyter na ffeiriad, nag un esgob ar ddihun
Yn y cyfnos tywyll pygddu.

Yng ngolwg llawer, roedd beirniadaeth Williams yn annheg
oherwydd yr oedd yna bobl yn effro ac yn gwir boeni am gyflwr
ysbrydol Cymru cyn y Diwygiad Methodistaidd, ac yn gweithio'n
galed dros yr Efengyl. Ond mae'n hawdd deall geiriau eithafol
Williams, oherwydd Diwygiwr ifanc ar dân ydoedd. Tuedd rhai
o'r 'Sentars sychion' oedd pregethu'n hir a thrymaidd, ac i ŵr
ifanc fel Williams yn llawn o wres y Diwygiad, doedd derbyn
galwad i wasanaethu yn yr eglwysi ymneilltuol ddim yn apelio.
Yn hytrach, cyflwynodd ei hunan yn llwyr i waith y mudiad
newydd, sef y mudiad a dyfodd yn ddiweddarach yn enwad y
Methodistiaid Calfinaidd.

Llefarydd:
Ar ôl ei ymddiswyddiad fel ciwrad yn Eglwys Llanwrtyd yn
1743, pregethwr ar daith fu Williams Pantycelyn, mwy neu
lai am weddill ei oes. Yn ystod ei weinidogaeth faith gyda'r
Methodistiaid, yn ôl ei dystiolaeth ei hun, fe deithiodd tua
thair mil o filltiroedd bob blwyddyn, a gwnaeth hynny am dros
hanner can mlynedd. Ei gyfrifoldeb arbennig, oddi mewn i'r
mudiad, oedd sefydlu ac arolygu'r seiadau yn Sir Gaerfyrddin a
Cheredigion, ond ni chyfyngodd ei waith i'r ddwy sir oherwydd
teithiodd Gymru benbaladr i bregethu. Erbyn hyn, ei gartref oedd
fferm Pantycelyn, ac mae'n amlwg fod ganddo ddigon o arian i
roi'r flaenoriaeth i grwydro'r wlad i bregethu ac i gadw golwg ar

y seiadau a sefydlwyd mewn nifer o gartrefi a lleoedd eraill. Yn ôl Howell Harris, roedd Williams yn bregethwr nerthol. Dyma ei dystiolaeth yn Saesneg, *'Hell trembles when Williams comes, and souls are daily taken by brother William in the gospel net.'* Yn ei lythyr olaf i Thomas Charles o'r Bala, ychydig wythnosau cyn ei farw, fe ysgrifennodd Williams fel hyn,

'Rwyf ers deg wythnos yn cadw yn fy 'stafell wely heb beidio camu allan ohoni. Meddyliwch y fath siomedigaeth i ddyn ar ôl trafeilio'n agos i dair mil o filltiroedd bob blwyddyn am dros 50 o flynyddoedd, ei fod yn awr heb drafeilio dim rhagor na 40 troedfedd y dydd, a hynny o'r tân i'r gwely.'

Fel John Wesley, fe ddangosodd Williams Pantycelyn sêl ddiben-draw i genhadu'r Efengyl, a tharddai hyn o'i argyhoeddiad dwfn fod angen yr Efengyl ar bob dyn, pwy bynnag ydoedd. Yn wir, roedd sêl genhadol Williams i gyhoeddi'r Efengyl yn gyfled â'r byd cyfan, ac fe fynegodd hynny yn glir yn ei emyn,

Doed yr Indiaid, doed Barbariaid,
Doed y Negro du yn llu
I ryfeddu'r ddwyfol goncwest
Unwaith gaed ar Galfari:
Sŵn y frwydyr
Dreiddio i eithaf conglau'r byd.

Emyn 50: *O enw ardderchocaf*

Y Fendith:
Ac yn awr, ein Tad, nid oes mwy i'w ddweud, ond mae llawer i'w wneud.
Gwarchod ni lle bynnag yr awn, a nertha ni fel dy was Williams Pantycelyn i glodfori dy enw mewn meddwl, gair a gweithred.
Gras ein Harglwydd Iesu Grist, a chariad Duw, a chymdeithas yr Ysbryd Glân a fyddo gyda ni yn wastad. Amen.

WILLIAMS YR EMYNYDD

Salm agoriadol:
Molwch yr Arglwydd, yr holl genhedloedd;
clodforwch ef, yr holl bobloedd.
Oherwydd mae ei gariad yn gryf tuag atom,
ac y mae ffyddlondeb yr Arglwydd dros byth.
Molwch yr Arglwydd.

Emyn 165: *Cyduned y nefolaidd gôr*

Gweddïwn:
Diolchwn iti, ein Tad, am y Sul a'i fendithion unwaith eto – y Sul
i gofio ac i ddathlu atgyfodiad dy fab Iesu Grist o farw yn fyw.

Er marw fy Iesu, er hoelio fy Nuw,
parhaodd ei gariad drwy angau yn fyw.

Ac ar sail hyn, ein Tad, fe gredwn dy fod yn fwy na pharod i'n
anrhydeddu â'th bresenoldeb, i wrando ar ein cri, ac i'n bendithio
â meddyginiaeth dy gariad a'th ras yn Iesu Grist.

Diolchwn iti am dy weision fu'n pregethu dy Air i lawr ar hyd
y cenedlaethau yng Nghymru ein gwlad, ac yn bugeilio dy bobl
gyda gofal mawr. Fe gofiwn heddiw, ein Tad, am ddiwygwyr
mawr y ffydd yng ngorffennol hanes ein cenedl – y rhai fu'n dy
wasanaethu yn ddiarbed mewn amgylchiadau caled ac anodd a
hyd yn oed yn wyneb erledigaeth chwerw a chreulon. Bendigwn
dy enw am gyfraniad cyfoethog Williams Pantycelyn yn llunio
emynau sydd wedi cydio ac aros yn ddwfn yng nghof llawer o'th
saint, ac sydd hyd heddiw yn gyfrwng bendith i'n heneidiau.

Diolchwn iti am ein cyfeillion sy'n rhoi o'u hamser i arwain y gân ac yn gwasanaethu wrth yr organ. O Arglwydd, mae mor hawdd i'w cymryd yn ganiataol. Derbyn ein diolch am eu llafur, a chofia bawb sy'n ei chael hi'n anodd seinio cân oherwydd afiechyd ac unigrwydd. Cynorthwya ni i ysgafnhau beichiau eu bywydau, ac i ysgwyddo beichiau ein gilydd mewn ysbryd consyrn a chariad.

Pwyswn ar dy drugaredd tuag atom. Maddau i ni ein pechodau ac aros gyda ni a chyda dy blant ym mhob man. Er mwyn ein Gwaredwr a'n Harglwydd Iesu Grist. Amen.

Llefarydd:
Yn ein gwasanaeth heddiw, byddwn yn gwerthfawrogi cyfraniad mawr William Williams Pantycelyn, yr emynydd. Wrth wneud hynny, byddwn yn cofio un o ddiwygwyr mawr y ddeunawfed ganrif. Gwnaeth Williams gyfraniad aruthrol i'r ymgyrch o ennill Cymru i Grist drwy deithio'r deithio'r wlad i bregethu ac i sefydlu a chynnal seiadau gymaint ag y gallai. Fel John Wesley, fe ddangosodd Williams Pantycelyn sêl ddi-ben-draw i genhadu, a tharddai hyn o'i argyhoeddiad dwfn fod angen yr Efengyl ar bob dyn, pwy bynnag ydoedd. Yn wir, roedd sêl genhadol Williams i gyhoeddi'r Efengyl yn gyfled â'r byd cyfan, ond heddiw, fe'i cofiwn yn bennaf fel prif emynydd ein cenedl.

I'r rhan fwyaf ohonom heddiw, byddai cynnal oedfa heb ganu emynau yn brofiad chwithig a dweud y lleiaf, ac mi fyddem yn teimlo fod rhywbeth pwysig ar goll yn ein haddoliad. Wel, fe fu adeg yn hanes yr Eglwys Gristnogol yng Nghymru pan nad oedd y gynulleidfa yn canu emynau. Mae'n anodd credu hyn heddiw, oherwydd mae canu emynau yn rhan annatod o'n haddoliad, ond mewn gwirionedd, rhywbeth cymharol ddiweddar yw caniadaeth y cysegr yn ein gwlad. Daeth canu emynau i fri fel canlyniad i Ddiwygiad Efengylaidd y ddeunawfed ganrif, a'r gŵr a gyfrannodd fwyaf at emynyddiaeth Cymru yn ddi-os oedd Williams Pantycelyn. Mynegwyd yr angen am emynau mewn cwrdd misol yn gynnar ym mhedwar degau y ddeunawfed ganrif, ac anogodd Howell Harris bawb i geisio cyfansoddi emyn erbyn y cyfarfod dilynol. Gwnaed hynny, ac yn fuan iawn sylweddolwyd, fel y dywedodd Howell Harris, mai *'Williams sy' piau'r emyn'.*

I werthfawrogi Williams fel emynydd mwyaf Cymru, byddai'n dda atgoffa'n gilydd mai un o blant Diwygiad Efengylaidd y ddeunawfed ganrif oedd William Williams Pantycelyn. Gan amlaf, rydym yn cysylltu Diwygiadau Cymru â phresenoldeb yr Ysbryd Glân yn disgyn mewn modd nerthol iawn, a'i fod fel tân nerthol yn ysgubo'r holl wlad. Defnyddiodd Williams Pantycelyn y ddelwedd hon yn yr emyn nesaf a ganwn sef rhif 314.

Emyn 314: *Enynnaist ynof dân*

Llefarydd:
Mae hanes tywalltiad yr Ysbryd Glân yn disgyn i'w olrhain yn ôl i gyfnod cyntaf yr Eglwys Fore, pan oedd disgyblion yr Arglwydd Iesu Grist wedi ymgynnull ynghyd yn yr oruwchystafell yn Jerwsalem. Gadewch inni wrando'r hanes.

Darlleniad: Actau 2: 1–13

Llefarydd:
Daeth Williams Pantycelyn i brofiad o'r Ysbryd Glân yn gyntaf yn fachgen ugain mlwydd oed wrth wrando ar bregethu tanllyd Howell Harris ym mynwent Talgarth. Ysgydwyd Williams i waelod ei fod fel y gwelodd ei hunan yn bechadur truenus iawn a chwbl golledig, ond er mawr ryfeddod iddo, gwelodd Iesu

Grist yn ei garu ar groes Calfaria, ac yn estyn iddo faddeuant a bywyd newydd trwy waed Crist. Nid yw'n syndod iddo ganu am y profiad hwn yn un o'i emynau:

Ti faddeuaist fil o feiau
i'r pechadur gwaetha'i ryw;
Arglwydd, maddau eto i minnau –
ar faddeuant 'rwyf yn byw:
d'unig haeddiant
yw 'ngorfoledd i a'm grym.

Dymuniad Williams Pantycelyn cyn ei dröedigaeth oedd bod yn feddyg, ac yn Athrofa Llwyn Llwyd, fe baratôdd ei hun ar gyfer hynny. Ond fel y dywedwyd, ni ddigwyddodd hynny oherwydd fe arweiniwyd Williams fel claf at y Meddyg Mawr ei hun. Gwelwyd dawn Williams fel meddyg eneidiau yn fwyaf arbennig yn y seiadau a sefydlodd ledled y wlad – cymaint â 450 ohonynt i gyd. Yn sgil pregethu nerthol y Diwygiad, achubwyd miloedd ar filoedd o bobl i Grist, ond fe olygodd hyn gyfrifoldeb a gwaith ychwanegol i arweinwyr y mudiad newydd. Ar ôl dod i brofiad o achubiaeth trwy ras, roedd y bobl hyn yn dyheu am gwmni ei gilydd ac am wybodaeth bellach o'r ffydd Gristnogol.

Wel, i gyfarfod â'r dyhead dwfn hwn, trefnwyd seiadau drwy'r wlad, a rhoddwyd y cyfrifoldeb o fugeilio seiadau Sir Gaerfyrddin a Cheredigion yng ngofal Williams Pantycelyn. Felly, ef yn fwy na neb a sicrhaodd lwyddiant y seiadau hyn. Eu diben oedd dyfnhau ffydd y bobl gyffredin yn yr Arglwydd Iesu Grist, a'u galluogi i dyfu yn y ffydd ac yn eu hymddiriedaeth yng ngwaith gras Duw o'u mewn. Bu'r seiadau hyn hefyd yn gymorth i Williams ddatblygu ei ddawn fel emynydd, ac iddo gynnwys profiadau llawer o fynychwyr y seiadau yn ei emynau.

Nid oes llawer o eglwysi bellach yn cynnal seiat, ac efallai mai'r syniad a gawn ni heddiw am bobl y seiat yw, fel y dywedodd Wil Bryan, mai *'pobl dda yden nhw yn meddwl eu bod yn ddrwg.'* Wel, yn sicr, nid felly, oherwydd gwyddai'r seiadwyr am eu gwendidau cystal â neb a'u hangen mawr am faddeuant a heddwch Duw i'w calonnau. I Williams Pantycelyn, clinig ysbrydol oedd y seiat, ac ynddynt gwrandawai ar brofiadau amrywiol y saint. Chwilio gwaelodion y galon yng ngoleuni llachar yr Efengyl ac ymlid pechod allan ohoni oedd un o ddibenion y seiat, ac yn ei emynau, fe roddodd Williams fynegiant cryf i'r dyhead hwn trwy ganu,

Chwilia, f'enaid, gyrrau 'nghalon,
  Chwilia'i llwybrau maith o'r bron,
Chwilia bob ystafell ddirgel
  Sydd o fewn i gonglau hon;
Myn i maes bob peth cas
Sydd yn atal nefol ras.

Llefarydd:
Ond nid meddyg yn dadansoddi cyflwr ysbrydol ei bobl yn unig oedd Williams Pantycelyn. Wedi'r dadansoddi gofalus yn y seiat, âi ymlaen i gynnig ac i arllwys moddion yr Efengyl i bobl ei ofal, a gwnâi hynny gan ganmol ar yr un pryd nodweddion y Meddyg Da. Yn ein llyfr emynau, *Caneuon Ffydd*, mae gennym nifer o'i emynau sy'n sôn am ragoriaeth Iesu'r Meddyg Da, a ddaeth i wella afiechyd marwol dynol-ryw. Ond fe wnaeth Iesu fwy na rhoi meddyginiaeth drwy chwistrell fel y gwna meddygon heddiw, ac i Williams Pantycelyn, Iesu ei hun yw'r feddyginiaeth, ac fe gostiodd hynny iddo angau melltigedig ar groes fel y gwelwn yn ei emyn nesaf a ganwn.

Fe ddaeth i wella'r archoll
    drwy gymryd clwyf ei hun,
etifedd nef yn marw
    i wella marwol ddyn;
yn sugno i maes y gwenwyn
    a roes y sarff i ni,
ac wrth y gwenwyn hwnnw
    yn marw ar Galfarî.

Emyn 501: *O enw ardderchocaf*

Llefarydd:
Yn y gwasanaeth hwn wrth geisio gwerthfawrogi Williams Pantycelyn fel emynydd, nid ydym ond megis crafu'r wyneb. Nid ydym wedi cyfeirio o gwbl at ei waith mawr fel llenor a diwinydd a chyfieithydd nifer o emynau o'r Saesneg, ac fel awdur nifer o lyfrau. Ond fel y dywedwyd ar y dechrau, ei gofio rydym heddiw yn bennaf fel emynydd mwyaf Cymru. Yn ei emynau, cofnododd Williams brofiadau gwerinwyr cyffredin ei oes ar gân gan ganmol Iesu, *'yr enw mwyaf mawr erioed a glywyd sôn'*. Ac yn ddi-os, mae'r emynau hyn yn fynegiant o'n ffydd ninnau heddiw yn Iesu fel Gwaredwr ac Arglwydd ein bywyd. Cafodd nifer ohonom y fraint o gael ein magu yn sŵn emynau, a dysgu geiriau nad oeddem yn eu deall ar y pryd. Ond yn nes ymlaen, wrth wynebu argyfyngau bywyd, daeth yr emynau a ddysgwyd ar ein cof yn gymorth ac yn gysur mawr i ni. Mynegir hyn yn gofiadwy iawn gan y bardd Gwenallt yn ei gerdd dan y teitl 'Yr Hen Emynau':

Buont hwy yn canu uwch fy nghrud,
Uwchben fy machgendod a'm hieuenctid,
Fel côr o adar Cristnogol:

Hwynt-hwy â'u cân oedd yn cario Calfaria
A'r Groes i ganol y gweithfeydd;
Bethlehem a'r crud i ganol y tipiau;
Y bedd gwag i blith y gwagenni,
A dwyn afon yr Iorddonen heb fitrel yn y dŵr.

I gloi, fe ganwn emyn rhif 320 sy'n ffefryn i lawer ohonom:

Iesu, Iesu, 'rwyt ti'n ddigon,
'rwyt ti'n llawer llawer mwy na'r byd;
mwy trysorau sy'n dy enw
na thrysorau'r India i gyd:
oll yn gyfan
ddaeth i'm meddiant gyda'm Duw.

Er mwyn ei enw. Amen.

Emyn 320: *Iesu, Iesu, 'rwyt ti'n ddigon*

Y Fendith:
Ein Tad, diolchwn am gymwynas fawr Williams Pantycelyn yn rhoi i ni emynau eneiniedig i fynegi ein ffydd ynot ti ac i glodfori enw dy fab Iesu Grist;

Yr enw mwyaf mawr
erioed a glywyd sôn:

'does enw i'w gael o dan y nef
yn unig ond ei enw ef.

Derbyn ein diolch a'n clod, a gwêl yn dda i'n bugeilio â'th gariad a'th ras weddill y dydd, a hyd byth. Amen.

YR ATGYFODIAD

Adnodau agoriadol:

'Peidiwch ag arswydo. Yr ydych yn ceisio Iesu, y gŵr o Nasareth a groeshoeliwyd.'

'Nid yw ef yma, oherwydd y mae wedi ei gyfodi, fel y dywedodd y byddai; dewch i weld y man lle bu'n gorwedd. Ac yna ewch ar frys i ddweud wrth ei ddisgyblion.'

'Ond i'w tyb hwy, lol oedd yr hanesion hyn, a gwrthodasant gredu'r gwragedd. Ond cododd Pedr a rhedeg at y bedd; plygodd i edrych, ac ni welodd ddim ond y llieiniau. Ac aeth ymaith, gan ryfeddu wrtho'i hun at yr hyn oedd wedi digwydd.'

Gweddïwn:

Cynorthwya ni, ein Tad, i brofi o'r newydd wefr y digwyddiad rhyfedd hwn fod Iesu yn fyw, ac yn real yng nghalon pwy bynnag sy'n credu yn ei enw. Os gweli'n dda, anrhydedda ni â'th bresenoldeb yn yr oedfa hon, a phlyg ni i'th addoli mewn ysbryd a gwirionedd. Er mwyn Iesu, ein Ceidwad byw. Amen.

Emyn 549: *Fe dorrodd y wawr, sancteiddier y dydd*

Llefarydd:

Bob blwyddyn, rydym yn edrych ymlaen at dymor y gwanwyn. Mae tymor y gaeaf eto eleni wedi bod yn hir, yn wlyb ac yn oer, ond o'r diwedd mae'r coed yn dechrau blaguro a'r caeau yn dechrau glasu. Mae hyn yn arwydd fod oerni'r gaeaf yn dechrau cilio. Mae'r tywydd yn dechrau cynhesu, ac erbyn mis Mai, rydym yn gobeithio y bydd natur unwaith eto yn ei ogoniant.

Gŵr sy'n mynegi hyn yn hyfryd iawn yw'r prifardd o Lanrwst, T. Glynne Davies:

Diwrnod o haf ym Mai,
a'r awyr yn llachar las.
Oerni y Gaeaf ar drai
a'r Gwanwyn yn dda ei flas.

Ond mae 'na ddyhead arall hefyd yn does yn ein calonnau fel Cristnogion, sef y dyhead am wanwyn ysbrydol unwaith eto yn ein heglwysi:

Anadla, Iôr y Gwanwyn
Fel awel dros ein tir
I ail ddihuno Cymru
O gwsg Gaeafau hir.

Mae gweddïo taer ac ymdrechion cywir wedi cael eu gwneud dros y blynyddoedd i ddeffro eglwysi ein gwlad, ond hyd yma, mae arwyddion deffroad yn brin iawn. Mae'r gwanwyn ysbrydol yn hir yn dod. Yn wyneb hynny, mae'n bwysicach nag erioed ein bod yn codi'n golygon i'r nefoedd ac yn edrych o'r newydd ar neges fawr yr Atgyfodiad. Ond pa sail sy gennym i gredu yng ngrym yr Atgyfodiad, a pha bethau amlwg sy'n cadarnhau ein cred fod Iesu yn goncwerwr mawr ac yn fyw heddiw? Cyn cynnig atebion i'r cwestiynau hyn, fe wrandawn ar dystiolaeth yr Apostol Paul i atgyfodiad yr Arglwydd Iesu Grist.

Darlleniad: Llythyr Cyntaf Paul at yr Eglwys yng Nghorinth 15: 1–11 ac yna 12–19

Emyn 551: *Arglwydd bywyd, tyred atom*

Llefarydd:
Yng ngweddill ein myfyrdod, ceisiwn ateb y cwestiynau pa sail sy gennym i gredu yng ngrym yr Atgyfodiad, a pha bethau amlwg sy'n cadarnhau ein cred fod Iesu yn goncwerwr mawr ac yn fyw heddiw?

Yn gyntaf. Bodolaeth yr Eglwys Gristnogol.
Mae'r ffaith fod yr Eglwys wedi para dros ugain canrif yn brawf diamheuol fod rhywun wedi ei chynnal a'i chadw'n fyw, a'r rhywun hwnnw i ni, wrth gwrs, yw'r Arglwydd Iesu Grist. Yn y ganrif gyntaf OC roedd yr Ymerodraeth Rufeinig mewn grym ac awdurdod mawr, ac roedd ei dylanwad yn ymestyn bron i bob rhan o'r byd – o Sbaen yn y gorllewin i Armenia yn y dwyrain. Heddiw, mae'r Ymerodraeth Rufeinig wedi peidio â bod ers canrifoedd, ond y mae Eglwys yr Arglwydd Iesu Grist yn dal yn fyw.

Pan oedd Iesu Grist yn ŵr ifanc, criw bychan o ddeuddeg oedd ei ddisgyblion cyntaf, ac wedi ei atgyfodi, hedyn bychan fel hedyn mwstard oedd nifer aelodau'r Eglwys Fore. Ond i lawr dros y canrifoedd, mae'r hedyn hwnnw wedi tyfu yn goeden fawr, gyda'i changhennau erbyn heddiw yn ymestyn bron dros holl wledydd ein byd. Nid ein bwriad yw clodfori'r Eglwys Gristnogol, gan roi'r argraff ei bod yn berffaith. Na, mae'n amhosibl iddi fod yn berffaith oherwydd ein cyflwr ysbrydol a moesol fel aelodau ohoni. Pechaduriaid a phobl gyffredin ydym oll, ond yr hyn sy'n ardderchog yw mai pobl gyffredin gydag Arglwydd anghyffredin yw aelodau'r Eglwys Gristnogol. Mewn geiriau eraill, mae'r Eglwys wedi para, nid oherwydd ein rhinweddau ni fel aelodau, ond oherwydd bod Crist yn Waredwr ei Eglwys, ac yn rym bywiol o'i mewn.

Mae'r Eglwys Gristnogol o bob enwad yng Nghymru heddiw yn mynd drwy gyfnod anodd, ac mae'r gyfundrefn grefyddol, fel y gwyddom amdani, yn darfod. Ond yr un mor wir yw nad yw'r Crist byw yn dibynnu ar barhad cyfundrefnau i fyw. Yn ystod ei fywyd ar y ddaear, er ei fod yn aelod o gyfundrefn grefyddol Iddewig, ni chafodd ddim cefnogaeth oddi wrthi – dim ond gwrthwynebiad a chasineb. Ni allent stumogi ei neges, ac fe'i croeshoeliwyd mewn modd gwaradwyddus ar ben mynydd rwbel Calfaria. Ond ymhen tri diwrnod roedd y Crist croeshoeliedig byw wrthi yn codi Eglwys newydd iddo'i hun.

Fel y dywedwyd ar y dechrau, mae tyfiant y gwanwyn yng nghefn gwlad yn aml iawn yn brin ac yn hir yn dod. Yn aml iawn, mae'r ffarmwr yn poeni fod cynhaeaf y flwyddyn flaenorol ar gyfer yr anifeiliaid yn prinhau bob dydd a bron â darfod. Ar adegau felly, mae'n iawn cael ein temtio i gredu na fydd y gwanwyn yn dod, ond yn ddieithriad, dod mae tymor y gwanwyn yn ei amser ei hun gan gyflawni trefn y tymhorau.

Onid yw hyn yn wir hefyd am dymhorau ysbrydol bywyd? Pryd y gwelwn ni eto adfywiad yn y tir, a phraidd dy Eglwys yn ymateb eto i rym cariad Duw yn Iesu Grist? Dyma yw ein gweddi a'n cred. Eiddo Crist yw'r dyfodol, ac 'ni chaiff holl bwerau uffern y trechaf' ar ei Eglwys ef. Mae bodolaeth yr Eglwys yn brawf heddiw o'r Crist Atgyfodedig byw.

Gweddïwn:
Diolchwn iti, ein Tad, am eglwysi ein gwlad, a'r fendith a gawsom yng nghwmni'n gilydd wrth dy addoli ac ymateb i wirioneddau dy Air yn Iesu Grist. Rydym yn mwynhau ac yn gwerthfawrogi cymdeithas mewn adeiladau eraill, ond diolchwn fwy am gymdeithas dy Eglwys yn y tŷ hwn. Diolchwn, ein Tad, am y cyfle,

nid yn unig i arddel perthynas dda â'n gilydd, ond i ymwybod gyda'n gilydd mai dy blant di ydym trwy dy drugaredd, a brodyr a chwiorydd i'n gilydd yn Iesu Grist.

Maddau inni am dlodi ein ffydd a'n diffyg sêl yn aml. O Dad trugarog, yn dy drugaredd, er mwyn dy Fab Iesu a'n carodd hyd angau ar groes, ac sy'n fyw heddiw, dyro inni faddeuant o'n diffygion mawr, a deffro ynom ddyhead newydd i ymroi i'th waith.

Yn ôl ein harfer, ein Tad, gweddïwn dros deulu poen a gofid – poen siom colli iechyd a gofid a hiraeth colli anwyliaid a ffrindiau. Ni allwn yn well na'u cyflwyno i'th ofal grasol di, ein Tad, a rhoi diolch am bob gofal a estynnir iddynt gan eu teuluoedd. Diolchwn am wasanaeth meddygon a nyrsys yn gweithio'n lleol ac yn ysbytai ein gwlad. Dyro iddynt sêl dy fendith yn eu gwaith, ac arwain ninnau i gario beichiau ein brodyr a'n chwiorydd yn ysbryd dy gariad. Gofynnwn hyn er mwyn yr un a'n gwasanaethodd hyd angau ar groes ac sydd heddiw yn dal i'n sbarduno i gyflawni gweinidogaeth dy gariad. Amen.

Llefarydd:
Yr ail reswm sy'n cadarnhau ein cred yn y Crist byw yw bodolaeth y Testament Newydd. Dyma'r llyfr sy'n cofnodi hanes Iesu Grist o'i grud i'w fedd. Ac nid yn unig hynny ond hanes rhyfedd ei atgyfodiad ar fore'r trydydd dydd, a hefyd hanes arwrol ei ddilynwyr yn yr Eglwys Fore. Tybed beth fyddai wedi digwydd i'r disgyblion pe byddai Iesu ddim wedi atgyfodi? Yn fwy na thebyg, byddent wedi mynd yn ôl at eu teuluoedd, ac yn ôl i'w hen orchwylion. Yn wir, dyna yn union wnaeth rhai o'r disgyblion am ddau ddiwrnod – gadael y Crist marw yn ei fedd a dychwelyd i'w hen ffyrdd. Ond fe ddigwyddodd yr annisgwyl.

Ym more bach y trydydd dydd, cyn i'r chwiorydd ddod at y bedd i eneinio ei gorff, fe atgyfodwyd yr Iesu croeshoeliedig marw yn Grist buddugoliaethus byw, ac o'r dydd hwnnw ymlaen, gweddnewidiwyd bywyd y disgyblion yn llwyr. Felly, heb y Crist byw, ni fyddai Eglwys Gristnogol, na chwaith Destament Newydd. Y Crist byw a roddodd fod i'r Testament Newydd sy'n tystio i fawrion weithredoedd Duw yn Iesu Grist. Erbyn heddiw y mae'r llyfr hwn wedi ei gyfieithu i ddeunaw cant o ieithoedd y byd gan gynnwys yr iaith Gymraeg. Yn ddiamheuaeth, y mae bodolaeth yr Eglwys Gristnogol a thystiolaeth y Testament Newydd yn cadarnhau ein cred yn y Crist byw.

Emyn 381: *Hyfryd eiriau'r Iesu*

Gweddïwn:
Diolchwn iti, ein Tad, am emyn hyfryd Elfed yn mynegi gwirioneddau dy Air – dy Air sy'n tystio i fawrion weithredoedd dy gariad yn Iesu Grist. Heb y Gair a wnaethpwyd yn gnawd ni fyddai gennym wybodaeth am dy gariad anfeidrol tuag atom na chyfoeth newyddion da y Testament Newydd. Diolchwn iti, ein Tad, am Gymdeithas y Beibl a'i gweithwyr sydd wedi cyfieithu dy Air i nifer fawr o ieithoedd cenhedloedd y byd. Erfyniwn am dy fendith ar eu llafur, ac i ninnau ledaenu dy Air mewn meddwl, gair a gweithred.
Er mwyn y gair, er mwyn yr Oen,
  er mwyn ei boen a'i gariad,
gwna ni'n ddisyflyd dros y gwir,
  a gwna ni'n bur ein rhodiad. Amen.

Llefarydd:
Y trydydd rheswm sy'n cadarnhau ein cred yn y Crist byw yw bodolaeth 'Dydd yr Arglwydd', sef dydd Sul – y dydd a

neilltuodd Cristnogion yr Eglwys Fore i ddathlu'r atgyfodiad fod Iesu yn Arglwydd bywyd a marwolaeth.

Hwn ydyw'r dydd y cododd Crist
  gan ddryllio pyrth y bedd;
O cyfod, f'enaid, na fydd drist,
  i edrych ar ei wedd.

Mae'n arwyddocaol mai Iddewon oedd disgyblion Iesu Grist, a hefyd ei ddilynwyr cyntaf yn yr Eglwys Fore. Roedd y rhan fwyaf ohonynt wedi cael eu magu ar aelwyd grefyddol Iddewig, ac yn naturiol, roedd y Saboth Iddewig a gynhelid ar ddydd Sadwrn yn hollbwysig yn eu golwg. Wedi'r cyfan, dyma'r diwrnod sanctaidd i roi heibio eu gwaith i addoli Duw. Ac roeddynt yn gwneud hyn oherwydd bod Duw wedi eu gorchymyn:

'*Cofia y dydd Saboth, i'w sancteiddio ef. Chwe diwrnod y gweithi, ac y gwnei dy holl waith: ond y seithfed dydd yw Saboth yr Arglwydd dy Dduw.*'

Os ydych wedi bod yn ninas Jerwsalem, efallai i chi weld teuluoedd Iddewig, yn eu gwisgoedd duon, yn mynd i addoli Jehofa Dduw ar ddydd Sadwrn. O gofio hyn, nid heb reswm digonol newidiodd Cristnogion o dras Iddewig eu diwrnod addoli o ddydd Sadwrn i ddydd Sul. Roedd atgyfodiad yr Arglwydd Iesu Grist yn ddigwyddiad mor aruthrol fawr yn eu profiad fel iddynt gefnu ar y Sadwrn Iddewig a neilltuo'r Sul yn ddiwrnod i ddathlu'r Crist byw mewn llawenydd. Mae gan Gwilym Hughes gerdd sy'n sôn am ein diffyg llawenydd ni heddiw fel Cristnogion, ac ynddi, mae'n gofyn am faddeuant. Dyma ran ohoni:

Maddau inni am fynych golli'r llawenydd,
a mynd o amgylch fel Atlas a'r byd ar ei gefn:
fel pe baem heb glywed yr efengyl,

na chlywed am ei gorfoledd.
Fel pe bai Annas a Chaiaffas, Herod a'r milwyr
wedi cael y maen i'r wal
a thithau wedi colli'r dydd.

Iesu'n colli'r dydd. Wel, gwae ni os mai dyma'r argraff rydym yn ei rhoi. Onid Paul a ysgrifennodd yn ei lythyr at Gristnogion Rhufain, *'Os yw Duw trosom, pwy a all fod i'n herbyn?'* Tebyg hefyd oedd byrdwn Pedr yn ei neges i dyrfa fawr o bobl yn Jerwsalem. Dechreuodd ar nodyn llym drwy ddweud am Iesu, *'yr hwn a groeshoeliasoch chwi, eithr Duw a'i cyfododd oddi wrth y meirw.'*

Dyma yw achos ein llawenydd – gallu cariad achubol Duw yn Iesu Grist. Yn ein llyfr emynau ceir cwpled syml sy'n mynegi gwirionedd mawr am y Duwdod ac am Iesu Grist:

Cans byw y mae Duw a chariad yw Ef;
mae bywyd a chariad yn un yn y Nef.

Bywyd a chariad sylwch. Dyma'r ddau beth mawr welwyd ym mherson yr Arglwydd Iesu Grist. Bywyd sanctaidd yn llawn gras a gwirionedd a chariad a drechodd ein gwaethaf ni ar groes Calfaria, ac a orchfygodd, hyd yn oed, gaethiwed angau ac anobaith y bedd. Na,

Ni allodd angau du
  ddal Iesu'n gaeth
ddim hwy na'r trydydd dydd –
  yn rhydd y daeth.

Y mae'n rhydd heddiw hefyd i'n hanrhydeddu â'i bresenoldeb sanctaidd, ac i'n bendithio â meddyginiaeth ei gariad. Gadewch inni gredu hyn â'n holl galon, ac ymateb fel Eglwys mewn llawenydd fod Iesu yn fyw:

Gorfoleddwn, llawenhawn:
gwag yw'r bedd, a'r nef yn llawn;
rhoddwn ynot ti ein ffydd,
arwr mawr y trydydd dydd. Amen.

Emyn 548: *Ar fore'r Pasg datseinier cân*

Y Fendith:
Mae Iesu yn fyw! O Arglwydd Iesu, gad i'r geiriau hyn atseinio yn ein clustiau wrth inni ymadael â'th dŷ, a'n llenwi â gorfoledd dy gariad, ac â nerth yr Ysbryd Glân i gyhoeddi'r newydd syfrdanol hwn yn llawen mewn gair a gweithred.
A boed i dangnefedd Duw sydd uwchlaw pob deall gadw ein calonnau a'n meddyliau yng Nghrist Iesu ein Harglwydd heddiw a hyd byth. Amen.

Y BYWYD LLAWNAF

Gweddi agoriadol:
Ein Tad, yr hwn wyt yn y nefoedd, yn ein haddoliad i ti, cynorthwya ni i weddïo gyda'r salmydd, '*Chwilia fi, O Dduw, iti adnabod fy nghalon; profa fi, iti ddeall fy meddyliau. Edrych a wyf ar ffordd a fydd yn loes i mi, ac arwain fi yn y ffordd dragwyddol.*' Clyw ein gweddi, er mwyn ein Harglwydd Iesu Grist. Amen.

Emyn 41: *Ymgrymwn ger dy fron*

Darlleniad: Salm 139: 1–18 a 23–24

Emyn 215: *Mae'n llond y nefoedd, llond y byd*

Llefarydd:
Gan amlaf, mae pregethwr yn cyflwyno tri phen i'w bregeth gan obeithio y bydd hynny yn help iddo'i hun ac yn help i chi sy'n gwrando! Ond heddiw rydym am ddefnyddio nid tri phen ond pum pen – pum peth y gallwn eu gwneud mewn oedfa, sef edrych yn ôl, edrych i mewn, edrych i fyny, edrych ymlaen, ac edrych o'n cwmpas.

Felly, heb oedi dim, fe ddechreuwn efo'r **cyntaf sy'n rhoi cyfle inni i edrych yn ôl a dwyn i gof yn ddiolchgar.** Mae'r gair 'cofia' neu rai tebyg iddo yn lluosog iawn yn y Beibl. '*Cofia yr Arglwydd dy Dduw*', '*Cofia y dydd Saboth i'w sancteiddio ef*' ac yn y blaen. Tybed pa mor bell yn ôl yr ydych yn cofio, a beth oedd y digwyddiad cyntaf sy'n dal i aros yn y cof? Mae'n debyg fod rhai ohonom yn cofio'r diwrnod cyntaf yn yr ysgol yn bum mlwydd oed. Efallai inni edrych ymlaen am y diwrnod mawr, ond wedi cyrraedd yr ysgol cael traed oer, a dechrau crïo, a gwrthod gollwng llaw dad neu mam, a'r athrawon yn amyneddgar ac yn annwyl efo ni. Mae'n rhyfedd fel rydym yn dal i gofio dyddiau cynnar bywyd ar ôl yr holl flynyddoedd. Yn aml iawn, rydym yn cofio mwy am ddigwyddiadau pell yn ôl na'r hyn a ddigwyddodd ddoe – arwydd ein bod i gyd yn mynd yn hŷn!

Mae pawb ohonom yn gwybod yr adnod, 'Cofiwch wraig Lot.' Yr hyn wnaeth hi oedd edrych yn ôl a dyheu am yr hen ffordd bechadurus o fyw yn Sodom, ac yn ôl yr hanes, fe drodd yn golofn o halen! Yn y Testament Newydd, cawn Iesu yn un o'i ddamhegion yn sôn am y Pharisead hwnnw yn edrych yn ôl yn hunangyfiawn ac yn diolch i Dduw ei fod yn well na phawb arall. Yn ei weddi, meddai, 'O Dduw, yr wyf yn diolch iti am nad wyf fi fel pawb arall, yn rheibus, yn anghyfiawn, yn odinebus...' ac yn y blaen. Ac yna, aeth ati i ymffrostio yn ei gampau crefyddol – gweddïo'n hir bob dydd, degymu ei bres ac ymprydio, ac yna, mewn ysbryd hunanfoddhaus, mae'n diolch i Dduw ei fod yn ddyn mor dda.

Wel, dyma i chi enghraifft o ddefnyddio'r cof mewn modd annheilwng – y Pharisead yn dyrchafu ei hunan ar draul pobl eraill wrth orsedd gras. Cofiwch chi, mae 'na'r fath beth â ffug ostyngeiddrwydd ger bron Duw – fel y gŵr hwnnw yn y seiat yn rhannu'i brofiad ac yn dweud bob tro ei fod yn bechadur mawr. Mae'n debyg fod ei gyd-seiadwyr wedi blino ar ei diwn gron ddiddiwedd, ond y tro yma, mae'r gweinidog yn ymateb yn wahanol i'r arfer, a meddai, 'Wel, gyfaill, rydech chi'n dweud calon y gwir – rydech chi yn bechadur mawr.' Pan glywodd hyn, fe ffromodd, ac aeth adre wedi digio wrth bawb a phopeth! Digon yw dweud fod ffordd ragorach na hynny! Nid cofio beiau ein gilydd a ddylem ond pwyso ar drugaredd Duw yn Iesu Grist, a chofio fel y dywed y cwpled,

Ninnau'n cofio dy gariad di,
A thithau'n anghofio'n pechodau ni.

Gweddïwn:
Cyffeswn ein Tad inni ymollwng lawer gwaith i ysbryd cwynfanllyd, a thaflu bai ar bawb a phopeth ond arnom ni ein hunain. Pwyswn ar dy drugaredd, a gofynnwn am dy gymorth i'n cadw rhag bod yn orfeirniadol ac yn fwy ymwybodol fod trawst yn aml yn ein llygaid ein hunain pan gwynwn am frycheuyn yn llygaid pobl eraill. Yn hytrach, cadw'n golwg ar Iesu, pentywysog a pherffeithydd ein ffydd ni, fel y byddom yn ei efelychu mewn meddwl, gair a gweithred. Amen.

Llefarydd:
Yn ail. Mae'r oedfa hon yn gyfle i edrych i mewn i ni'n hunain, a gofyn fel y gwnaeth y salmydd yn Salm 139,
'Chwilia fi, O Dduw, iti adnabod fy nghalon; profa fi, iti ddeall fy meddyliau. Edrych a wyf ar ffordd a fydd yn loes i mi, ac arwain fi yn y ffordd dragwyddol.' Yn y weddi ddwys hon, mae'r salmydd yn gofyn i Dduw roi archwiliad mewnol arno – archwiliad calon a meddwl – a hynny er mwyn gweld a oedd ar y ffordd gywir ai peidio. Mae'n bosibl fod rhai ohonoch wedi cael archwiliad ar eich cyflwr corfforol, ac efallai wedi ei gael yn ddiffygiol er mawr sioc ichi ar y pryd. Mae nifer ohonom yn cofio sefyll arholiadau yn yr ysgol, a theimlo ein bod yn cael archwiliad cof a gallu meddyliol. Gall hynny hefyd fod yn dipyn o brofiad, ond yn Salm 139, mae'r salmydd yn cael archwiliad dyfnach – archwiliad ysbrydol, archwiliad calon a'r hyn sy'n mynd drwy ei feddyliau. Wel, wrth gael ei archwilio, mae'r salmydd yn dod

yn ymwybodol o fawredd ei Greawdwr a'i adnabyddiaeth lwyr ohono, ac yn yr adnod gyntaf, mae'n cydnabod hynny mewn rhyfeddod, *'Arglwydd, yr wyt wedi fy chwilio a'm hadnabod.'* Ond yn adnodau 19 i 22, mae'r salmydd yn cael ei feddiannu â meddyliau annheilwng sy'n peri iddo ddweud, *'Fy Nuw, O na fyddit ti'n lladd y drygionus, fel y byddai rhai gwaedlyd yn troi oddi wrthyf. Yr wyf yn eu casáu â chas perffaith, ac y maent fel gelynion i mi.'* Yn yr adnodau hyn, mae ei deimladau drwg a phechadurus yn brigo i'r wyneb, a dengys hyn mai pechadur yw'r salmydd hefyd fel pob un ohonom.

Beth am gymhwyso? Y mae pawb ohonom yn feidrol, ac nid oes dim o'i le ar hynny. Wedi'r cyfan, felly y cawsom ein creu, ond y mae pawb ohonom yn gyfrifol am ei bechodau. Efallai nad ydym yn gweld ein hunain yn y cyflwr hwn, ond wrth gofio Calfaria, a'r hyn sy'n digwydd heddiw yn ein byd – wrth gofio hyn, ni all neb ohonom ni chwaith deimlo'n gyfforddus iawn. Y mae cydnabod sut rai ydym yn gofyn gonestrwydd calon ac ysbryd edifeirwch.

Rwy'n gweld y drwg heb ei gasáu,
rwy'n gweld y da heb ei fawrhau,
rwy'n gaethwas i ddifater oes,
a gwan yn wyneb ofer foes.

Un o nodweddion cyntaf y bywyd Cristnogol yw edifeirwch, a thra byddwn fyw, gadewch inni fod yn barod i syrthio ar ein bai a phwyso ar drugaredd Duw yn Iesu Grist.

Emyn 513: *Mae rhyw fyrdd o ryfeddodau*

Llefarydd:
Yn drydydd. Mae'r oedfa hon yn gyfle i edrych i fyny mewn

ffydd, neu fel dywed Paul, i *'edrych ar Iesu, Pentywysog a pherffeithydd ein ffydd'.*

Mae'n haws edrych i lawr weithiau a rhoi'r ffidil yn y to na dal ati. Rydym i gyd yn gwybod trwy brofiad bywyd am ein methiannau personol a phrofedigaethau bywyd. Yn ogystal â hyn, mae'r digwyddiadau erchyll sy'n digwydd heddiw yn gallu ein digalonni yn llwyr weithiau, ac yn arbennig wrth glywed a gweld ar y teledu cymaint o anghyfiawnderau, dioddefaint a newyn, a rhyfeloedd dieflig sy'n digwydd yn ein byd.

Ond mae'n dda dweud mai un wedd ar fywyd yw hyn, oherwydd y mae digwyddiadau ardderchog i'w cael yn ein cymdeithas ac yn ein byd sy'n codi'n hysbryd. Gwyddom hefyd am nifer fawr o deuluoedd, sydd heb gysylltiad â chapel, sy'n cynnal eu teuluoedd yn anrhydeddus ac yn trio eu gorau, ac mae'n bwysig ein bod yn cydnabod hynny yn ddiolchgar. Oes, y mae gennym bobl i'w hedmygu yn fawr ac sydd yn arwyr yn eu bro ac yn ein gwlad, ond y mae un arwr yn ein golwg fel Cristnogion sydd goruwch pob arwr arall. Yn wir, cymaint oedd brwdfrydedd Williams Pantycelyn fel iddo ddweud mai Iesu yw

yr enw mwyaf mawr
erioed a glywyd sôn.

'Mwyaf mawr'! – Williams am unwaith yn torri rheolau gramadeg, ond yn gwneud hynny yn effeithiol drwy ganmol ei Arglwydd i'r entrychion, ac mewn emyn arall, mae'n dweud:

Ni welodd llygad dyn erioed,
ni chlywodd clust o dan y rhod
*   am neb cyffelyb iddo ef.*

Rhaid – mae'n rhaid inni edrych i fyny ar Iesu, pentywysog a pherffeithydd ein ffydd ni.

Llefarydd:

Yn bedwerydd. Ar sail ein cred yn yr Arglwydd Iesu Grist, rydym yn edrych ymlaen yn eiddgar, neu fel y dywed Paul, rydym yn edrych ymlaen *'mewn ysbryd sy'n gorlifo â gobaith'.* Mae gobaith heddiw yn nodwedd brin iawn yn ein cymdeithas, ac ar un wedd, mae'n hawdd deall hynny. Yn ymyl Wrecsam mae pentre' bach o'r enw 'Hope', a gerllaw iddo, pentre' o'r enw 'Caergwrle'. Yr hyn mae trigolion di-Gymraeg yr ardal yn ei ddweud yn ddoniol iawn yw, *'Live in Hope, die in Caegirly!'*

'Live in Hope'. Gŵr a wnaeth safiad dewr yn ystod gormes llywodraeth De Affrica ar y dyn du yw'r Archesgob Desmond Tutu. Fe brofodd galedi ac adfyd yn ystod ei fywyd, ond yn anaml iawn y gwelir tristwch ar ei wedd. Pan ofynnwyd iddo sut llwyddodd i gadw'n llawen yng nghanol gormes a chasineb ei wrthwynebwyr, ei ateb yn syml oedd, *'Rwy'n garcharor gobaith, nid am unrhyw reswm dynol, na chwaith am resymau naturiol ond oherwydd fy mod yn credu yn yr Arglwydd Iesu Grist.'* Dyma yw sail y gobaith Cristnogol, a dyma pam y credwn heddiw mai eiddo Duw yw'r dyfodol – dyfodol y byd a'n dyfodol ni sy'n credu yn yr Arglwydd Iesu Grist.

Saif ein gobaith yn yr Iesu,
Brenin nef, goleuni'r byd.

Gadewch inni edrych ymlaen gyda gobaith.

Yn olaf. Edrych allan â llygaid caredig tuag at anghenion pobl ein byd.

Yn amlach na pheidio, mae'r llygad yn ddrych o deimladau ein calon a chynnwys ein meddyliau. Edrych allan sylwch – edrych y tu allan i furiau'r capel 'ma. Dyma wnaeth Iesu Grist. Fel ninnau yn mynychu'r capel yn rheolaidd, aeth Iesu, medd Luc, *'yn ôl ei arfer i'r synagog ar y dydd Saboth'* i addoli Duw ei Dad nefol, ond cofiwn mai man dros dro oedd y synagog a'r deml iddo. Ni chyfyngodd ei hunan i'r sefydliad crefyddol ond mynd allan i ganol cymdeithas i gyflawni gwaith mawr ei fywyd. Onid i hynny y'n galwyd ninnau hefyd? Mae bod yn un o ddilynwyr Iesu yn golygu codi oddi ar ein heistedd a cherdded allan i'r byd mawr a'i drafferthion. Tybed ydych chi'n cofio cyngor Mari Lewis yn llyfr Daniel Owen i'w mab Rhys? *'Tria gael crefydd y bydd ei chynfas yn lapio rhywun arall heblaw ti dy hun.'* Onid yw'n gyngor da? Mae Iesu yn Waredwr personol, a bendigedig yw hynny, ond gadewch inni gofio fod Iesu hefyd yn Arglwydd sy'n galw arnom i ymwadu â ni'n hunain, i godi'n croes ac i'w ganlyn ef gyda llygaid caredig a pharodrwydd calon i wneud ein rhan yng ngwaith y deyrnas. Er mwyn ei enw. Amen.

Gweddïwn:

Ein Tad nefol, trwy nerth dy ras, gwna ni'n fwy tebyg i'th Fab, ein Harglwydd Iesu Grist, a ddaeth i'n byd, nid i gael ei wasanaethu ond i wasanaethu ac i roddi ei einioes yn bridwerth dros lawer. Wrth gofio ei fywyd pur a dilychwin, crea ynom ddyhead i ymwadu â ni'n hunain, i godi'n croes a'i ganlyn ef. Wrth edrych i fyny gydag edmygedd ar Iesu, dyfnha ein hymddiriedaeth ynddo fel ein Gwaredwr, ac wrth edrych ymlaen dyfnha ein ffydd mai ynddo ef y mae ein gobaith ni, ac unig obaith ein byd. Gweddïwn am nerth meddwl a thynerwch dy galon i dosturio wrth bawb sydd angen clust i wrando a help llaw i gydio ynddo.

Dos, ymwêl â'r gweddwon tlodion,
a difera i'w trallodion
falm tosturi a haelioni
i'w cysuro hwy a'u llonni.

O Dad, cwyd ni oddi ar ein gliniau yn gryfach Cristnogion, fel y byddom nid yn unig yn wrandawyr dy Air ond yn weithredwyr dy Air drwy nerth a gras ein Harglwydd Iesu Grist. Ac iddo ef y byddo'r clod a'r gogoniant, yn awr, a hyd byth. Amen.

Emyn 375: *O tyred i'n gwaredu, Iesu da*

Y Fendith:
Gras ein Harglwydd Iesu Grist, a chariad Duw, a chymdeithas yr Ysbryd Glân a fyddo gyda ni oll. Amen.

Y RHODDI MWYAF RHYFEDDOL

Adnodau agoriadol:

'Do, carodd Duw y byd gymaint nes iddo roi ei unig Fab, er mwyn i bob un sy'n credu ynddo ef beidio â mynd i ddistryw ond cael bywyd tragwyddol.'

Gweddi agoriadol:

Diolchwn, ein Tad, am dy gariad mawr tuag atom yn Iesu Grist – *y cariad mwyaf rhyfedd fu erioed.* Yn ystod y gwasanaeth hwn, cadw ein golygon ar Iesu, ac arwain ni i'th addoli mewn ysbryd a gwirionedd. Amen.

Emyn 38: *Cariad Tri yn Un*

Llefarydd:

Roedd wythnos pontio rhwng Hosanna'r dyrfa ar Ŵyl y Palmwydd, a'r Haleliwia ar Ŵyl y Pasg yn llawn digwydd i'r Arglwydd Iesu. Dechreuwyd gyda bonllefau o groeso'r dyrfa i Iesu wrth iddo farchogaeth ar gefn ebol asyn i mewn i ddinas Jerwsalem, a gorffennwyd gyda'r disgyblion ar fore Sul y Pasg yn rhyfeddu mewn gorfoledd mawr am fod Iesu'n fyw. Yn ystod yr wythnos gynhyrfus, cafodd Iesu brofiadau dwysaf ei fywyd gyda llawer o'r dyrfa wedi troi eu cefn arno erbyn diwedd yr wythnos a'i arwain i ben Calfaria. Ond yn ystod yr wythnos hefyd aeth Iesu i'r deml, a sylwodd ar wraig dlawd yn rhoi o'i harian prin i'r Arglwydd. Gadewch inni wrando ar yr hanes, fel y'i ceir yn yr Efengyl yn ôl Marc.

Darlleniad: Marc 12: 41–44

Cyd-weddïo Gweddi'r Arglwydd.

Emyn 674: *Fy nghalon, cred yn Nuw*

Llefarydd:
Yn y deml gwelwn wrthdrawiad rhwng Iesu ac arweinwyr y grefydd Iddewig. Dechreuodd Iesu ddysgu ei ddilynwyr yn y deml, ac yn ôl adroddiad Marc, casglodd tyrfa fawr i wrando ar ei neges. Dywedir yn rhan olaf adnod 37 eu bod yn gwrando arno yn llawen – hyn yn cadarnhau fod Iesu yn adnabod ei gynulleidfa yn dda gan ddefnyddio iaith bob dydd, a hawdd ei deall. Yn y deml roedd llawer o swyddogion ac ysgrifenyddion crefyddol yn rhoi'r argraff mai nhw oedd gwir bobl yr Arglwydd, a cherddent o gwmpas yn uchel-ael a sychdduwiol. Ond y gwir yw bod eu crefydd yn faich ar y bobl yn lle bod yn help iddynt. Nid yw'n rhyfedd i Iesu eu beirniadu yn hallt am eu rhagrith crefyddol. Ond yn yr hanes a glywsom, mae Iesu yn tynnu sylw'r disgyblion at weithred hael y weddw dlawd yn rhoi'r cyfan i'r drysorfa. Roedd ei chyfraniad hi yn rhy fach i neb sylwi, ac i'r rhan fwyaf o'r bobl, roedd cyfraniad y Phariseaid yn fwy gwerthfawr o lawer. Wedi'r cyfan, pa mor bell âi dwy hatling i gynnal yr achos, ond mae'n amlwg mai'r wraig weddw dlawd a enillodd galon a chymeradwyaeth Iesu Grist. Beth amdanom ni heddiw? Y mae rhoi arian ar y plât casglu yn rhan arferol o oedfaon, ac mae'n hagwedd tuag at y casgliad yn adlewyrchiad o'r hyn ydym. Dylem gofio nad yw hanes y wraig weddw yn rhoi dwy hatling yn esgus i ni dros roi ychydig o arian. Yn hytrach, pwysleisio y mae Iesu fod rhoddi gyda chymhellion cywir a hael yn hollbwysig, a bod gwerth y rhodd yn dibynnu nid yn gymaint ar y swm a roddir, ond ar gymhellion y rhoddwr a'r aberth y tu ôl i'r weithred. Gorffennwn gyda sylw Cristion o Japan, '*Y mae crefydd nad yw'n gwneud dim, na rhoi dim, na chostio dim, na dioddef dim, yn werth dim.*'

Gweddïwn:

O Dduw ein Tad, awdur a rhoddwr pob daioni, a ffynhonnell pob gwir gariad, helpa ni i agor ein calon i ti. Gwyddom, ein Tad, dy fod yn gwybod popeth a ddywedwn cyn i ni ei lefaru. Yn enw Iesu a roddodd y cyfan o'i hunan i ti, i ninnau, ac i waith dy deyrnas, gofynnwn iti ein gwaredu o bopeth annheilwng a hunanol wnaethom mewn meddwl, gair a gweithred. Atgoffa ni, ein Tad, yn gyson i dy Fab Iesu wneud mwy na siarad am yr hyn sy'n gywir a chanmoladwy yn dy olwg, ac iddo weithredu dy ewyllys di yn ei berson ac yn ei fywyd ifanc hyd angau ar groes. Cynorthwya ni i sylweddoli llwyredd dy gariad tuag atom yn nyfnder ein deall a'n calon, ac i ymgyflwyno ein hunain o'r newydd i Iesu Grist:

Cymer, Iesu, fi fel 'rydwyf,
fyth ni allaf fod yn well;
d'allu di a'm gwna yn agos,
f'wyllys i yw mynd ymhell:
yn dy glwyfau
bydda' i'n unig fyth yn iach. Amen.

Emyn 494: *Cymer, Iesu, fi fel 'rydwyf*

Llefarydd:

Ar ei daith i Jerwsalem, ac yntau'n gwybod fod awr y groes wrth ymyl, trodd Iesu i mewn i Fethania, lle cafodd bryd o fwyd yn nhŷ Simon y gwahanglwyfus. Yna daeth gwraig i mewn a chanddi ffiol alabaster o ennaint gwerthfawr. Gadewch inni wrando ar weddill yr hanes fel y'i ceir yn yr Efengyl yn ôl Marc:

Darlleniad: Marc: 14: 3–11

Llefarydd:

'Daeth gwraig a chanddi ffiol alabaster o ennaint drudfawr, nard pur; torrodd y ffiol a thywalltodd yr ennaint ar ei ben ef.'

Y mae adroddiadau Mathew ac Ioan am y digwyddiad hwn rywfaint yn wahanol, ac fe'n gadewir yn ansicr pa wraig a wnaeth y weithred brydferth hon. Y mae hyn yn ddealladwy gan fod nifer o wragedd o'r enw Mair yn hanes cynnar yr Eglwys Gristnogol. Nid enwir y wraig fodd bynnag yn adroddiad Marc, ond yn adroddiad Ioan dywedir mai Mair chwaer Martha a Lasurus ydoedd. Prun bynnag, dywed Ioan fod y tŷ wedi ei lenwi gan bersawr yr ennaint. Ond nid oedd pawb yn gwerthfawrogi, a dywedodd rhai wrth ei gilydd, *'I ba beth y bu'r gwastraff hwn ar yr ennaint? Oherwydd gallesid gwerthu'r ennaint hwn am fwy na thri chant o ddarnau arian a'i roi i'r tlodion.'*

Y mae Ioan yn dweud wrthym hefyd mai Jwdas a roddodd lais i'r gŵyn mai gweithred wastrafflyd oedd gweithred Mair. Mae'n amlwg fod Jwdas yn un o'r bobl hynny oedd yn gwybod pris popeth ond gwerth dim. I Iesu, nid pris yr ennaint a welodd ef ond gwerth y weithred brydferth a gyflawnodd Mair o wirfodd ei chalon. Eisoes roedd y weithred hon wedi llenwi'r tŷ ag arogl hyfryd yr ennaint, ac ychwanegodd Iesu y bydd sôn am y weithred brydferth hon *'lle bynnag y pregethir yr Efengyl yn yr holl fyd'*.

Gweddïwn:
O Arglwydd Iesu, na foed dim yn ormod gennym i'w dalu a'i roi er mwyn dangos ein cariad tuag atat ti. Efallai y teimlwn weithiau fod ein rhoi yn cynnwys elfen o angen sylw a chanmoliaeth. Bydd drugarog wrthym, a helpa ni i weld pob rhodd a roddwn

yn deillio o'th gariad mawr tuag atom, ac mai ein braint yw rhoi yn ddigymell ac o'n bodd.

Ein Tad, gweddïwn dros bawb sy'n teimlo nad oes ganddyn nhw ddim i'w roi. Helpa bawb ohonom i sylweddoli nad wyt yn dannod ein rhoddi gwael ond yn ein derbyn fel ag yr ydym. Yn dy diriondeb, gwasgar ysbryd dy gariad tuag at bawb yn ddiwahân, a bugeilia deuluoedd yr Eglwys hon a'n hanwyliaid weddill y dydd ac yn wastad. Er mwyn Iesu Grist. Amen.

Emyn 815: *Dduw Iôr ein tadau, nefol Dad*

Llefarydd:
Yn ddiweddarach yr wythnos honno, gwelwyd y rhoddi mwyaf a welodd y byd erioed. Gadewch inni wrando ar yr hanes, fel y'i ceir yn yr Efengyl yn ôl Luc.

Darlleniad: Luc 23: 26–43

Llefarydd:
Yng ngoleuni aberth Iesu ar Galfaria gwelwn y rhoddi mwyaf rhyfeddol fu erioed. Fel y dywed yr emynydd mor ardderchog:

Gweld y rhoddi ar Galfaria
wnaeth i'm hunan dorri i lawr,
ar un llaw fy nirfawr angen,
ar y llall ei gariad mawr:
rhaid oedd ildio,
eiddo'r Iesu fyddaf mwy.

Ond un peth yw canu'r emyn hwn yn orfoleddus mewn oedfa, peth arall yw adlewyrchu cariad Crist yn ein bywyd, ar yr aelwyd gartref ac yng nghanol cymdeithas heddiw. Dywedwyd fod dehongliad pobl heddiw o gariad wedi newid er gwaeth ac wedi treulio fel hen geiniog mewn poced gan adael dim ond cysgod o'i ffresni gwreiddiol. Amlygir hyn yng ngeiriau sentimental llawer o'n caneuon pop sy'n cynnig dim mewn gwirionedd. Fel Cristnogion, credwn fod gwir gariad ynghlwm wrth yr Arglwydd Iesu Grist a'n carodd hyd angau ar groes, ac sydd heddiw yn ein galluogi i amlygu ei gariad ef yn ein perthynas â'n gilydd. Y mae byw'r bywyd newydd yng Nghrist yn gyfrifoldeb mawr. Gall olygu sylweddoli mai rhagrith noeth yw sôn yn ddagreuol am gariad Iesu Grist a chymod os na allwn fyw heb ffraeo â'r dyn drws nesaf, neu os ydym yn pwdu'n lân os na chawn ein ffordd ein hunain bob gafael. Y mae tyfu yng Nghrist yn golygu gostyngeiddrwydd i syrthio ar ein bai ac i estyn llaw cymod a chyfeillgarwch hyd yn oed i'r rhai sydd yn ein casáu. Dim ond yr UN a wnaeth hynny yn llwyr, ac yng ngoleuni rhoddi anhygoel Crist ar y groes, ni allwn ond cydnabod gyda'r emynydd:

Ni allaf roddi fel y rhoddaist im;
'rwy'n gweld, yng ngolau'r groes, fy ngorau'n ddim.

Os yw'n gorau yn ddim, beth am ein gwaethaf ni? Ni allwn ond pwyso ar ei drugaredd a chanu gweddill y pennill gydag ymroddiad newydd:

Ond at y groes, er hynny, deuaf fi,
i'm rhoi fy hunan i'th ewyllys di. Amen.

Emyn 757: *I ti dymunwn fyw, O Iesu da*

Y Fendith:

Dan dy fendith wrth ymadael
y dymunem, Arglwydd, fod;
llanw'n calon ni â'th gariad
a'n geneuau ni â'th glod:
dy dangnefedd
dyro inni yn barhaus. Amen.

YMDAWELU A GORFOLEDDU

Emyn 600: i'w chanu yn weddigar ar ein heistedd –
Distewch, cans mae presenoldeb Crist...

Darlleniad: Salm 27
                  Salm 100

Emyn 12: *Ymgrymwn oll ynghyd i lawr*

Gweddïwn:
(a) Ein Tad, yr hwn wyt yn y nefoedd, a Duw a Thad ein Harglwydd Iesu Grist, diolchwn iti am gael byw ar y ddaear hon a baratoaist mor hael ar ein cyfer. Gwna i ni sylweddoli mai dros dro yr ydym yma, ac mai ynot ti yr ydym yn byw, yn symud ac yn bod. Diolchwn, ein Tad, am roi diwrnod arall inni, a hwnnw yn ddydd, fel pob Sul arall, i d'addoli ac i ymateb i'th gariad anfeidrol yn Iesu Grist. Diolchwn am fendithion y Sul sy'n estyn cyfle i lawer ohonom i ymlacio oddi wrth ein gorchwylion gwaith, i fwynhau bywyd teuluol ar ein haelwydydd, ac i fwynhau cwmni'n gilydd ar aelwyd dy Eglwys.

Yng nghwmni'n gilydd, ein Tad, yn y gwasanaeth hwn, cynorthwya ni i adolygu ein bywyd yng ngoleuni ac ysbryd dy Air Sanctaidd, i ymateb yn gywir ac yn edifeiriol ein hysbryd am bob pechod a wnaethom yn erbyn ein gilydd ac yn dy erbyn di. Yn enw Iesu Grist a'i aberth drud ar y groes, maddau inni, ein Tad, ein pechodau a dyro inni gyfle newydd i fyw'r bywyd newydd er clod i ti.

Fy Nhad o'r nef, O gwrando 'nghri
a dwg fi'n agos atat ti;
rho imi galon a barha
o hyd i garu'r pethau da.

(b) Gweddïwn dros gynulliadau bychain dy Eglwys ledled ein gwlad, ac yn arbennig y rhai sy'n ddi-arweiniad ac yn bryderus am y dyfodol. Diolchwn i ti am eu ffyddlondeb dros y blynyddoedd. Yn dy drugaredd, ein Tad, dyro iddynt ymwybod na fyddant yn amddifad o'th gwmni oherwydd fe ddywed dy Fab Iesu o hyd, *'lle y mae dau neu dri wedi dod ynghyd yn fy enw i, yr wyf yno yn eu canol.'* Erfyniwn arnat i ddyfnhau eu cred yn dy bresenoldeb grasol, ac i ymddiried yn dy gariad a'th ras yn Iesu Grist.

O deued wedi'r hirlwm maith
dy wanwyn i fywhau y gwaith,
i'th Eglwys lân O anfon di
gydweithwyr at y ddau neu dri.

Gofynnwn am dy fendith arnom fel Eglwys. Anrhydedda ni â'r ymwybyddiaeth o'th bresenoldeb, a gwêl yn dda i'n bugeilio â'th ras a'th gariad yn Iesu Grist. Bydd gyda'n cyd-aelodau sy'n absennol, ac yn arbennig y rhai sy'n wael eu hiechyd ac yn amddifad o gwmni eu teuluoedd. Helpa ni i fod yn ymwybodol o'n cyfrifoldeb tuag atynt ac i ddwyn beichiau ein gilydd fel brodyr a chwiorydd yng Nghrist. Rhagora, ein Tad, ar ein deisyfiadau, ac arwain ni ymhellach i dy addoli ar gân ac yng ngwrandawiad neges dy Air. Er mwyn ein Harglwydd Iesu Grist. Amen.

Emyn 340: *O llefara, addfwyn Iesu*

Llefarydd:

'Disgwyl yn dawel am yr Arglwydd, aros yn amyneddgar amdano.'

'Bloeddiwch mewn gorfoledd i'r Arglwydd.'

Mae'r ddwy adnod sydd dan sylw heddiw yn wahanol iawn i'w gilydd. Y Salmydd sy' piau'r ddwy, sef adnod o Salm 37 ac adnod o'r ganfed Salm. Tybed pa un sy'n apelio i chi – cymhelliad Salm 37 i fod yn dawel ac yn ddisgwylgar ein haddoliad, fel y gwna'r Crynwyr, neu gymhelliad y ganfed salm i floeddio ein gorfoledd yn ein haddoliad fel y gwna'r Pentecostiaid? Mae'n debyg mai ymateb y rhan fwyaf ohonom fyddai dweud fod y ddau ddull yn dderbyniol. Mae 'na le ac amser i ymdawelu gweddigar gerbron gorsedd gras ac amser hefyd i foliannu'r Arglwydd yn orfoleddus.

Fe ddechreuwn gyda galwad y salmydd arnom i ymdawelu gerbron gorsedd gras, *'Disgwyl yn dawel am yr Arglwydd, aros yn amyneddgar amdano.'* Arferai aelod ffyddlon i'r cyfarfod gweddi gymryd rhan mewn cyfarfod gweddi, a thueddai i weddïo yn hir ac yn feichus, ond roedd y tro yma, er syndod i bawb, yn wahanol. Cerddodd i'r set fawr, plygu, rhoi ei ddwylo hefo'i gilydd a chau ei lygaid a dweud dim. Distawrwydd hir, ac yna, codi, a cherdded yn ôl i'w sedd. Roedd y gweinidog braidd yn bryderus amdano, ac ar ddiwedd y gwasanaeth, gofynnodd i'r aelod a oedd o'n teimlo'n iawn. *'Ydw,'* meddai'r aelod, *'rwy'n hollol iawn.'* Meddai'r gweinidog, *'Pam felly na fyddech chi wedi dweud rhywbeth wrth weddïo?'* Atebodd yr aelod, *'Wel, o'r diwedd rwy'n sylweddoli nad yr hyn rydw i'n ddweud sy'n bwysig wrth weddïo, ond yr hyn mae Duw'n ei ddweud ac yn ei roi inni drwy'r Ysbryd Glan.'* Yn sicr, roedd ganddo ei bwynt.

Yn y dwys ddistawrwydd,
dywed air, fy Nuw;
torred dy leferydd
sanctaidd ar fy nghlyw.

Yn yr iaith Gymraeg, mae gennym ddau air, sef 'distawrwydd' a 'thawelwch'. Oes 'na wahaniaeth ystyr iddynt? Oes, meddai'r Parchedig John Owen, Morfa Nefyn, *'Rhywbeth i'r glust yw "distawrwydd", ond rhywbeth i'r galon ac i'r meddwl yw "tawelwch". O gwmpas dyn y mae "distawrwydd" ond y mae "tawelwch" oddi mewn i ddyn.'* Dywedwyd yn Saesneg, *'Be silent about great things. Let them grow inside you. Before all greatness, be silent – in art, in music, and in worship, be silent.'* Dyma yn union yw cais y salmydd, *'Disgwyl yn dawel am yr Arglwydd, aros yn amyneddgar amdano.'*

Llefarydd:
Nid yw ymdawelu yn fewnol yn hawdd, ac mae pawb ohonom yn wahanol. Mae gan y rhan fwyaf ohonom ei ffordd arbennig ei hun o ymdawelu ac ymlacio. Mae rhai yn mynd am dro yn y wlad, eraill i ddosbarthiadau yoga, ac eraill i gerdded neu nofio, ac yn y blaen, ac yn teimlo'n well wrth wneud hynny. Y mae'r salmydd, fel y clywsom, yn credu ym mhwysigrwydd ymdawelu, ac y mae'n mynegi hynny yn Salm 131, yn yr adnod, *'Ond yr wyf wedi tawelu a distewi fy enaid, fel plentyn ar fron ei fam; fel plentyn y mae fy enaid.'* Ar ôl prysurdeb yr wythnos a rhuthro o le i le, onid yw'r Sul yn gyfle i gael ein gwynt atom ac i ymdawelu yn gorfforol, yn feddyliol ac yn ysbrydol? Mae'r Sul i'r Cristion nid yn unig yn *'holy day'* – yn ddydd sanctaidd i addoli Duw – ond mae hefyd yn *'holiday'* – yn ddydd i ymlacio ar yr aelwyd gartre' gyda'r teulu, ac i ymdawelu ar aelwyd yr Eglwys gyda chyd-Gristnogion, ymdawelu yng nghlyw darlleniad a neges y

Gair, ac atgyfnerthu yn ysbrydol o dan fendith gweddi. Mae 'na'r fath beth ag anghenion yr enaid – anghenion sy'n cael eu diwallu wrth inni ymdawelu wrth orsedd gras. Gorffennwn ein sylwadau gydag anogaeth y salmydd:

'Disgwyl yn dawel am yr Arglwydd, aros yn amyneddgar amdano.'
'Rho dy ffyrdd i'r Arglwydd; ymddiried ynddo, ac fe weithreda.'
'Ymddiried yn yr Arglwydd a gwna ddaioni.'

Gweddïwn:
O distewch, gynddeiriog donnau,
tra bwy'n gwrando llais y nef;
sŵn mwy hoff, a sŵn mwy nefol
glywir yn ei eiriau ef:
f'enaid, gwrando
lais tangnefedd pur a hedd.

Arglwydd, helpa ni i droi'r munudau hyn o dawelwch yn weddi, a'r weddi yn gyfrwng bendith, a'r fendith yn atgyfnerthiad i'n heneidiau. O Arglwydd, helpa ni yn y tawelwch o'n mewn i'th ganfod di, ffynhonnell a rhoddwr gwir dangnefedd. Er mwyn Iesu Grist. Amen.

Emyn 590: *Ysbryd Sanctaidd, dyro'r golau*

Darlleniad: Salm 150

Llefarydd:
Fe ddywed Llyfr y Pregethwr wrthym fod *'tymor i bob peth, ac amser i bob gorchwyl dan y nef... amser i wylo, ac amser i chwerthin, amser i alaru, ac amser i ddawnsio.'* Yr ydym yn credu hynny wrth inni addoli. Y mae amser i addoli Duw yn dawel ac

yn fyfyrgar ac amser hefyd i godi llais ac i orfoleddu yn ei enw. Yn yr hen gyfieithiad o'r ganfed Salm, anogir ni i ganu *'yn llafar i'r Arglwydd'* ond yng nghyfieithiad 2004, anogir ni i floeddio – *'Bloeddiwch mewn gorfoledd i'r Arglwydd.'* Y mae'r anogaeth hon wrth fodd yr eglwysi Pentecostaidd ac yn alwad i ninnau hefyd i ddeffro o farweidd-dra ysbrydol sy'n nodweddu llawer o'n hoedfaon. Y mae'r salmydd yn galw arnom, nid yn unig i ganu caniadau newydd ond i ganu mewn ysbryd newydd. Yn aml, y mae'r organydd wedi canu'r dôn drwyddi, gyda rhai aelodau yn dal i chwilio am yr emyn i'w chanu! Yn wir, efallai y byddant yn barod erbyn y pennill olaf! Yr un hefyd yw cwyn yr emynydd drwy ddefnyddio'r gair 'mud'. David Jones, Treborth sy' piau'r emyn:

Bechadur! ai tewi'r wyt ti,
Am sylfaen dy fywyd dy hun?
A'r engyl am Iawn drosom ni
Yn canu'n egnïol bob un:
Er cymaint mae'r engyl difai
Yn synnu at angau mor ddrud,
Nid ydyw eu syndod fawr llai
At ddyn sydd yn aros yn fud.

Llefarydd:
Yn Llyfr yr Actau cawn hanes Paul yn ymweld â Christnogion yn Effesus, ac yn fuan iawn yn eu cwmni daeth yn ymwybodol o ddiffyg ysbrydol yn eu bywydau. Efallai y teimlwn hyn yn ein haddoliad ninnau hefyd – nad oes eneiniad yn ein canu, yn ein gwrandawiad a'n hymateb i neges y Beibl, na chwaith yn ein gweddïau. Yn yr un modd, synhwyrodd Paul ddiffyg tebyg ymhlith Cristnogion Effesus, ac yn y man, sylweddolodd

nad oeddynt yn gwybod am nerth yr Ysbryd Glân a'r fendith a ddeilliai wrth ymateb iddo.

Un o nodweddion yr Ysbryd yw rhoi – rhoi gwefr cariad Crist yn ein calon, rhoi gwirionedd geiriau Crist yn ein meddyliau, a rhoi nerth bywiol Crist yn ein heneidiau. Dyma yw testun cân W. Rhys Nicholas yn ei emyn eneiniedig:

Fe gydiaist ynof drwy dy Ysbryd Glân,
ni allaf tra bwyf byw ond canu'r gân.

Y mae gennym fel Cristnogion destun cân i ganu amdano, sef y rhoi mwyaf a welodd ein byd erioed! Duw yn rhoi ei Fab inni, a'r Mab *'yn rhoi ei einioes inni, ac yn rhoi ei einioes yn bridwerth dros lawer.'* Mynegir yr un gorfoledd yn englyn ardderchog O.M.Lloyd, Dolgellau:

I'r anwir, rhoi yw hanes – Duw erioed,
 rhoi o galon gynnes,
 a rhoi yn llwyr er ein lles:
anfonodd Oen ei fynwes.

Nid yw'n rhyfedd i'r emynydd daro'r un nodyn:

Mae hyn i mi'n beth syn:
i riddfan pen y bryn,
droi'n gân i mi fel hyn:
 Hosanna mwy!

Gadewch inni felly ymateb yn ddiolchgar ac yn orfoleddus fod gennym Waredwr mor fendigedig yn Iesu Grist. Er mwyn ei enw. Amen.

Emyn 359: *Deffro 'nghalon, deffro 'nghân*

Y Fendith:

Ac yn awr, ein Tad nefol, ar ôl ymdawelu yn hedd dy bresenoldeb a chodi'n lleisiau i glodfori dy enw, anfon ni o'th gysegr gyda'r sicrwydd y byddi gyda ni lle bynnag yr awn. A thangnefedd Duw, yr hwn sydd uwchlaw pob deall, a geidw ein calonnau a'n meddyliau yng Nghrist Iesu ein Harglwydd. Amen.

CYNGHORION DA?

Adnodau agoriadol:
'Ceisiwch yr Arglwydd tra gellir ei gael,
galwch arno tra bydd yn agos.
Gadawed y drygionus ei ffordd, a'r un ofer ei fwriadau, a dychwelyd
at yr Arglwydd, iddo drugarhau wrtho, ac at ein Duw ni, oherwydd
fe faddau'n helaeth.'

'Yr Arglwydd yw fy ngoleuni a'm gwaredigaeth, rhag pwy yr ofnaf?
Yr Arglwydd yw cadernid fy mywyd, rhag pwy y dychrynaf?'

Cyd-weddïo Gweddi'r Arglwydd.

Emyn 14: *Addolwn Dduw, ein Harglwydd mawr*

Llefarydd:
Heddiw, bydd ein gwasanaeth ychydig yn wahanol i'r arfer.
A glywsoch chi erioed y cyngor yma – y cyngor a roddwyd i
bregethwr tua hanner can mlynedd yn ôl? Fel hyn mae'n
mynd... dylai'r pregethwr ofalu bob amser fod y Beibl yn un
llaw a'r papur newydd yn y llall. Hynny yw, dylai'r hen neges
oesol fod yn syfrdanol o gyfoes hefyd. Efallai y dylid bod wedi
manylu rhywfaint ar natur y papurau newydd addas. Yn sicr, mae
gormod o'r papurau heddiw yn rhy barod i brocio hen deimladau
gwrthnysig, cas a chynhyrfu gwerin gwlad i deimladau o atgasedd
a negyddiaeth. Ond pe bai'n bosibl cael papur newydd eithaf
gwrthrychol a theg yn un llaw a'r Beibl yn y llaw arall, mae'n siŵr
fod yr hen gyngor yn werthfawr.

Felly heddiw, yn lle codi testun o'r Beibl ystyriwn bedwar o gynghorion a welwyd mewn papur newydd i'n helpu i fyw bywyd llawn, gan ystyried y cynghorion hyn yng ngoleuni gwirioneddau mawr ein ffydd ni. Dyma'r pedwar awgrym, ac am weddill ein gwasanaeth, edrychwn ar bob un ohonynt yn fyr ac yn bwrpasol, sef cyfrif ein bendithion, byw bywyd mwy syml, cyfaddef beiau a chymryd bywyd o ddifrif heb fod yn ddifrifol. Dechreuwn drwy gyfrif ein bendithion – ac i daro'r cywair iawn, cyd-ganwn emyn rhif 142, *Pan wyt ar fôr bywyd ac o don i don.*

Emyn 142: *Pan wyt ar fôr bywyd ac o don i don*

Llefarydd:
Yn gyntaf. Cyfrif ein bendithion.
Yn Llyfr y Salmau, cawn nifer dda o adnodau yn ein cymell i fynegi ein diolch i Dduw am ei ofal ohonom. Daw'r ganfed Salm i'n meddyliau ar unwaith, *'Dewch i mewn i'w byrth â diolch, ac i'w gynteddau â mawl. Diolchwch iddo, bendithiwch ei enw.'* Yn Salm 65 y mae'r salmydd yn ein hatgoffa o fendithion tymhorol y greadigaeth, *'Rwyt yn gofalu am y ddaear ac yn ei dyfrhau, gwnaethost hi'n doreithiog iawn; y mae afon Duw'n llawn o ddŵr; darperaist iddynt ŷd. Fel hyn yr wyt yn trefnu ar ei chyfer: dyfrhau ei rhychau, gwastatáu ei chefnau, ei mwydo â chawodydd a bendithio'i chnwd. Yr wyt yn coroni'r flwyddyn â'th ddaioni, ac y mae dy lwybrau'n diferu gan fraster.'*

Y mae 'cyfrif ein bendithion' yn golygu sylweddoli mor dda yw hi arnom mewn gwirionedd, ac mor fawr yw ein cyfrifoldeb tuag at ein brodyr a'n chwiorydd sy'n amddifad o'r hyn a gawn yn ddyddiol. Mae gwahaniaeth mawr rhwng cadw yn hunanol a rhoi yn haelionus. Llaw gaeedig sydd gan y person hunanol, ac mae'n gallu troi'n ddwrn i daro, ond llaw agored sydd gan y person hael, ac mae llaw felly yn llaw gyfeillgar.

Wrth annog ein gilydd i roi ein diolch, rydym yn cydnabod mai Duw yw y rhoddwr mawr. Wrth chwarae hefo'i ffrind, dywedodd y ferch fach, *'Mae Dad yn cael ei ben-blwydd yfory, a rydw i eisiau rhoi anrheg iddo.'* Gofynnodd ei ffrind, *'Gan bwy gei di'r pres i brynu'r anrheg?'* A'i hateb parod oedd, *'Gan Dad, wrth gwrs!'* Oni wnaeth y ferch fach fynegi un o wirioneddau mawr ein bywyd? Duw yw ffynhonnell ein bywyd, ac ynddo ef yr ydym yn byw, yn symud ac yn bod.

Gweddïwn:
O Arglwydd, maddau inni am gwyno cymaint pan mae cymaint o'th fendithion yn ein hamgylchynu. Dyro inni ysbryd sylweddoli ein dibyniaeth arnat, ac i sylweddoli mai'r peth lleiaf y gallwn ei wneud yw rhoi diolch i ti. Derbyn ein diolch, ein Tad, am bopeth a gyfoethogodd ein bywydau, a dysg inni gyfrif ein dyddiau fel y dygom ein calonnau i ddoethineb – y doethineb i'th gydnabod yn ddiolchgar ac i rannu dy fendithion ag eraill. Er mwyn Iesu Grist. Amen.

Emyn 738: *Gwrando, Iesu, ar fy ngweddi*

Llefarydd:
Yn ail. Byw yn fwy syml.
Mewn oes lle mae 'na beiriannau bach a mawr a drudfawr ar gyfer pob tasg, tybed a ydym wedi cael ein llygad-dynnu'n ormodol gan y pethau hyn? Yn y bôn, pethau i arbed amser yw llawer ohonynt ac i hwyluso'n gwaith – ac eto mae pawb ohonom yn brinnach o amser heddiw nag erioed a chyflymder ein ffordd o fyw yn llethu llawer un. O wneud un dasg yn gyflymach, mi

dynnwn un arall am ein pen, a chyn inni wybod, rydym ar ryw chwrligwgan gwallgof, ac yn ei chael hi'n anodd ei dal hi ym mhob man. Mae'n debyg na fyddai'r rhan fwyaf ohonom yn hoffi mynd yn ôl i'r hen amser pan oedd bywyd yn galed a gwaith yn flinderus, ond yn sicr mae ein rhuthr a'n prysurdeb parhaus ni yn gallu dod â'i broblemau ei hun. A chyda dyfodiad y we a'r cyfryngau cymdeithasol a ffonau symudol, rydym ni'n gallu cael ein byddaru a'n llygad-dynnu weithiau ar draul ein perthynas real â'n teuluoedd a'n ffrindiau.

Un hanesyn bach i brofi'r pwynt – pan dorrodd y peiriant golchi llestri yn eu cartref ryw dro, bu'n rhaid i'r gŵr a'r wraig fynd ati i olchi llestri yn yr hen ddull wrth y sinc, rhywbeth nad oedden nhw wedi'i wneud ers blynyddoedd! Y syndod mawr yw iddynt fwynhau'r profiad, ac wedi cael sgwrsio'n hyfryd wrth wneud y gwaith ar y cyd – un yn golchi a'r llall yn sychu! Dyna i chi enghraifft fach i brofi rhagoriaethau'r bywyd syml. Hyd yn oed yn nyddiau Iesu Grist, roedd hi'n bosibl gor-gymhlethu bywyd a gor-boeni am hyn a'r llall. Ond yn ein darlleniad nesaf, y mae Iesu yn ein cynghori rhag hynny. Gofal a phryder yw pennawd y darlleniad.

Darlleniad: Mathew 6: 25–34

Gweddïwn:

O Arglwydd Dduw, ein Crëwr a'n Cynhaliwr, diolchwn am gael troi atat ti yn y lle tawel a hyfryd hwn. Cofiwn am dy Fab, ein Harglwydd Iesu Grist, yn hoffi troi hefyd o sŵn y twrw yn ei fyd i gael tawelwch enaid ac i agor ei galon i ti. Mae ein byd heddiw mor llawn o brysurdeb a rhuthr, mor llawn o sŵn a digwyddiadau, mae'n hawdd inni golli ein gafael ar bethau syml bywyd. Gofynnwn am dy help i werthfawrogi'r pethau sylfaenol

265

sydd gennym – ein teuluoedd, ffrindiau, cysgod aelwyd a bwyd. Gweddïwn hefyd dros dy blant sydd heb y bendithion hyn a'u bywydau ar chwâl. Diolchwn am bob mudiad elusennol sy'n gweithredu dy gariad tuag at y difreintiedig – rho sêl dy fendith ar eu gwaith, a thro ein gweddïau yn gymwynasau hael a da. Er mwyn Iesu Grist a'n gwasanaethodd ac a'n carodd hyd angau ar groes, ac sy'n fyw heddiw yn Arglwydd ein bywyd. Amen.

Emyn 93: *Arglwydd mawr y nef a'r ddaear*

Llefarydd:
Yn drydydd. Cymryd bywyd o ddifrif heb fod yn ddifrifol.
Yn adegau ein teidiau a'n neiniau, byddai bywyd ar y Saboth yn hynod ddifrifol. Byddai unrhyw fath o ysgafnder yn dod o dan y lach. Byddai selogion y capel hyd yn oed yn gwahardd y plant rhag chwarae ar y diwrnod hwnnw, ac edrychid ar lawer o bethau digon diniwed fel pechodau mawr pe'u gwneid ar y Sul – pethau fel gwnïo neu fentro canu unrhyw gân heblaw emyn. Wrth gwrs, erbyn heddiw, mae'r pendil wedi gwyro i'r pen arall ac arbenigrwydd y Sul wedi ei golli bron yn llwyr yn ein cymdeithas, ond yn sicr mae lle i gredu fod yr hen syniadau gorgaeth yn ymylu ar fod yn ofergoelus ac yn sawru o Phariseaeth. Tybed faint o effaith negyddol a achoswyd gan grefydd o'r fath? Mae mwy nag ychydig o le i gredu na fyddai Iesu Grist wedi cymeradwyo'r fath reolau pitw – yn enwedig o gofio'r stori am Iesu yn cerdded drwy gae o ŷd.

Darlleniad: Luc 6: 1–5

Emyn 291: *N'ad im fodloni ar ryw rith*

Gweddïwn:
Ein Tad, maddau inni os trown neges Efengyl Iesu Grist yn ddim ond rhes o orchmynion negyddol – am feddwl fod wyneb hir ac ymddwyn yn ddwys yn fwy derbyniol gennyt ti nag adlewyrchu'r newyddion da yn ein bywyd. Yn dy drugaredd, gweddnewidia ein hagwedd fel y dangoswn dy lawenydd yn ein bywyd. Er mwyn Iesu Grist. Amen.

Llefarydd.
Yn bedwerydd. Syrthio ar ein bai.
Ar un olwg y mae'r cyngor hwn yn annisgwyl mewn papur newydd. Wrth gwrs, nid yw hyn yn syniad newydd i'r Eglwys Gristnogol, ac yng Nghymru, rydym yn gyfarwydd â'r hen rigwm:

Heb ei fai, heb ei eni,
A choed ei grud heb eu plannu.

A derbyn bod pob un ohonom yn feius mewn rhyw ffordd, mae'n lles i bawb ohonom chwilio'i hunan a chydnabod lle rydym wedi methu. Rhaid inni ddysgu derbyn ein methiannau yn union fel yr ydym yn croesawu pob llwyddiant. Cawn wared ar lawer o'n dicter drwy gydnabod ein beiau yn lle mynd yn gyndyn a chwilio am reswm i feio rhywun arall. Wrth gwrs, wrth syrthio ar ein bai, gallwn deimlo'n euog iawn, ond dyma'r lle y gall y ffydd Gristnogol ein helpu. Nid yw'n hawdd cydnabod ein hangen mawr, ond y mae'r newydd fod Crist drwy ei aberth drosom ar Galfaria yn cynnig maddeuant llwyr i ni heddiw yn syndod diddiwedd! Mynegir hyn yn orfoleddus yn y cwpled o emyn Williams Pantycelyn:

Euogrwydd fel mynyddoedd byd
dry'n ganu wrth dy groes.

Yn naturiol, mae'n rheidrwydd arnom i ymdrechu, i ddysgu oddi wrth ein camgymeriadau a cheisio byw'n well, ond pan roddwn ein ffydd yn ein Gwaredwr Iesu Grist, cawn wared â baich euogrwydd a chyfle i gychwyn o'r newydd. Er mwyn ei enw. Amen.

Emyn 685: *Brwydra bob dydd, cryfha dy ffydd*

Y Fendith:

Ac yn awr, ein Tad, wrth adael dy dŷ, rho dy fendith ar bob un ohonom. Helpa ni i gyfrif ein bendithion, i gyfrif ein dyddiau, i fyw'n syml ac yn llawen gan ymddiried yng ngofal dy gariad ohonom yn Iesu Grist. Ac i'th Fab, ein Ffrind a'n Ceidwad, y byddo'r diolch a'r clod, heddiw a hyd byth. Amen.

YNG NGHRIST

Gweddi agoriadol:
Ein Tad trugarog a sanctaidd, helpa bawb fydd yn cymryd rhan yn y gwasanaeth hwn – y rhai fydd yn darllen emyn a'th Air, yn ein harwain yn ein gweddïau, ac yn cyflwyno'r neges. Un teulu ydym ynot ti, a boed i'r cyfan a wnawn fod yn gymeradwy yn dy olwg. Er mwyn Iesu Grist. Amen.

Emyn 108: *Yr Arglwydd fendithiwn, cydganwn ei glod*

Darlleniad: Salm 117
           Effesiaid 1: 15–17

Llefarydd:
Tua hanner can mlynedd yn ôl, roedd y Parchedig ap Gerallt o Drenewydd yng nghapel Tre'r Ddôl, ger Corwen yn pregethu ar y cymal 'yng Nghrist'. Wrth gloi ei sylwadau dangosodd botel wydr i'r gynulleidfa, ac ynddi yr oedd afal mawr coch. Gofynnodd y pregethwr sut y llwyddwyd i roi'r afal yn y botel oedd â gwddf mor gul. Yn naturiol, doedd gan y gynulleidfa ddim syniad – dim ond rhyfeddu fod hynny wedi digwydd. Yna, rhoddodd yr eglurhad.

Yn nechrau tymor y gwanwyn, ar ôl ymdrech hir a gofalus, llwyddodd i wthio hedyn yr afal i mewn i'r botel, gan wneud yn siŵr ei fod yn dal ynghlwm wrth y gangen. Aeth misoedd heibio, ac yn raddol, tyfodd yr hedyn yn afal braf y tu i mewn i'r botel. Rhyfeddai'r gynulleidfa wrth syllu ar yr afal, ac yna, cyffelybodd y pregethwr y wyrth i'r hyn sy'n digwydd i'r Cristion yn ei berthynas â'r Arglwydd Iesu Grist. Y mae profiadau ysbrydol pawb ohonom

yn amrywio, ond sut bynnag y daethom yn gredinwyr, y mae'r
wyrth o gael ein hunain 'yng Nghrist' yn destun rhyfeddod mawr.
Yr Apostol Paul sy biau'r ymadrodd hwn, ac mae'n ymddangos
cymaint â naw ar hugain o weithiau yn ei lythyrau a anfonodd i'r
eglwysi. Dyma rai enghreifftiau:

*'Felly, os yw rhywun yng Nghrist, y mae'n greadigaeth newydd;
aeth yr hen heibio, y mae'r newydd yma.'*

*'Oherwydd ei waith ef ydym, wedi ein creu yng Nghrist Iesu i
fywyd o weithredoedd da, bywyd y mae Duw wedi ei drefnu inni
o'r dechrau.'*

*'Bendigedig fyddo Duw a Thad ein Harglwydd Grist! Y mae wedi'n
bendithio ni yng Nghrist â phob bendith ysbrydol yn y nefolion
leoedd.'*

I'r Apostol Paul, bod *'yng Nghrist'* yw hanfod Cristnogaeth, ac
ystyr ymarferol hynny yw ein bod yn cael ein hunain yng Nghrist,
ac yn cael Crist yn ein gilydd. Mae Crist yn dod yn rhan ohonom
ni wrth inni ymateb i feddyginiaeth ei gariad, i anghenion ein
gilydd ac i anghenion ein cyd-ddynion. Beth ddywedwn am
hynny ond bendigedig fyddo'i enw!

Emyn 807: *Nid oes yng Nghrist na dwyrain, de*

Llefarydd:
Nid profiad i'w gadw yn gyfrinachol yn y galon yw bod yn
Gristion *'yng Nghrist'*, ond i'w fyw yn y byd. Yn wahanol i'r afal
yn y botel, nid ydym i fyw mewn cas gwydr ond yng nghanol
pobl a'u gofidiau. O gofio hyn, nid oddi mewn i furiau mynachdy
a chapel yn unig y mae'r Eglwys, ond allan yng nghanol

cymdeithas. Y mae gwedd ymarferol iawn i'r bywyd Cristnogol, ac y mae bod 'yng Nghrist' yn cael ei adlewyrchu yn ein bywyd a'n hymwneud â'n gilydd ac yn ein parodrwydd i gyfieithu'n cred yn weithredoedd da. Mynegir hyn yn glir yn y cwpled:

Byw i'r hunan, ofer yw;
Byw i Iesu, llawen fyw.

Roedd coeden ffrwythau wedi disgyn ar ôl noson stormus o wynt a glaw, ac roedd perchennog y goeden yn siomedig iawn. Wrth ei harchwilio, sylwodd nad y storm yn gymaint oedd yn gyfrifol am gwymp y goeden ond y pydredd o'i mewn. Cyngor ei gymydog oedd, *'Llosga'r pren, ond cadwa'r ffrwyth.'* Onid yw'n gyngor da i ninnau hefyd? Dylem losgi sbwriel pechadurus ein doe, ond cadw gwin y gorffennol. Gwin y gorffennol yw gwirioneddau'r Gair a thrysorau gras Efengyl Iesu Grist. Dilynwn anogaeth Ioan i Gristnogion Philadelphia, *'Glyna wrth yr hyn sydd gennyt, rhag i neb ddwyn dy goron di.'* Y mae'r bywyd newydd *'yng Nghrist'* yn ddigon ym more oes i'n plant a'n pobl ifanc, yn ddigon i rieni yn magu eu plant ac i bobl ganol oed prysur, a hefyd yn ddigon inni i gyd yn hwyrddydd ein dyddiau, ac ymhob yfory a ddaw i'n rhan.

Gweddïwn:

Gweddïwn, ein Tad, am dy nerth i ymddiried pob yfory a ddaw i'n rhan yn dawel yn dy ofal di, *'cans gwn er f'anwybod mai da yw Duw'.* Diolchwn, ein Tad, am bawb o'n teulu a'n ffrindiau sy'n ategu hyn yn eu bywyd, ac yn gyfrwng i'n codi ninnau i'r sicrwydd dy fod gyda ni yn Iesu Grist.

Gweddïwn dros aelodau dy eglwys yn y tŷ sy'n mynd drwy gyfnod helbulus, ac yn gweld cymylau duon ar bob llaw. Gweddïwn dros ein cymdogion sy'n teimlo beichiau bywyd yn eu llethu ac eraill yn dioddef gwendid henaint ac unigrwydd. Helpa ninnau i wrando ar eu cwyn a'u cysuro mewn ysbryd cydymdeimlad a chariad.

Diolchwn am bawb, ein Tad, sy'n dyrchafu dy enw yn eu bywydau – yn eu haddoliad gyda'th bobl ar y Sul, ac ymhlith dy blant yn ystod dyddiau'r wythnos. Diolchwn am bawb sy'n sefyll dros anghyfiawnder mewn byd sy'n llawn annhegwch a dioddefaint a rhyfeloedd erchyll. Diolchwn am bawb sy'n gwasanaethu yn ysbytai ein gwlad ac yn gweithredu tosturi a chymorth i'r cleifion. Os gweli'n dda, ein Tad, dyro dy fendith ar bob gweithred dda a wneir ac i ninnau sy'n ceisio gwneud ein rhan.

Gofynnwn am dy faddeuant am bob diffyg ymroddiad ynom i wneud dy waith. Deffra ni i'n cyfrifoldebau, a chwyd ni oddi ar ein gliniau yn gryfach credinwyr yng Nghrist a'n dysgodd i weddïo, *Ein Tad, yr Hwn wyt yn y nefoedd, Sancteiddier dy enw...* Amen.

Emyn 320: *Iesu, Iesu, 'rwyt ti'n ddigon*

Llefarydd:
Y mae llawer ohonom yn gofidio fod cyn lleied o'n pobl ifanc yn ymateb i alwad yr Arglwydd Iesu Grist. Yn wyneb hyn, mae'n briodol cofio fod Cristnogaeth wedi ennill clust a chalon yr ifanc i lawr ar hyd y canrifoedd. Ei sylfaenydd oedd llanc ifanc o Nasareth, a fu farw heb brofiad o ganol oed na henaint. Ifanc hefyd oedd ei ddisgyblion, ac yn ei lythyr at Gristnogion Corinth, dywed Paul fod tyrfa o bum cant, ddeng mlynedd ar hugain cyn hynny, wedi gweld yr Iesu Atgyfodedig, *'ac y mae'r mwyafrif ohonynt yn fyw hyd heddiw...'* Y mae'n deg casglu felly

mai pum cant o bobl ifanc oedd y rhain. Yn wir, dengys hanes yr Eglwys Gristnogol i'r Arglwydd Iesu ddenu bryd yr ifanc, ac iddynt ymateb iddo â brwdfrydedd mawr.

Gŵr ifanc oedd Martin Luther pan ddechreuodd ei ymgyrch i lanhau'r Eglwys o heresïau'r canrifoedd. Dilynwyd ef gyda'r un ymroddiad gan John Calfin, gŵr ifanc o alluoedd disglair ac argyhoeddiadau dyfnion. Ac yma yng Nghymru, yn gynnar yn ei ugeiniau, brwydrodd y gŵr ifanc hwnnw, John Penri, dros hawliau ei genedl i glywed yr Efengyl yn eu hiaith eu hunain, a phan oedd yn ddeg ar hugain mlwydd oed, crogwyd ef am lynu wrth ei egwyddorion. Pan dorrodd y Diwygiad Efengylaidd allan yng Nghymru yn y ddeunawfed ganrif, pobl ifanc oedd wrth y llyw. Yn 1740, â'r diwygiad yn lledaenu fel tân gwyllt, nid oedd Howell Harris ond chwech ar hugain mlwydd oed, Daniel Rowland ond saith ar hugain, a William Williams, Pantycelyn yn bedair ar hugain mlwydd oed – dynion ifanc i gyd.

Llefarydd:
Y mae'r neges yn glir. Yn y gorffennol, y mae Crist wedi galw pobl ifanc i fod yn ddilynwyr iddo, ac mae'n dal i wneud hynny fel ag erioed. Gofynnir yn aml pam nad yw'r ifanc (a phobl hŷn) yn ymateb i alwad yr Efengyl heddiw. Yn wir, cawn rai yn dadlau'n gryf, *'Os yw Crist mor fendigedig pam na fyddai pobl yn ymateb yn fwy cadarnhaol iddo ac i'w neges, a pham na fyddai'r byd yn well byd i fyw ynddo? Onid wedi methu y mae Cristnogaeth gan nad yw cyflwr ein byd fymryn yn well ar ôl ugain canrif?'* Dyma'r math o gwestiynau a ofynnwyd yn wawdlyd i Donald Soper ar Fryn y Tŵr yn Llundain, a hynny gan griw o amheuwyr hipïaidd a oedd heb weld dŵr na sebon ers blynyddoedd. Wynebodd yr efengylwr hwynt yn ddewr gan ateb, *'Na, nid yw hyn yn brawf fod Cristnogaeth wedi methu. Wedi'r cyfan, edrychwch ar y baw*

sy' arnoch chi. Ydi hynny'n brawf fod sebon wedi methu er ei fod gennym ers canrifoedd?!'

Onid y gwir yw nad Crist sy'n methu, ond y ni sy'n methu Crist? Ac onid yw hyn yn wir yn hanes pawb ohonom, yn ifanc, yn ganol oed ac yn hen? Er hyn i gyd, ac er gwaethaf pob peth, mae Duw yn dal i alw arnom yn ei gariad anfeidrol i ymateb ac i ddangos yn glir nad oes methu yn hanes ein Harglwydd Iesu Grist.

Gweddïwn:
Diolchwn i ti, ein Gwaredwr ifanc, am ein galw i fod yn ddisgyblion i ti. Cydnabyddwn mai disgyblion annheilwng iawn ydym. Er hynny, rwyt yn amyneddgar tuag atom, ac y mae dy ras yn drech na'n pechod ac yn ddigon i faddau bai. O Arglwydd, cadarnha hyn yn ein meddyliau a'n calonnau fel y derbyniwn o'th fendith, a'r fendith honno yn troi'n destun diolchgarwch ac addoliad i ti.

Gweddïwn dros ieuenctid ein cenedl heddiw, ac yn arbennig y rhai sy' mewn dryswch mawr yn feddyliol ac yn methu gwneud synnwyr o bwrpas eu bywydau. Cadw ni rhag eu beirniadu yn hallt gan roi'r argraff fod gennym atebion i bob peth. Gwna ni'n amyneddgar, yn dyner ein hysbryd ac yn barod i gyfaddef mai dal i geisio deall dirgelion bywyd rydym ninnau hefyd. O Dad, dyro inni nerth dy ras i fod yn gymorth i'r ifanc heddiw yn eu hargyfyngau, ac i fod yn barod i wrando mewn cydymdeimlad pan ddaw'r cyfle heibio. Cydnabyddwn ein methiannau i fod yn gyfryngau bendith yn dy law. Yn enw Iesu a'i aberth drud, dwysâ ein hysbryd i sylweddoli ein cyflwr. Maddau inni, ein Tad, ein byw pell a phechadurus yn aml, a rho inni gyfle newydd i wneud yr hyn yr wyt ti yn ei ewyllysio, ac i wneud yr hyn sy'n dda ac yn ddyrchafedig. Er mwyn Iesu Grist ein Harglwydd. Amen.

Emyn 742: *Arglwydd Iesu, gad im deimlo*

Y Fendith:
O Dduw ein Tad, arhosed dylanwad neges dy Air arnom wedi'r
oedfa, a chynnal ni weddill ein hoes i glodfori dy enw sanctaidd
yn Iesu Grist. Amen.

TANGNEFEDD DUW

Gweddïwn:
Ein Tad, ffynhonnell pob daioni a chariad sy'n creu heddwch o'n mewn, tywys ni i gymundeb â'n gilydd, ac â thydi dy hun. Dy blant ydym a brodyr a chwiorydd i'n gilydd yn Iesu Grist oherwydd ef yw ein Gwaredwr a'n tangnefedd ni. Amen.

Emyn 865: *O Dywysog ein tangnefedd*

Darlleniad: Effesiaid 6: 10–20
                   Mathew 5: 43–48

Llefarydd:
Bob blwyddyn, bydd ieuenctid Cymru yn anfon neges ewyllys da i holl blant y byd. Mae hyn yn ddigwyddiad pwysig yng nghalendr yr Urdd, ac ym mis Mai, cawn y fraint a'r mwynhad o wrando ar ieuenctid Urdd Gobaith Cymru yn darlledu'r neges bwysig hon.

Yn wahanol i'r iaith Saesneg, y mae gennym ddau air cyfoethog i fynegi ein dyhead am berthynas dda, sef *'tangnefedd'* a *'heddwch'*. Yn y Testament Newydd, fe ddefnyddir y ddau air yn gyfystyr â'i gilydd, ond i rai ohonom, meddyliwn am dangnefedd fel nodwedd fwy mewnol yn y galon a heddwch fel nodwedd fwy cymdeithasol a rhwng pobl â'i gilydd. Y mae angen heddwch yn ein byd yn fwy nag erioed, ond cyn cael hynny, y mae angen tangnefedd Duw o'n mewn, ac y mae'r fendith gyfoethog hon i'w chael, medd yr Apostol Paul, drwy gredu yn Iesu Grist, *'oherwydd Ef yw ein tangnefedd ni'*. Wrth fynegi hyn, sylweddolwn fod geiriau yn rhad, a'i bod yn bwysig inni ddangos y fendith dangnefeddus yn ein perthynas â'n gilydd ac yn ein cenhadaeth Gristnogol. Fe ddywedodd Thomas à Kempis, '*Y mae gwir heddychwr yn caru heddwch, yn cadw heddwch ac yn creu heddwch.*' Fe seiliwn ein myfyrdod ar y tri phwyslais hyn.

Llefarydd:
Yn gyntaf. Cadw heddwch.
Prif waith yr heddlu yw cadw trefn a heddwch. Ac y mae hyn yn cael ei danlinellu yn y gair 'hedd geidwad'. Onid hyn yw ein gwaith ni hefyd fel Cristnogion? Dywed yr Apostol Paul, '*Os yw'n bosibl, ac os yw'n dibynnu arnoch chwi, daliwch mewn heddwch â phawb.*'

Ond beth am ein perthynas fel cenedl â chenhedloedd eraill? Cred llawer fod anogaeth yr Arglwydd Iesu, yn ei Bregeth ar y Mynydd, i garu ein gelynion a throi'r foch arall yn amherthnasol mewn byd fel hwn. Ond fel y dywed y Parchedig T. Ellis Jones yn ei esboniad ar y 'Bregeth ar y Mynydd', '*Mewn byd fel hwn y cawn elynion i'w caru, ac mewn byd fel hwn y cawn bobl sy'n barod i roi cernod inni. Mewn byd delfrydol, ni fyddai hyn yn digwydd, ac am hynny, ar gyfer byd annelfrydol fel hwn y bwriadwyd dysgeidiaeth yr Arglwydd Iesu Grist.*'

Er hynny, cred llawer na ellir datrys argyfyngau rhyng-genedlaethol heddiw ond trwy rym arfau rhyfel. Dywedant hefyd mai naïfrwydd yw credu fel arall, a'i bod yn hollbwysig paratoi arfau a hyfforddi bechgyn a merched ifanc ar gyfer brwydr bosibl. Prun bynnag, gwyddom y gall cyffyrddiad ysgafn ar fotwm niwclear ddifodi miloedd o bobl mewn amrantiad, a chwythu darnau helaeth o'n byd yn chwilfriw. Yn ogystal â hyn, mae mor hawdd dechrau rhyfel, ond nid yw mor hawdd rhoi terfyn ar ryfel, na chwaith ragweld beth fydd pen draw'r holl ffieidd-dra. Yn ddieithriad, ar ddiwedd pob rhyfel, mae'r problemau a'r casineb yn ganwaith gwaeth. Heddiw, gyda'r arbrofi sy'n digwydd ar bwerau cemegol ac atomig i ddibenion dinistriol, mae'r posibilrwydd o ryfel byd arall yn frawychus o real. Y mae'n rhaid i ni genhedloedd y byd ddysgu ffordd tangnefedd neu aberthu gwareiddiad yn gyfan gwbl.

Gweddïwn:
Ein Tad, gweddïwn dros ein byd cythryblus lle y mae cymaint o anghyfiawnder a thywallt gwaed. Cyffeswn inni fethu byw yn gytûn fel cenhedloedd, ac yn nifer o wledydd ein byd, rydym yn clywed, ein Tad, am erchyllterau rhyfeloedd a dioddefaint mawr dy bobl sydd wedi eu dal mewn sefyllfaoedd dirdynnol. O Dad, tro olygon arweinwyr ein byd atat ti, ac argyhoedda hwy o oferedd ffordd rhyfel a'u cael i sylweddoli fod ffordd ragorach i drafod problemau ein byd. Yn enw Iesu'r tangnefeddwr mawr
Teyrnasa dros ein daear oll,
  myn gael pob gwlad i drefn:
O adfer dy ddihalog lun
  ar deulu dyn drachefn. Amen.

Emyn 858: *Arglwydd ein bywyd, Duw ein hiachawdwriaeth*

Llefarydd:
Yn ail. Caru heddwch.
Cawn gyfle yn flynyddol ym mis Tachwedd i gofio'r rhai fu farw mewn rhyfeloedd, a chofiwn nid yn unig deuluoedd a phobl ein cyd-genedl ond pawb sydd wedi dioddef a cholli eu bywydau yn sgil pob rhyfel. Dywed rhai nad oes gwerth i'r cofio hwn, ond y gwir yw na allwn anwybyddu'r gorffennol. Ffrwyth digwyddiadau'r gorffennol yw pob un ohonom. Y cwestiwn pwysig yw *sut* a *pha fodd* y dylem gofio rhyfeloedd ein byd? Yn sicr, ni ddylai fod yn achlysur i gofio cwymp 'gelynion' ac i ymffrostio yng nghampau

milwrol ein 'milwyr ni'. Dyma un nodwedd sy'n cael ei hamlygu lawer gormod heddiw. Y mae cofio anwyliaid a gollwyd a phawb a ddioddefodd ac sy'n parhau i ddioddef yn hollbwysig, ond y mae unrhyw elfen o glodfori rhyfel yn wrthun i'r meddwl Cristnogol. Nid clodfori a ddylem ond gwir edifarhau a chydnabod nad oes dim yn fwy erchyll nac yn waeth na rhyfel. Gelwir Sul y Cofio gan lawer yn Sul y Cadoediad, ond onid gwell fyddai ei alw yn Sul Heddwch? Gwaetha'r modd, y mae awyrgylch militaraidd yn llawer o'r gwasanaethau hyn, ac yng nghlyw sŵn ergydion gynnau ac awyrennau rhyfel yn hedfan uwchben, gall hyn hybu ysbryd dialgar a milwriaethus.

Fel rhai sy'n caru heddwch, tystiwn mai cariad Duw yn Iesu Grist yw ffynhonnell ein heddwch ni, ac mai'n braint a'n cyfrifoldeb yw caru ein cyd-ddynion beth bynnag yw eu hagwedd tuag atom.

Emyn 814: *Ein gwlad a'n pobol gofiwn nawr*

Llefarydd:
Yn drydydd. Creu heddwch. Mynegir hyn yn gryf yn Salm 34, adnod 14, '*Tro oddi wrth ddrygioni a gwna dda, ceisia heddwch a'i ddilyn.*' Gwelwn nad rhywbeth i'w fwynhau a'i gadw dan glo yn y galon yw tangnefedd ond i'w ddangos a'i weithredu. Cofiwn orchymyn yr Arglwydd Iesu Grist yn ei Bregeth ar y Mynydd, '*Clywsoch fel y dywedwyd, "Câr dy gymydog, a chasâ dy elyn." Ond rwyf fi'n dweud wrthrych: carwch eich gelynion, a gweddïwch dros y rhai sy'n eich erlid.*'
I ni Gristnogion, mae'n amhosibl deall y gorchymyn hwn ond fel galwad arnom i fod yn ddim llai na 'gwneuthurwyr heddwch', neu yn Saesneg, 'peace makers'. Nid ar fwynhau tangnefedd y mae'r pwyslais Cristnogol ond ar i'r profiad ein harwain i weithredu heddwch yn ein perthynas â'n gilydd, ein teuluoedd ac â phwy bynnag y bo.

Yn adeiladau'r Cenhedloedd Unedig yng Ngenefa y mae un ystafell lle mae arlunydd wedi tynnu murluniau sy'n portreadu ymdaith gwareiddiad drwy'r canrifoedd. Ar y muriau, y mae darluniau rhyfelgar o'r cenhedloedd yn bygwth ac yn lladd ei gilydd, ond *ar y nenfwd* y mae darlun heddychlon o arweinwyr y cenhedloedd yn ysgwyd llaw â'i gilydd. Mae'r neges yn amlwg. Er mor annhebyg yw darlun y nenfwd i gyflwr ein hoes heddiw, dyma'r ddelfryd a'r nod i ymgyrraedd ato. Yn wir, credwn mai yn llaw Iesu Grist y mae allweddau ddoe, heddiw a phob yfory a ddaw i'n rhan. A chyda'r hyder hwn yn ein calonnau, cyhoeddwn yn gwbl hyderus mai eiddo Duw yn Iesu Grist yw'r fuddugoliaeth derfynol. *'Canys eiddot Ti yw'r deyrnas, a'r nerth, a'r gogoniant, yn oes oesoedd.'*

Dechreusom drwy sôn am weithred ragorol plant ac ieuenctid Urdd Gobaith Cymru yn anfon neges ewyllys da a heddwch i'r holl fyd, ac yn addunedu i fod yn ffyddlon i Gymru, a theilwng ohoni, i gyd-ddyn pwy bynnag y bo, ac i Grist a'i gariad Ef. Gadewch i ninnau hefyd ddangos ein cefnogaeth lwyr i ieuenctid ein gwlad gan chwifio baner heddwch sy'n tystio fod ffordd ragorach na grym y cledd. Gorffennwn ein myfyrdod gydag emyn heddwch gan y Parchedig R.R. Williams.

Dywysog hedd, hoff Feddyg dynol-ryw,
dy gwmni di sy'n falm i galon friw;
pan gaeir drws mewn ofn rhag llid y byd,
saf yn ein mysg yn nodded gadarn, glyd;
o'th weled di ac arnat ôl y groes
tawela'r storm o'n mewn, a pheidia'r loes.

Emyn 853: *Dywysog hedd, hoff Feddyg dynol-ryw*

Y Fendith:

A bydded i dangnefedd Duw, yr hwn sydd goruwch pob deall, warchod ein calonnau a'n meddyliau yng Nghrist Iesu ein Harglwydd. Amen.

ENOCH

(Gwasanaeth ar gyfer dechrau'r flwyddyn)

Galwad i addoli: Salm 95: 1–3, 6–7

Emyn 26: *Dyrchafwn ganiad newydd*

Llefarydd:
Testun ein gwasanaeth heddiw yw gŵr hynod o'r enw Enoch. Ychydig a wyddom amdano, oherwydd cyfres o enwau disgynyddion Noa a geir fwyaf yn y bennod lle cyfeirir at Enoch. Nodir eu henwau, a'r nifer o flynyddoedd y buont fyw, ond ni cheir gair am gymeriad na bywyd neb ohonynt, na'u cyfraniad i'w hoes. Er i nifer ohonynt fyw yn hen iawn, ni ddywedir nemor ddim amdanynt ar wahân iddynt genhedlu plant! Ond yng nghanol y gyfres undonog yma, cawn un eithriad lle dywedir yn amlwg fod Enoch yn ŵr cyfiawn, 'Rhodiodd Enoch gyda Duw, ac yna nid oedd mwyach, oherwydd cymerodd Duw ef.' Er mai un frawddeg sydd yma, mae'n ddatganiad sy'n tystio'n uchel i gymeriad Enoch. Do, yn ei ddoethineb dewisodd Enoch y cwmni gorau posibl, sef Duw ei hun.

Cyd-weddïo Gweddi'r Arglwydd.

Emyn 98 : *Molwn di, O Dduw'r canrifoedd*

Llefarydd:
Roedd pregethwr yn ei stydi yn paratoi pregeth ar gyfer y Sul, ac fel arfer roedd Cara yr ast fach yn cadw cwmni iddo, ond bob hyn a hyn, rhoddai gyfarthiad bach i atgoffa'i meistr ei

bod yn bryd mynd am dro. Ar ôl ymlafnio tipyn ar y bregeth, penderfynodd y pregethwr ildio a chydsynio â'i chais. Aeth i lawr y grisiau, ac anelu at y drws gyda thennyn yn ei law, a phwy oedd ar garreg y drws yn sefyll ond ei gymydog di-Gymraeg. Cafodd y pregethwr sioc o'i weld, a dywedodd yn ffrwcslyd, 'O, hello!... *I'm on my way out... I'm just taking God out for a walk!*' Fel y gallwch ddychmygu, fe chwarddodd ei gymydog, a mawr fu'r tynnu coes yn hwyrach y diwrnod hwnnw, ac ar ôl hynny! Parodd hyn i'r pregethwr feddwl am gefnogwyr tîm pêl-droed Lerpwl yn canu, '*You'll never walk alone*', a hefyd am yr adnod honno a geir yn llyfr Genesis, '*Ac Enoch a rodiodd gyda Duw.*' A dyna oedd testun ei bregeth y Sul dilynol, ac mae hefyd yn destun ein myfyrdod ni heddiw!

Llefarydd:

'*Ac efe a rodiodd gyda Duw.*' Mae datganiad yr adnod hon yn tystio'n uchel i gymeriad Enoch, ac i'w ddoethineb yn dewis Duw yn gwmni iddo. Dywedwyd fwy nag unwaith y gellir nabod dyn oddi wrth ei ffrindiau, a bod eu dylanwad arnom, er da neu ddrwg, yn fwy nag a feddyliwn. Mae cydgerdded taith drwy'r byd yng nghwmni cyfeillion da yn melysu bywyd ac yn esmwytháu gofidiau ein hoes. Meddyliwch am fachgen deng mlwydd oed yn cerdded adref o'r ysgol yng nghefn gwlad Cymru ar ei ben ei hun yn nhymor y gaeaf. Roedd rhaid cerdded dros ddwy filltir i gyrraedd ei gartref, ac nid oedd yn poeni am hynny. Ond y tro yma, tywyllodd yr awyr yn sydyn a dechreuodd fwrw eira yn drwm. Teimlai'r bachgen bach yn ofnus ar ei ben ei hun, a dychmygai weld pob math o bethau yng nghysgodion y gwrych, ac roedd clywed bref dafad a sgrech aderyn yn codi arswyd arno. Erbyn hyn, roedd hi'n dywyll iawn a dechreuodd grio mewn ofn a dychryn, ond pwy ddaeth i'w gyfarfod ond ei dad. Ar unwaith, diflannodd ei bryder. Sychodd ei ddagrau, ac aeth adref yn fodlon braf yn llaw gadarn ei dad.

Emyn 681: *Dod ar fy mhen dy sanctaidd law*

Llefarydd:
Fel Enoch gynt, wyddom ni ddim sut daith a gawn yn y dyfodol.
I'r rhan fwyaf ohonom, mae taith bywyd yn gymysg o lawenydd
a thristwch, o lwyddiant a methiant. Tebyg oedd profiad Enoch,
ond cadwodd ei ffydd yn Nuw a bu fyw yn gyson yn ei gwmni.
Mae'n rhyfedd meddwl i Enoch ddewis yr Hollalluog Dduw yn
gyfaill iddo, ond yn fwy rhyfeddol yw'r ffaith i Dduw gydsynio
iddo gerdded gydag Ef! Enoch o'i fodd yn gwneud hynny, a
Duw yn ei gariad mawr yn caniatáu hynny! Ers dyddiau Enoch,
mae canrifoedd lawer wedi llamu heibio, ac rydym unwaith eto
newydd ddathlu geni Mab Duw i'n byd. Onid newyddion da'r
Nadolig yw bod Duw yn Iesu Grist wedi arafu ei gamau er mwyn
cydgerdded gyda ni? A mwy na hynny! – *'Daeth Duwdod mewn
baban i'n byd!'* Wyddom ni ddim beth ddaw i'n rhan yn ystod
y flwyddyn newydd hon, ond ar ddechrau blwyddyn, fe roddir
cyfle newydd i ninnau ddechrau gyda Duw, gan roi ein llaw yn ei
law gadarn Ef. Gadewch inni deithio'r flwyddyn gyda dymuniad
yr emynydd yn ein calon:

Tad tragwyddoldeb, plygaf ger dy fron,
ceisiaf dy fendith ddechrau'r flwyddyn hon;
trwy blygion tywyll ei dyfodol hi,
Arweinydd anffaeledig, arwain fi.

Beth fydd fy rhan ar hyd ei misoedd maith?
Nis gwn, fy Nuw; ni fynnwn wybod chwaith.
Ai hyfryd ddydd, ai nos dymhestlog ddaw?
Bodlon, os caf ymaflyd yn dy law.

Gweddïwn:

(a) O Arglwydd ein Duw, a Thad ein Harglwydd Iesu Grist, diolch iti am iechyd a nerth i weld blwyddyn newydd arall. Cydnabyddwn yn ddiolchgar mai yn dy law di y mae ein hamserau i gyd. Weithiau, ein Tad, rydym yn ymwybodol iawn mai meidrolion amser ydym ac nad oes i ni yma ddinas barhaus. Dysg inni felly gyfrif ein dyddiau fel y dygom ein calonnau i ddoethineb – i'th geisio di tra bo cyfle gyda ni, a'th geisio hyd nes dy gael, ac wedi dy gael dy garu a'th wasanaethu. Gwyddom fod hyn yn bosibl, ein Tad, nid oherwydd ein hymdrech bitw ni ond oherwydd dy gariad anfeidrol tuag atom yn Iesu Grist, ac am dy fod ti'n frawd hawdd dy gael ac yn Geidwad bendigedig.

(b) Cyffeswn ein byw pell oddi wrthyt yn aml, *'Nyni oll a grwydrasom fel defaid; troesom bawb i'w ffordd ei hun.'* O Dad trugarog, wrth fynegi hyn, difrifola ni fel y byddwn yn edifarhau am ein pechodau. Yn enw Iesu a'i angau drud, maddau inni a derbyn ni'n ôl i'th freichiau tragwyddol.

Gweddïwn am dy fendith ar y flwyddyn hon, ac am i ninnau fyw yn unol ag ysbryd dy gariad. Cysegrwn ein hunain o'r newydd i ti, ac i waith dy Eglwys. Gwna ni'n well disgyblion i Iesu Grist. Gofynnwn am dy fendith ar Ysgolion Sul ein gwlad, fel y bydd ein plant a'n pobl ifanc yn dyheu am wybod mwy am Iesu Grist ac i ymddiried ynddo fel ffrind a Cheidwad.

Gweddïwn dros ein cyd-aelodau a'n cyfeillion sy'n dechrau'r flwyddyn hon dan gwmwl profedigaeth a hiraeth dwys. Cynnal hwy yn eu gofid, a dyro iddynt dy dangnefedd yn Iesu Grist. Amen.

Emyn 87: *I Dduw y dechreuadau*

Y Fendith:
'Am ras ein Harglwydd Iesu Grist,
Am ryfedd gariad Duw,
Am felys gwmni'r Ysbryd Glân
Rhown foliant tra fom byw.' Amen.

TAFODAU!

Gweddi agoriadol:
Bydded ymadroddion ein genau a myfyrdod ein calon yn gymeradwy ger dy fron, O Arglwydd, ein Craig a'n Prynwr. Amen.

Emyn 177: *Ti, O Dduw, yw'r Un dihalog*

Llefarydd:
Thema'r gwasanaeth hwn yw 'tafodau' – gair sydd i'w gael dros ddau gant o weithiau yn y Beibl, ond mae Llythyr Iago yn rhoi sylw arbennig i beryglon y tafod. Fe ddechreuwn gyda darlleniad o Lythyr Iago.

Darlleniad: Llythyr Iago: 3: 1–12

Gweddïwn:
Diolchwn iti, ein Tad, am gyfle'r Sul i godi'n golygon atat ti, ac i newid meddwl er gwell. Cyffeswn inni fân siarad lawer gormod ac aros lawer gormod hefo mân bethau dibwys y byd yn ystod yr wythnos a aeth heibio. O Dad, trugarha wrthym, a helpa ni i wneud yn fawr o'n cyfle yn yr oedfa hon, a

Rho archwaeth i'n heneidiau drud
at bethau'r byd ysbrydol,
a gwna ni'n gymwys drwy dy ras,
bawb oll, i'th deyrnas nefol.

Diolchwn am bob mudiad dyngarol sy'n cyflawni gwaith dy deyrnas drwy estyn diod i'r sychedig, bwyd i'r newynog, dillad i'r noeth, a chysur dy gariad i'r amddifad. O Dad, derbyn ein diolch am bob gwaith da a wneir i esmwytháu gofidiau dy blant, a gwna ninnau hefyd yn gyfryngau bendith yn dy law.

Gweddïwn, ein Tad, dros ein cyd-aelodau a phobl ein bro sy'n dioddef amgylchiadau anodd a phrofedigaethau bywyd; y cleifion yn eu cartrefi ac yn ysbytai ein gwlad, y gweddwon yn eu hiraeth a'u hunigrwydd, yr ifanc sy'n agored i gymaint o demtasiynau drwg ein hoes, a'r henoed yn eu hatgofion am ddyddiau dedwyddach. O Dad, clyw ein gweddïau drostynt a thrugarha, ac estyn iddynt drwom ni fendithion dy gariad. Yn dy drugaredd maddau, ein Tad, bob pechod a bai i'th erbyn, a derbyn ni yn enw ein Gwaredwr a'n Harglwydd Iesu Grist, a'n dysgodd i weddïo, *Ein Tad, yr Hwn wyt yn y nefoedd... Amen.*

Llefarydd:
Clywsom mai da yw bod yn ofalus wrth siarad, a'i bod yn fwy pwysig inni fod yn barod i wrando. Yn ein hemyn nesaf, deisyfwn glywed llais Iesu'n ein bendithio â'i dangnefedd.

Emyn 340: *O llefara, addfwyn Iesu*

Llefarydd:
Yn ein darlleniad nesaf, rhown ddetholiad o adnodau yn cynnwys y gair 'tafod'. Fe ddechreuwn yn Llyfr Exodus, lle cawn Moses yn hel esgusion – Duw yn galw Moses i waith mawr ei fywyd, a Moses yn gwneud pob math o esgusion drwy ddweud nad yw yn ŵr cyhoeddus,
'O f'Arglwydd, ni fûm erioed yn ŵr huawdl; y mae fy lleferydd yn araf a'm tafod yn drwm.'

Yn Llyfr Job hefyd cawn y geiriau canlynol wrth i Job, er ei holl drafferthion, wrthod melltithio Duw,
'Ni chaiff fy ngenau lefaru twyll, na'm tafod ddweud celwydd!'

Mae'r salmydd yn llawn cynghorion hefyd,
'Cadw dy dafod rhag drygioni a'th wefusau rhag llefaru celwydd.'

Darllenwn yn Llyfr Diarhebion fod *'tafod y doeth yn iacháu'.* *'Y mae tafod tyner yn bren bywiol, ond tafod garw yn dryllio'r ysbryd.'*

Mae'r proffwyd Eseia yn ein rhybuddio rhag rhagrithio pan ddywed, *'Y mae'r bobl hyn yn fy anrhydeddu â'u gwefusau, a phellhau eu calon oddi wrthyf.'*

Fel y clywsom yn y darlleniad o Lythyr Iago, *'Ystyriwch fel y mae gwreichionen fechan yn gallu rhoi coedwig fawr ar dân. A thân yw'r tafod... Ond nid oes neb sy'n gallu rheoli'r tafod. Drwg diorffwys yw, yn llawn o wenwyn marwol.'*

Gorffennwn ein detholiad o adnodau gyda'r rhybudd hwn,
'Â'r tafod yr ydym yn bendithio'r Arglwydd a'r Tad; â'r tafod hefyd yr ydym yn melltithio'r rhai a luniwyd ar ddelw Duw. O'r un genau y mae bendith a melltith yn dod.'

Emyn 172: *Am air ein Duw rhown â'n holl fryd*

Llefarydd:
Yn fyr heddiw, rydym yn rhannu ein sylwadau yn dair rhan.
Yn gyntaf. Prysurdeb y tafod.
Fe ddechreuwn gyda sylw gogleisiol gan offeiriad wrth ei ffrind,
'Tair menyw a thebot, a Duw a helpo 'mhlwyf i!' Ond i fod yn deg, yr ydym ni ddynion yr un mor euog o fân siarad, a dweud

pethau na ddylem eu dweud. Y mae'r rhan fwyaf ohonom yn llefaru ugeiniau os nad cannoedd o eiriau mewn diwrnod, ond y cwestiwn mawr yw faint o'n geiriau sy'n gymorth a chysur i eraill. Y mae gennym ddwy glust i wrando ond un tafod i lefaru! Efallai bod hynny'n awgrymu rhywbeth!

Yn ail. Peryglon y tafod. Yn ei lythyr yn y Testament Newydd, y mae Iago yn sôn am beryglon y tafod yn ein perthynas â'n gilydd, a'i fod yn anodd iawn ei drin. Yn wir, y mae'n cymharu'r tafod i wreichionen fechan yn rhoi coedwig fawr ar dân. Onid yw hyn yn wir yn ein profiad ninnau? Onid yw pawb ohonom ryw dro wedi dweud geiriau brathog a chas wrth gyfaill neu aelod o'n teulu, a'r eiliad nesaf yn difaru o waelod calon? Mor anodd yw cadw rheolaeth ar ein tafod a'i gadw o fewn terfynau, ac mor fawr yw'r difrod y gallwn wneud mewn ychydig funudau. Yn y cyswllt hwn, daw hen ddywediad i'r cof, *'Da yw dant i atal tafod.'* A thebyg hefyd yw rhybudd Iago, *'Â'r tafod yr ydym yn bendithio'r Arglwydd a'r Tad; â'r tafod hefyd yr ydym yn melltithio'r rhai a luniwyd ar ddelw Duw. O'r un genau y mae bendith a melltith yn dod.'* Nid oes neb yn ddi-fai, ond y mae defnyddio enw Duw a Iesu Grist yn ofer yn brifo llawer ohonom, ac yn rhy aml y clywn bobl yn defnyddio'r gair *'Iesu'* ac *'Oh my God'* fel rheg neu'n fynegiant o syndod. Defnyddio'r geiriau heb ystyried eu gwir arwyddocâd yw hyn. Wrth addoli hefyd, mae'n rhaid i bob un ohonom ofalu fod ein geiriau o addoliad yn ddilys ac yn dod o'r galon. Dyma oedd gofid llawer o broffwydi Israel yn eu dydd, *'Y mae'r bobl hyn yn fy anrhydeddu â'u gwefusau, a phellhau eu calon oddi wrthyf.'* A cheir yr un rhybudd gan yr Arglwydd Iesu, *'Nid pawb sy'n dweud wrthyf, "Arglwydd, Arglwydd", fydd yn mynd i mewn i deyrnas nefoedd, ond y sawl sy'n gwneud ewyllys fy Nhad.'*

Llefarydd:
Yn drydydd. Pwrpas y tafod.
Er mai aelod bychan o'r corff yw'r tafod, mae'n cyflawni gorchwylion hollbwysig, sef ein cynorthwyo i flasu, i fwyta ac i yfed. Yn ogystal â hyn, yr ydym yn defnyddio'n tafod i gyfathrebu â'n gilydd drwy sgwrsio a rhannu profiadau, ac yn y blaen. Y ffordd orau i ddangos ein gwerthfawrogiad o hyn yw defnyddio ein tafodau i ddibenion uchaf bywyd. Gŵr yn ymwybodol iawn o'r alwad hon oedd yr Apostol Paul, ac yn ei lythyrau anogir ni ganddo yn gyson i ddyrchafu enw sanctaidd Duw a pharchu urddas dyn pwy bynnag y bo. Meddai yn ei lythyr at Gristnogion Effesus, *'Gan hynny, ymaith â chelwydd! Dywedwch y gwir bob un wrth ei gymydog, oherwydd yr ydym yn aelodau o'n gilydd... Nid oes yr un gair drwg i ddod allan o'ch genau, dim ond geiriau da, sydd er adeiladaeth yn ôl yr angen... Byddwch yn dirion wrth eich gilydd; yn dyner eich calon, yn maddau i'ch gilydd fel y maddeuodd Duw yng Nghrist i chwi.'* Pan ddyfeisiwyd y meicroffon dywedodd G.K Chesterton, *'One man can now speak to the whole world, and he has nothing to say.'* Dim byd i'w ddweud! Siarad a dweud dim! Gobeithio nad yw hyn yn wir amdanom ni. Mae gennym fel Cristnogion neges aruthrol i'w chyhoeddi oherwydd y mae'n ymwneud â'n tynged fel unigolion, cymdeithas, a byd. A beth yw'r neges? *'Do, carodd Duw y byd gymaint nes iddo roi ei unig Fab, er mwyn i bob un sy'n credu ynddo ef beidio â mynd i ddistryw ond cael bywyd tragwyddol.'*

Emyn 248: *Dos, Efengyl, o Galfaria*

Y Fendith:
Awn allan o'r capel hwn, ein Tad, ar ôl dysgu am beryglon y tafod, i ogoneddu dy enw mewn meddwl, gair a gweithred. Trwy nerth dy ras, cynorthwya ni i gyflawni hyn. Er mwyn ein Harglwydd Iesu. Amen.

Y CRIST BYW A NERTH YR YSBRYD GLÂN

Gweddi agoriadol:
Nesâ at fy enaid, Waredwr y tlawd;
Datguddia dy Hunan, dy fod imi'n Frawd;
Prydferthwch fy mywyd a'i nerth ydwyt Ti,
A phrofi o'th gariad sy'n nefoedd i mi. Amen.

Emyn 609: *Am dy gysgod dros dy Eglwys*

Darlleniad: Llyfr yr Actau 2: 1–16, 22–24

Gweddïwn:
Ein Tad nefol a sanctaidd, yng nghlyw ac yn ysbryd dy Air, cynorthwya ni i barhau ein haddoliad i ti, ac i gyd-nesáu atat, yn ôl ein harfer, yn enw dy Fab ein Harglwydd Iesu Grist a than arweiniad yr Ysbryd Glân.

Diolchwn iti, ein Tad, am dy Eglwys yma yn y tŷ hwn – dy Eglwys, yr hon a adeiledaist '*ar sylfaen yr apostolion a'r proffwydi, a'r conglfaen yw Crist Iesu ei hun.*' Diolchwn iti am arloeswyr dy Eglwys yma, a'th weision, y rhai gynt fu'n pregethu'r newyddion da am Iesu Grist, ac yn bugeilio dy bobl yn ffyddlon a chyda chariad mawr.

Diolchwn iti hefyd, ein Tad, am ffyddloniaid yr Eglwys hon sy ddim gyda ni mwyach, ond sydd gyda thi, ni a gredwn, yn y gogoniant. Diolchwn iti am yr hyn a fuost iddynt yn ystod eu bywyd ar y ddaear 'ma, ac am yr hyn a fuont i'th achos.

Diolchwn am fendithion dy ras a brofwyd gan dy bobl yn y lle hwn, pan weinyddid yr ordinhad o fedydd, pan ddethlid priodas, a phan gynigid cysur a chymorth yn wyneb marwolaeth.

Do, buost yn ffyddlon i'th bobl ar hyd y cenedlaethau, ac eto heddiw, ein Tad, fe geisiwn dy wyneb mewn ffydd a gobaith am y credwn mai'r un Duw wyt ti â Duw'r teuluoedd hynny yn y dyddiau gynt. Felly, fe ddiolchwn, ein Tad, am y foment hon sy'n pontio ein gorffennol a'n dyfodol, a diolchwn hefyd fod dyfodol pwy bynnag ohonom sy'n credu yn Iesu Grist yn ddiogel yn dy law di, ac na fydd ein llafur yn dy winllan yn ofer.

Gweddïwn dros ein cyd-aelodau sy'n teimlo'n wan eu hiechyd ac yn rhy gaeth i ddod i'th dŷ. Bydd yn gysur iddynt ar eu haelwydydd yng nghwmni eu hanwyliaid, ac atgoffa ninnau hefyd o'n cyfrifoldeb i ymweld â hwy.

Gweddïwn dros ein cyd-aelodau sydd ddim yn teimlo'r angen bellach i dy addoli, na chwaith i adnewyddu cyfeillgarwch â ni yn dy dŷ. Cynorthwya ni, ein Tad, i holi ein hunain a oes rhywbeth ynom sy'n peri iddynt gadw draw. Cadw ni rhag eu beio yn annheg, ond i fod yn groesawus bob amser tuag at bawb a ddaw atom i'th addoli. Maddau inni bob pechod a bai, a gwrando ein gweddïau yn enw Iesu Grist. Amen.

Emyn 613: *O Arglwydd Dduw ein tadau*

Llefarydd:
Yn ein gwasanaeth heddiw, byddwn yn sylwi ar fywyd Cristnogion yr Eglwys Gristnogol yn y ganrif gyntaf. Luc yw'r cymwynaswr oherwydd ef sydd wedi cofnodi'r hanes i ni heddiw. Eisoes yr oedd wedi darparu cyfrol am fywyd a dysgeidiaeth yr Arglwydd Iesu o Nasareth ynghyd â hanes ei groeshoelio a'i atgyfodiad.

Cyflwynodd Luc Lyfr yr Actau i Theophilus, un o Gristnogion yr Eglwys Fore, a gwnaeth hyn mae'n siŵr fel arwydd bychan o barch mawr iddo.

I Luc, mae'n amlwg nad oedd ei draethawd cyntaf am fywyd Iesu yn gyflawn heb ei draethawd am ddilynwyr Iesu yn y ganrif gyntaf. Yn wir, yn ei frawddegau cyntaf yn Llyfr yr Actau, y mae Luc yn cydio wrth ddiwedd yr efengyl a oedd eisoes mewn print. Gwna hynny drwy ddweud i'r Arglwydd Iesu ymddangos droeon wedi'r atgyfodiad i egluro i'w ddisgyblion rai pethau ynglŷn â'r daith, a'u cyfarwyddo ynglŷn â pharhad y gwaith ar y ddaear. Mewn geiriau eraill, roedd Iesu wedi dechrau teyrnas nad oedd diwedd iddi byth. Gallwn grynhoi cynnwys Llyfr yr Actau i dri phen hwylus.

Llefarydd:
Yn gyntaf. Llyfr am y Crist Atgyfodedig yw Llyfr yr Actau.
Pe byddai'r Arglwydd Iesu heb atgyfodi, ni fyddai Eglwys na chwaith Llyfr yr Actau yn bodoli. Byddai bywyd a dylanwad Iesu wedi darfod ar y groes. Mae'n wir y buasai hynny wrth fodd nifer o grefyddwyr yn Jerwsalem, ond fel y dywedodd Pedr am Iesu yn ei neges fawr ar ddydd y Pentecost, '*Fe groeshoeliasoch chwi ef drwy law estroniaid, a'i ladd. Ond cyfododd Duw ef, gan ei ryddhau o wewyr angau.*' Nid gor-emosiwn ychydig wragedd oedd hyn bellach i'r disgyblion ond ffaith ddiymwad fod Iesu yn Arglwydd bywyd a marwolaeth!

Llefarydd.
Yn ail. Llyfr am yr Ysbryd Glân yw Llyfr yr Actau.
Mae'n amlwg fod presenoldeb nerthol yr Ysbryd Glân yn nodwedd amlwg ym mhrofiad Cristnogion yr Eglwys Fore. Yn yr ail bennod o Lyfr yr Actau, cawn ddisgrifiad o ddisgyblion Iesu

ac eraill yn disgwyl yn weddigar yn yr oruwchystafell. Ni fu rhaid aros yn hir oherwydd fe ddaeth yr Ysbryd Glân o'r nef, ac yr oedd y sŵn, medd Luc, *'fel gwynt grymus yn rhuthro, ac fe lanwodd yr holl dŷ lle'r oeddent yn eistedd.'* Yma, mae Luc yn ceisio disgrifio'r annisgrifiadwy, ac yn ei ymdrech, mae'n defnyddio symbolau a darluniau fel sŵn, rhuthr gwynt a thafodau o dân i geisio cyfleu grymuster y profiad. Mae'n deg dweud nad oedd y disgyblion wedi gwahaniaethu'n glir rhwng yr Iesu atgyfodedig a'r Ysbryd Glân, a bu rhaid aros uwchben y profiad rhyfedd hwn cyn i eraill roi mynegiant llawn ohono. Prun bynnag am hynny, ni allent fynegi eu ffydd bellach yn Nuw heb sôn am Iesu Grist ac am yr Ysbryd Glân. Yr oedd yr Arglwydd Iesu yn ganolog i'w profiad Cristnogol, a'r Ysbryd Glân yn rym pwerus iawn o'u mewn. Ar sail hyn, ac allan o'r profiad hwn y ffurfiodd yr Apostol Paul y fendith drindodaidd, *'Gras ein Harglwydd Iesu Grist, a chariad Duw, a chymdeithas yr Ysbryd Glân fyddo gyda chwi oll.'*

Emyn 571: *Tyrd, Ysbryd Glân, i'n c'lonnau ni*

Yn drydydd. Llyfr y llwyddiant mawr yw Llyfr yr Actau.
O'r dechrau, ceisiodd llu mawr o bobl ddiffodd cynnydd syfrdanol yr Eglwys yn ei dyddiau cynnar. Credai selogion y sefydliad Iddewig na allai'r mudiad od a newydd hwn lwyddo. Wedi'r cyfan, meddent, pysgotwyr cyffredin ac annysgedig oedd yr arweinwyr, a thlodion a llawer o wragedd di-nod oedd mwyafrif dilynwyr Iesu. Pa ddylanwad, a pha siawns oedd ganddynt i ennill clust a chalon miloedd o bobl? Meidrolion yn gwybod am demtasiynau bywyd a'r profiad o fethu'n druenus hefyd oedd dilynwyr Iesu fel pawb arall. Felly, pa obaith oedd i'r mudiad newydd hwn mewn gwirionedd? Byddai'n sicr o fethu'n druenus. Ond er mawr ryfeddod, nid felly y bu. Er mai pobl gyffredin oeddynt, roedd ganddynt Arglwydd anghyffredin yn

Waredwr eu bywyd, a thrwy rym bywiol yr Ysbryd Glân, lledodd eu dylanwad i bob rhan o'r Ymerodraeth Rufeinig. A heddiw, y mae'r Eglwys Gristnogol yn bodoli dros y rhan helaethaf o'r byd.

Mae hanes yn dangos trai a llanw yn hanes yr Eglwys Gristnogol i lawr ar hyd y canrifoedd, ac yng Nghymru, rydym yn profi dirywiad enbyd yn ein capeli. Mae'n hawdd ymollwng i ddigalondid ysbryd, ond gwae ni os rhown y ffidil yn y to. Y mae Duw yn Iesu Grist a thrwy rym yr Ysbryd Glân yn dal i weithio ym mywydau pwy bynnag sy'n credu. Glynwn wrth ein cyffes a daliwn yn gwbl hyderus mai eiddo Duw yng Nghrist yw'r fuddugoliaeth derfynol, ac y bydd baner buddugoliaeth ein Harglwydd Iesu Grist yn chwifio eto yn ein plith.

Chwifio mae banerau Seion,
  heddiw, yn yr awel rydd:
ac er amled y gelynion,
  ni raid ofni colli'r dydd:
    buddugoliaeth
  ddaw i Seion yn y man.

Emyn 608: *Na foed cydweithwyr Duw*

Y Fendith:
Ein noddfa yw Duw tragwyddol, ac oddi tanodd y mae'r breichiau tragwyddol. Ac i ti y byddo'r clod a'r gogoniant heddiw, a hyd byth. Amen.

BENDITH IACHÂD

Gweddïwn:
Ein Tad dyrchafedig a sanctaidd, clyw ein gweddïau ar ddechrau ein gwasanaeth i ti. Gwna ni'n ymwybodol o sancteiddrwydd dy berson, ac o reidrwydd calon i dy addoli mewn prydferthwch sancteiddrwydd. Er mwyn ein Harglwydd Iesu Grist. Amen.

Emyn 12: *Ymgrymwn oll ynghyd i lawr*

Llefarydd:
Testun ein myfyrdod heddiw yw brawddeg Pedr wrth iddo iachâu dyn cloff wrth borth y deml, *'Arian ac aur nid oes gennyf; ond yr hyn sydd gennyf, hynny yr wyf yn ei roi iti.'* Gadewch inni wrando'r hanes.

Darlleniad: Actau 3: 1–10

Emyn 297: *Mae enw Crist i bawb o'r saint*

Llefarydd:
'Arian ac aur nid oes gennyf; ond yr hyn sydd gennyf, hynny yr wyf yn ei roi iti.'
Nid oedd gan Pedr ac Ioan gyfoeth materol y byd hwn, ond yr oedd ganddynt feddyginiaeth y Crist Atgyfodedig i iacháu'r cleifion. Cafodd y wedd hon i weinidogaeth Iesu Grist ran amlwg yn yr Eglwys Fore, ac ar hyd y canrifoedd, ceisiodd Cristnogion ddilyn esiampl eu Harglwydd wrth ofalu am yr afiach a'u gwella.

Yn ôl y Testament Newydd, rhodd oddi wrth Dduw i rai Cristnogion yw'r ddawn arbennig o iacháu drwy ffydd. Credwn fod Duw yn defnyddio 'amryw ddoniau' i gyflawni ei waith, ac y mae'r 'iacháu gwyddonol' sy'n digwydd heddiw drwy ymroddiad meddygon a nyrsys yn gyfrwng bendith amhrisiadwy. Y mae'r cynnydd mewn gwybodaeth a thechnoleg wyddonol yn anhygoel. At hyn, fe geir gwybodaeth lawnach am natur afiechydon, a'r modd i'w trechu. Perffeithiwyd llawfeddygaeth a'r gallu i ddefnyddio cyffuriau newydd i wella afiechydon yn fawr iawn dros y blynyddoedd, a thrwy'r cyfan, credwn fod 'llaw Duw' yn y darganfyddiadau a'r gwelliannau hyn.

Llefarydd:
Tosturi Iesu Grist at y gwan a'r claf, a'i wyrthiau iacháu, yn fwy na dim arall, a roddodd fod i feddygaeth, ac yn hanes datblygiad meddygaeth, gwelwn egwyddorion sylfaenol Cristnogol ar waith. Cydnabyddir heddiw fod cysylltiad agos rhwng iechyd y corff a chyflwr meddwl ac ysbryd dyn, ac fe ddaeth y pwyslais diweddar hwn â meddygaeth a chrefydd yn agos at ei gilydd. Yn ysbytai ein gwlad, y mae meddygon a nyrsys a chaplaniaid a gweinidogion yn cydweithio, ac yn cydnabod cyfraniad ei gilydd yn y gwaith arbennig hwn. Ond nid arbenigwyr yn unig sy'n cyflawni'r wedd hon i'r weinidogaeth Gristnogol. Mae pawb ohonom yn gallu taro ymweliad ag aelodau sy'n wael, a gallwn fod yn gyfrwng cysur a bendith iddynt.

Yn ein gwlad heddiw, y mae'r gofal am iechyd pobl yn nwylo gweithwyr y wladwriaeth, ond y mae ein cyfrifoldeb ni fel Cristnogion yn aros yr un. Fel deiliaid teyrnas nefoedd, dylem gadw'r wladwriaeth ar flaenau ei thraed yn ei gwasanaeth tuag at y cleifion, a bod yn barod i ysgwyddo'r gost ariannol i gynnal ysbytai ein gwlad. Dylem hefyd fel aelodau'r Eglwys Gristnogol fod ar y blaen yn ein gwasanaeth. Fe'n gelwir gan ein Harglwydd i fod yn barod i fod yn glust ac yn galon i wrando cri'r anghenus, ac yn ddwylo a thraed i wneud ein rhan i esmwytháu gweiniaid ein cymdeithas. Mae'n dda tystio fod nifer fawr o Gristnogion yn cyflawni hyn yn ddistaw ac yn gyson yn ein hysbytai, ac i Dduw, ffynhonnell pob daioni a thosturi, y rhown ein diolch am hynny.

Emyn 301: *O Grist, Ffisigwr mawr y byd*

Gweddïwn:
Diolchwn iti, ein Tad, am y cyfle hwn i weddïo gyda'n gilydd yn enw ac yn ysbryd dy Fab Iesu Grist. Gwyddom, ein Tad, fod yr ysbryd drwg yn ceisio meddiannu ein calonnau yn gyson, a lladd pob awydd ynom i gredu ynot ti ac i weddïo. O Dad, trugarha wrthym, ac er mwyn dy Fab Iesu a fu farw drosom, crea galon lân ynom, O Dduw; ac adnewydda ysbryd uniawn o'n mewn, fel y bydd ymadroddion ein genau a myfyrdod ein calon yn gymeradwy ger dy fron, O Arglwydd, ein Craig a'n Prynwr.

Diolchwn iti, ein Tad, am neges dy Air sy'n tystio mai ti yw ffynhonnell pob daioni a Duw pob gras yn Iesu Grist. Ti yw'r un a roddodd gysgod ac ymgeledd i'th bobl i lawr ar hyd yr oesau, a chyda hwy gynt y rhoddwn ninnau ein clod i ti. Buost ffyddlon i ninnau hefyd er gwaethaf ein byw pell a'n hanffyddlondeb i ti. Yn wir, nid yn ôl ein pechodau y gwnaethost â ni ond yn ôl dy drugaredd yn Iesu Grist.

Diolchwn am bob mudiad dyngarol sy'n cyflawni gwaith dy deyrnas drwy estyn diod i'r sychedig, bwyd i'r newynog, dillad i'r noeth, a chysur dy gariad i'r amddifad. O Dad, derbyn ein diolch am bob gwaith da a wneir i esmwytháu gofidiau dy blant, a gwna ninnau hefyd yn gyfryngau bendith yn dy law.

Yn ôl ein harfer, ein Tad, fe gyflwynwn i'th ofal y cleifion yn eu cartrefi ac yn ysbytai ein gwlad. O Feddyg Da, esmwythâ eu doluriau ag eli dy gariad, ac anadla arnynt ysbryd iechyd a thangnefedd. Gweddïwn am dy fendith ar bob meddyg a nyrs sy'n gwasanaethu'r cleifion. Dyro iddynt nerth gras i ddal ati, a thosturi dy gariad i gydymdeimlo â dioddefaint dy blant.

Clyw ein gweddïau a rhagora ar ein deisyfiadau, a gwêl yn dda i'n bendithio ymhellach ag ysbryd dy addoli ac ysbryd ymateb i neges dy Air yn Iesu Grist. Ac iddo ef y byddo'r clod a'r gogoniant, yn awr, a hyd byth. Amen.

Emyn 823: *Ti fu gynt yn gwella'r cleifion*

Y Fendith:
Danfon ni o'th dŷ, ein Tad, gyda'n calonnau yn llawn o'th gariad, ein meddyliau yn llawn daioni, a'n traed a'n dwylo yn eiddgar i gyflawni dy waith. A thangnefedd Duw yn Iesu Grist a fyddo gyda ni oll. Amen.

PÊL-DROEDWYR

Emyn 24: *O cenwch fawl i'r Arglwydd*

Darlleniad: Salm 84

Cyd-weddïo Gweddi'r Arglwydd.

Emyn 179: *Dewch, hen ac ieuainc, dewch*

Llefarydd:
Er bod blynyddoedd yn gwibio heibio, daliwn i gofio'r mwynhad a'r balchder gawsom ni Gymry wrth weld tîm pêl-droed Cymru yn cystadlu yn erbyn timau gorau'r byd. Cawsom ein gwefreiddio gan sgiliau nifer o'r chwaraewyr, ac yn arbennig Gareth Bale drwy ei gamp anhygoel yn saethu'r bêl fwy nag unwaith i gornel y rhwyd. Er na chawsom ddod â'r gwpan i Gymru, fe ymdrechodd y tîm i'r eithaf gan roi cyfrif da iawn ohonynt eu hunain. Gallwn ymfalchïo yn fawr yn eu hymdrechion glew. At ei gilydd, bu ymddygiad y rhan fwyaf o gefnogwyr Cymru yn rhagorol hefyd. Roedd gweld nifer o gefnogwyr y gwahanol wledydd o dan ddylanwad alcohol yn siom, ond roedd mwyafrif cefnogwyr Cymru yn ymddwyn yn iawn, ac yn cadw draw oddi wrth y rhai a fynnai achosi helynt ac anhrefn. Do, fe welsom nodweddion gorau cefnogwyr pêl-droed, ac awgrymwn y dylem ni bobl capeli eu hefelychu mewn tair ffordd o leiaf.

Llefarydd:
Yn gyntaf. Cyrraedd mewn pryd, ac edrych ymlaen yn eiddgar.
Gwelir hyn yn amlwg ar lawer cae pêl-droed, ac mae rhai cefnogwyr wedi teithio milltiroedd cyn cyrraedd er mwyn

gwneud yn siŵr eu bod yn cyrraedd mewn pryd. Ar ôl cyrraedd, maent yn trafod yn eiddgar pa dîm fydd yn curo. Nid yw'r nodweddion hyn yn amlwg ymhlith cefnogwyr ein capeli. Yn wir, tuedd rhai ohonom yw cyrraedd y funud olaf a'n gwynt yn ein dwrn. Roedd un Eglwys fechan yn y wlad lle'r oedd yr aelodau yn hynod o ffyddlon i oedfa'r pnawn, ond tueddai rhai o'r dynion i loetran y tu allan i'r capel. Digwyddai hyn bob dydd Sul, ond un tro blinodd y gweinidog ar eu diffyg ymroddiad. Daeth i lawr o'r pulpud yn wyllt gyda'i lyfr emynau, a charlamu allan heibio'r gynulleidfa a darllen yr emyn cyntaf yn uchel yn nrws allanol y capel nes bod y dynion oddi allan yn clywed ac yn cywilyddio! Bu sôn am hynny yn yr ardal am fisoedd lawer!

Mae'r hanesyn yna'n codi nifer o gwestiynau, megis a ydym yn edrych ymlaen at oedfa ar y Sul, ac a ydym yn ein paratoi ein hunain ar gyfer hynny? Gall ein hagwedd effeithio ar ein diffyg ymroddiad a pheri inni lusgo ein traed. Nid felly y dylem fod yn ôl yr Apostol Paul, ond yn eiddgar a pharod ein gwasanaeth. Dywed wrth Gristnogion Rhufain,
'Yn ddiorffwys eich ymroddiad, yn frwd eich ysbryd, gwasanaethwch yr Arglwydd.'
Dywed hefyd,
'Ymrowch i weddi ac ymbil, gan weddïo bob amser yn yr Ysbryd. I'r diben hwn, byddwch yn effro, gyda dyfalbarhad ym mhob math o ymbil dros y saint i gyd.'

Gweddïwn:
Ein Tad, crea ddyhead newydd o'n mewn i gyflwyno'n hunain yn llwyrach i ti mewn ysbryd cariad, ufudd-dod ac ymroddiad. O Dad, clyw ein gweddi.

Helpa ni i gysegru'n hamser i'r pethau gorau, i gysegru ein dwylo a'n traed i wneud daioni, a helpa ni i ddweud amdanat wrth ein gilydd, ac i dystio i werthoedd a gwirioneddau'r bywyd newydd yn Iesu Grist.

O am awydd cryf i feddu
ysbryd pur yr addfwyn Iesu,
ysbryd dioddef ymhob adfyd,
ysbryd gweithio drwy fy mywyd. Amen.

Llefarydd:
Yn ail. Mwynhau'r hyn sy'n digwydd.
Gwelir hyn ar y cae pêl-droed yn ymateb y gwylwyr ac yn eu sylwadau bachog a ffraeth. Y mae pob symudiad sy'n digwydd ymhlith y chwaraewyr ar y cae yn cael sylw, naill ai drwy floedd o gymeradwyaeth, neu fel arall! Beth amdanom ni bobl capel? A ydym yn effro ein hysbryd i ymateb i'r neges ac yn ymateb yn eiddgar, neu'n edrych ar y cloc i gael troi am adre cyn gynted ag sy' modd?! Prif ddiben oedfa yw mwynhau presenoldeb Duw yng nghwmni'n gilydd, ei addoli o wirfodd calon, a thyfu mewn gwybodaeth a ffydd yn Iesu Grist. Nid yw'n rhyfedd felly i'r salmydd ddweud, 'Llawenychais pan ddywedent wrthyf, Awn i dŷ yr Arglwydd.' Y mae nifer o'n hemynwyr ni Gymry hefyd yn mynegi'r un profiad, ac enghraifft o hynny yw emyn Watcyn Wyn:

Wel dyma hyfryd fan
i droi at Dduw,
lle gall credadun gwan
gael nerth i fyw.

Gadewch i ninnau hefyd brofi o'r llawenydd a'r fendith sydd i'w cael wrth addoli Duw a dysgu gwirioneddau fydd yn gymorth i dyfu yn gredinwyr cadarn ein daliadau moesol ac ysbrydol yng Nghrist Iesu ein Harglwydd.

Gweddïwn:
O Arglwydd ein Duw, rwyt wedi ein bendithio ag arweiniad yr Ysbryd Glân i oleuo ein meddyliau i ddeall ac amgyffred neges dy Air – derbyn ein diolch.

Rwyt wedi rhoi inni hefyd dy Fab, ein Harglwydd Iesu Grist, yn gwmni ac i'n dysgu:

Wele'r Athro mawr yn dysgu
  dyfnion bethau Duw;
dwyfol gariad yn llefaru –
  f'enaid, clyw!

Arglwydd, boed i'th eiriau groeso
  yn fy nghalon i;
crea hiraeth mwy am wrando
  arnat ti.

Diolchwn am bob athro a gawsom i'n helpu i dyfu yn y ffydd, ac am eu hymroddiad a'u diddordeb i barhau yn ddisgyblion cywir a da i'r Athro mawr. Gwêl yn dda i godi athrawon newydd yn ein heglwysi, ac yn arbennig yn Ysgolion Sul ein gwlad. Diolchwn am bawb sydd eisoes ynghlwm wrth y gwaith pwysig hwn. Bendithia eu llafur, ein Tad, fel y bydd cenhedlaeth o blant a phobl ifanc yn ymgysegru eu bywydau i Iesu Grist.

Cofiwn hefyd yn weddigar ger dy fron y rhai sydd bellach yn
analluog i ddod i'th dŷ oherwydd blinder henaint a chaethiwed
afiechyd. Yn dy drugaredd, gwarchod hwy yn dyner drwy ofal eu
hanwyliaid.

Dwg yn nes, drwy ing a phryder,
  deulu poen,
  addfwyn Oen,
at dy fynwes dyner.

Clyw ein gweddïau a rhagora ar ein deisyfiadau yn enw ein
Gwaredwr Iesu Grist. Amen.

Emyn 823: *Ti fu gynt yn gwella'r cleifion*

Llefarydd:
Yn drydydd. Myfyrio am yr hyn a gawsom.
Ar y ffordd adre o'r cae chwarae, nid yw'r gwylwyr yn anghofio'r
gêm na chwaith yn peidio â siarad am yr hyn a oedd wedi digwydd.
Y mae nifer fawr ohonynt yn parhau i fynegi eu teimladau,
naill ai canmol y chwaraewyr am guro eu gwrthwynebwyr neu
eu beirniadu'n hallt am golli'r gêm! Yn aml iawn, rydym ni
grefyddwyr yn dawedog iawn ar ddiwedd oedfa, ac fe all hyn roi'r
argraff nad oes gennym bellach lawer o ddiddordeb nac awydd
i drafod profiadau ysbrydol bywyd. Gwyddom am beryglon
trafodaethau diddiwedd sydd, o bosibl, wedi llesteirio ffydd
llawer ohonom, ond yn sicr, y mae amharodrwydd pobl i fynegi
ac i rannu eu cred yn arwydd o'n tlodi ysbrydol. Clywsom ddweud
yn Saesneg, *'Today, a man can speak to the whole world, but he has
nothing to say.'* Mae'n hawdd deall y mudandod hwn mewn byd
sy'n llawn trafferthion a thristwch mawr, ond ni ddylem fod yn
fodlon ar hynny. Yn ei lythyr at Ymerawdwr Rhufain, dywedodd

Pliny, llywodraethwr Bithynia, am Gristnogion yr ail ganrif, 'Y *mae'r pla wedi lledaenu trwy'r dinasoedd, y pentrefi a'r ardaloedd gwledig. Dyden nhw ddim yn gwybod sut i fod yn Gristnogion tawel.'* Yn sicr, roedd Cristnogion dewr a siaradai yn agored am eu ffydd yn 'bla' yng ngolwg yr awdurdodau. Onid ein perygl ni heddiw yw mynd i'r pegwn arall, a gwrthod codi llais dros yr hyn sy'n wir ac yn ddyrchafedig fel y gwelwyd ym mherson yr Arglwydd Iesu Grist? Gadewch inni ymwroli yn ein cenhadaeth Gristnogol ac ymgysegru ein hunain o'r newydd i ddangos mai Iesu yw Arglwydd ein bywyd ac unig obaith ein byd. Er mwyn ei enw. Amen.

Emyn 217: *Ynot, Arglwydd, gorfoleddwn*

Y Fendith:
N'ad im fodloni ar ryw rith
o grefydd, heb ei grym,
ond gwir adnabod Iesu Grist
yn fywyd annwyl im.
Cwyd ni oddi ar ein heistedd yn gryfach Cristnogion, ac yn fwy parod nag erioed i fyw i ti am weddill ein bywyd. Cynnal ein ffydd ynot ac aros ynom a chyda ni heddiw, a hyd byth. Amen.

DWYN I GOF

Gweddi agoriadol:
Ti, O Dduw'r canrifoedd maith, ac awdur pob bywyd, cynorthwya ni i ymostwng i'th addoli yn gywir ein calon a than arweiniad yr Ysbryd Glân. Dyro help i bawb fydd yn cymryd rhan yn y gwasanaeth hwn, ac arwain bawb ohonom i ddyrchafu enw dy Fab, ein Harglwydd Iesu Grist. Amen.

Emyn 82: *Molwch Arglwydd nef y nefoedd*

Darlleniad: Salm 96
Mathew 11: 28–30

Gweddïwn:
Diolchwn i ti, ein Tad, am neges dy Air sy'n tystio mai ti yw ffynhonnell pob daioni a Duw pob gras yn Iesu Grist. Ti yw'r un a roddodd gysgod ac ymgeledd i'th bobl i lawr ar hyd yr oesau, a chyda hwy gynt y rhoddwn ninnau ein diolch a'n clod i ti. Buost ffyddlon i ninnau hefyd er gwaethaf ein byw pell a'n hanffyddlondeb i ti. O Arglwydd, derbyn ein diolch.

Rydym yn ymwybodol iawn, ein Tad, o enbydrwydd ein dyddiau, ac o'n diffygion a'n hangen mawr. O Arglwydd, drwy weinidogaeth dy Air, dwysâ ni ag ysbryd edifeirwch am bob esgeulustod i'th wasanaethu di fel y dylem, a dyfnha ein ffydd a'n dyhead i dy gael di i mewn yn ein bywyd ac ym mywyd ein heglwysi ledled ein gwlad. Diolchwn iti am dy Eglwys, yr hon a adeiledaist ar sail yr apostolion a'r proffwydi, ac Iesu Grist yn ben conglfaen. Diolchwn iti am dy Eglwys yn y tŷ hwn a'r bröydd hyn, ac am y fraint fawr i fod yn aelodau ohoni. Diolchwn iti am

307

arloeswyr yr eglwys hon – y rhai fu gynt yn llafurio yn dy enw, a
hynny yn wyneb anawsterau a chaledi bywyd.

Am bawb fu'n wrol dros y gwir
dy enw pur foliannwn.

Yn ôl ein harfer, ein Tad, fe gyflwynwn i'th ofal bawb sy'n ei chael
hi'n anodd llawenhau oherwydd amgylchiadau caled bywyd,
megis siom colli iechyd a hiraeth colli anwyliaid. O Dad, dyro
iddynt brofi o falm dy gariad drwy ofal eu hanwyliaid, ac anadla
arnynt ysbryd iechyd a thangnefedd yn Iesu Grist.

Clyw ein gweddïau – y weddi gyhoeddus hon a phob gweddi
ddistaw arall a offrymir o'r galon. Yn dy drugaredd, rhagora ar
ein deisyfiadau, a derbyn ni fel ag yr ydym yn enw ein Gwaredwr
a'n Harglwydd Iesu Grist, sydd yr un ddoe, heddiw ac yn
dragywydd, ac a'n dysgodd i weddïo, *Ein Tad, yr Hwn wyt yn y*
nefoedd...
Amen.

Emyn 188: *Fy enaid, gogonedda*

Llefarydd:
Bellach mae dros ddeunaw mlynedd wedi mynd heibio ers
diwedd y ganrif ddiwethaf, a thybed faint o'n cyd-aelodau sy'n
cofio degawdau cyn 1950? Y mae gennym nifer o aelodau mewn
oedran teg yn ein heglwysi sy'n dal i gofio digwyddiadau yn
ystod yr Ail Ryfel Byd a chyn hynny. Mae i bob degawd o'r ganrif
ddiwethaf ei hanes a'i helynt. Tybed pa ddigwyddiadau sy'n aros
yn eich cof? Heddiw, byddwn yn dwyn i gof rai digwyddiadau a
adawodd eu hôl yn drwm ar fywyd ein cenedl.

Llefarydd:
Yn gyntaf. Degawd y Gobaith gwyn, sef rhwng 1900 a 1910.
Ar ddechrau'r ugeinfed ganrif, roedd ymdeimlad cyffredinol fod byd newydd ar wawrio. Er bod y degawd cyntaf yn gyfnod caled a thlawd iawn i drwch poblogaeth ein gwlad, roedd llawer yn credu fod dyddiau gwell gerllaw.

Yn 1904, bendithiwyd ein gwlad ag ymweliad nerthol yr Ysbryd Glân, a than weinidogaeth Evan Roberts a'i debyg, taniwyd Cymru o Fôn i Fynwy â fflam eirias y Diwygiad. Tyrrodd pobl o bob cefndir a dosbarth i wrando'r Efengyl, ac achubwyd miloedd ar filoedd ohonynt i fywyd newydd yng Nghrist. Yn dilyn Diwygiad 1904, gwelwyd bywyd newydd yn yr eglwysi o bob enwad, a hefyd ym mywyd y gymdeithas yn gyffredinol. Adeiladwyd nifer o gapeli ar gyfer yr aelodau newydd, a chafwyd lleihad sylweddol mewn achosion troseddol yn llysoedd yn ein gwlad. Ni olygai hyn fod yr eglwysi yn ddi-fai, a heb eu diffygion, ond roedd ysbryd newydd yn y tir, a gobaith gwirioneddol am Gymru a fyddai yn genedl sanctaidd i'r Arglwydd. Ar ddechrau'r unfed ganrif ar hugain, mae'r hinsawdd ysbrydol yn ein gwlad yn dra gwahanol. Tybed a welwn ddiwygiad eto yng Nghymru? Yn ei emyn ardderchog, mae Dewi Môn yn tystio i rymusterau'r gorffennol ac yn gweddïo am ymweliad nerthol yr Ysbryd Glân unwaith yn rhagor.

Clywsom am y rhyfeddodau
 Wnaethost yn y dyddiau gynt,
Pryd y siglwyd cedyrn gaerau
 Llygredd gan y nefol wynt:
Dyro eilwaith brawf o'th allu,
 Trwy orchfygu pechod cas:
Dwg y rhai sy'n gwrthryfela
 I fawrygu dwyfol ras.

Llefarydd:
Yn ail. Degawd Dryllio'r Gobaith gwyn, sef rhwng 1910 a 1920.
Yn ail ddegawd yr ugeinfed ganrif, torrodd rhyfel byd allan gan achosi trychineb alaethus yn ein gwlad a'n byd. Collwyd miloedd ar filoedd o bobl ifanc ar faes y gad, a chollodd yr Eglwys ei chyfle i sefyll dros Efengyl y Cymod. Er hynny, mae'n bwysig cofio i nifer o weinidogion ac aelodau ein heglwysi wrthsefyll galwad John Williams, Brynsiencyn ar fechgyn ifanc Cymru i ymuno â'r fyddin. Nid oedd sefyll dros Efengyl y Cymod yn wyneb propaganda rhyfel yn rhwydd o bell ffordd, a chafodd llawer ohonynt eu gwawdio a'u cam-drin gan eu cyd-wladwyr am wrthod plygu glin i dduw rhyfel.

Dadleuai llawer mai rhyfel i orffen pob rhyfel oedd 'Rhyfel Byd 1914–1918'. Ni ddywedwyd celwydd mwy erioed. Y mae cynnau tân i ddiffodd tân yn ffolineb i'r eithaf, ac mae'r rhyfeloedd di-ri sydd wedi digwydd ar ôl hynny yn ategu hyn. Mae tasg yr Eglwys o argyhoeddi'r byd o ffolineb rhyfel yn waith anodd a chostus, ond mae'n waith sy'n rhaid ei gyflawni. Gweddïwn am ddewrder ysbryd i ddal ati ac i weddïo gyda'r emynydd:

Rho inni ffydd yng ngrym dy gariad drud,
yng ngallu gwaed dy groes i achub byd,
a boed i'n calon heddiw fod yn grud
 i'th heddwch di.

Llefarydd:
Yn drydydd. Degawd y Diweithdra mawr, sef rhwng 1920 a 1930.
Ar ddiwedd y rhyfel, ac yn nauddegau'r ugeinfed ganrif, gwelwyd effaith ddieflig y rhyfel ar fywyd pobl a chymdeithas. Roedd bron pob teulu yn ein gwlad wedi colli anwyliaid yn y rhyfel, a chafodd

llawer o'r hogiau a ddaeth adref anhawster mawr i ailgydio mewn bywyd normal. Hefyd, dioddefodd llawer yn enbyd gan ddiweithdra a thlodi difrifol. Gwelwyd hyn yn arbennig ymhlith y glowyr. Ar ôl treulio blwyddyn 1926 yn protestio yn erbyn gormes meistri'r pyllau glo, bu raid iddynt fynd yn ôl i'w gwaith heb unrhyw addewid am godiad cyflog. Siomwyd llawer ohonynt nad oedd yr Eglwys wedi eu cefnogi fel ag y dylai, a chiliodd rhai aelodau a rhoi eu cefnogaeth i fudiadau mwy radical a gwleidyddol. Er hynny, mae'n deg nodi i nifer o eglwysi wneud eu rhan i esmwytháu beichiau'r tlawd a'r newynog, a sicrhau gofal i'r cleifion a'r henoed. Y mae ein cyfrifoldeb mor fawr ag erioed, a diolchwn fod y gwaith da yn parhau yn ein plith.

Llefarydd:
Yn bedwerydd. Degawd y Dirwasgiad economaidd, sef rhwng 1930 a 1940.
Parhaodd y dirwasgiad economaidd i effeithio'n enbyd ar bobl ein gwlad, a bu'r Eglwys yn y cyfnod hwn yn gysgod ac yn noddfa i lawer o'i haelodau. Parhaodd yr eglwysi i gadw eu cynulleidfaoedd yn weddol, ond roedd fflam Diwygiad 1904 wedi gwanio yn arw yn ein tir.

Yn y tridegau hefyd, clywyd si unwaith eto fod yr Almaenwyr dan arweiniad Hitler yn cryfhau bob dydd, ac yn paratoi eu hunain i dalu'r pwyth yn ôl i'w gelynion am eu darostwng i'r llwch. Yn naturiol, roedd hyn yn achos pryder mawr i lawer o wleidyddion ein gwlad, a gwelent gymylau rhyfel yn crynhoi unwaith eto ar y gorwel.

Llefarydd:
Yn bumed. Degawd y Dinistrio mawr a'r ail gyfle, sef rhwng 1940 a 1950.

Ar ddechrau 1940, roedd Prydain Fawr a chenhedloedd Ewrop unwaith eto mewn rhyfel dieflig yn erbyn yr Almaen. Parhaodd tan 1945. Ar fore dymunol yn Awst 1945 gollyngwyd bom niwclear ar Hiroshima gan hyrddio 50,000 i farwolaeth mewn amrantiad, a niweidio yn farwol filoedd o'r trigolion eraill. Parodd hyn sioc ofnadwy i genhedloedd ein byd, a daeth yr Ail Ryfel Byd i ben. Yn ystod y rhyfel, fe rannwyd yr Eglwys ynglŷn â'r cwestiwn llosg a ddylid cefnogi rhyfel ai peidio. Dadleuwyd gan lawer fod rhaid gwrthsefyll ymosodiad Hitler a'i bod yn alwad foesol arnom i ddinistrio grym dieflig yr Almaen ac i amddiffyn gwareiddiad ein byd drwy goncro byddin Hitler. Ymatebodd Prydain i'r alwad, a than arweiniad Winston Churchill dinistriwyd yr Almaen unwaith eto i'r llawr.

Llefarydd:
Aeth miloedd o fechgyn ein heglwysi i'r frwydr yn ufudd a chollodd llawer ohonynt eu bywydau yn y gyflafan erchyll. Ni allwn ond eu cofio yn dyner a chyda thristwch mawr. Yn naturiol, fe barodd hyn alar dwys yn ein heglwysi, ac ansicrwydd i rai hefyd ynglŷn â'r priodoldeb o gyhoeddi 'Efengyl y Cymod'. Ond nid felly i bawb. Daliodd nifer o unigolion yn gadarn i'w hargyhoeddiadau heddychlon a mynegi na allent godi gwn i ladd y gelyn ar unrhyw amodau, gan y byddai hynny yn gwbl groes i ysbryd yr Efengyl. Carcharwyd rhai ohonynt oherwydd eu daliadau pasiffistaidd, ac ymunodd eraill â mudiad y 'Groes Goch' i wasanaethu ar y milwyr clwyfedig. Nid oedd parch i'r heddychwyr gan fwyafrif pobl ein gwlad yng nghyfnod y rhyfel, a dioddefodd llawer ohonynt sen a gwawd eu cyd-wladwyr. Heddiw, mae'n llawer haws i ni chwifio baner 'Efengyl y Cymod' a chyhoeddi fod rhyfel yn groes i ewyllys Duw. Ai yr un fuasai ein hymateb mewn cyfnod gwahanol?

Llefarydd:
Ar ddiwedd y rhyfel, penderfynodd pobl ein gwlad nad oeddynt
am i gadfridog rhyfel eu harwain, a than arweiniad llywodraeth
Lafur, aed ati i adfer trefn ac i sefydlu'r wladwriaeth les. Gŵr a
wnaeth gyfraniad mawr tuag at hyn oedd Nye Bevan. Roedd
llywodraeth Ryddfrydol dan arweiniad Cymro arall, sef David
Lloyd George, wedi arloesi yn y maes hwn flynyddoedd ynghynt,
ond ar ôl y rhyfel yr aethpwyd ati o ddifri i wneud trefniadau
i ddiogelu'r gwan a'r hen yn ein gwlad. Cafwyd sêl bendith yr
eglwysi ar y gwaith hwn, ac yn araf dros y blynyddoedd gwellodd
safonau byw pobl ein gwlad.

Yn ein gwlad heddiw, mae gofalu am iechyd pobl yn nwylo
gweithwyr y wladwriaeth, ond mae ein cyfrifoldeb ni fel
Cristnogion yn aros yr un. Fel deiliaid teyrnas nefoedd, dylem
gadw'r wladwriaeth ar flaenau ei thraed yn ei gwasanaeth i'r
cleifion, a dylem hefyd fod yn barod i ysgwyddo yn ddirwgnach
y gost ariannol o gynnal ysbytai ein gwlad. Hefyd, dylem fel
aelodau'r Eglwys fod ar y blaen yn ein gwasanaeth, ac yn barod
bob amser i fod yn glust a chalon i wrando cri'r anghenus gyda
chydymdeimlad, ac yn ddwylo i estyn iddynt win ac olew Calfari.
Amen.

Emyn 837: *Dwed, a flinaist ar y gormes*

Y Fendith:
Am Efengyl gras a'i breintiau
 rhoddwn ddiolch byth i ti;
boed i waith dy Ysbryd Sanctaidd
 lwyddo fwyfwy ynom ni;
  i'r gwirionedd
gwna ni'n ffyddlon tra bôm byw. Amen.

313

'DYDDIAU DYN...'

Gweddi agoriadol:

O Arglwydd Dduw ein tadau, diolchwn i ti am gyfle'r Sul i godi'n golygon atat, ac i newid ein meddwl er gwell. Cyffeswn inni aros lawer gormod hefo mân bethau dibwys yn ystod yr wythnos a aeth heibio. O Dad, trugarha wrthym, a helpa ni i wneud yn fawr o'n cyfle yn yr oedfa hon i geisio'r pethau sydd o bwys tragwyddol i'n heneidiau, ac i wneud yr hyn sy'n gymeradwy ger dy fron.

Rho archwaeth i'n heneidiau drud
  at bethau'r byd ysbrydol,
a gwna ni'n gymwys drwy dy ras,
  bawb oll, i'th deyrnas nefol. Amen.

Emyn 75: *I'r Arglwydd cenwch lafar glod*

Darlleniad: Salm 30
           Mathew 6: 25–34

Gweddïwn:

Diolchwn iti, ein Tad, am y cyfle hwn i weddïo gyda'n gilydd yn enw ac yn ysbryd dy Fab Iesu Grist. Gwyddom, ein Tad, fod yr Ysbryd drwg yn ceisio meddiannu ein calonnau yn gyson, a lladd pob awydd ynom i gredu ynot ti ac i weddïo. O Dad, trugarha wrthym, ac er mwyn dy Fab Iesu a fu farw drosom, *'Crea galon lân ynom, O Dduw; ac adnewydda ysbryd uniawn o'n mewn'* fel y byddo *'ymadroddion ein genau a myfyrdod ein calon yn gymeradwy ger dy fron, O Arglwydd, ein Craig a'n Prynwr.'*

Diolch iti am y cynnal a'r cadw a fu arnom hyd y foment hon, ac am sicrwydd dy gariad diymollwng tuag atom yn Iesu Grist. Yn ein myfyrdod am Iesu a'r hyn a wnaeth drosom ar Galfaria, helpa ni i amgyffred dirgelwch ei ddioddefiadau, fel y sylweddolwn mai drwy aberthu y mae Iesu yn teyrnasu,
drwy ein caru y gorchfygodd ein gwaethaf ni,
drwy ddioddefaint ei gariad yr agorodd i ni ffordd newydd
a thrwy farw ar y groes yr estynnodd i ni fywyd tragwyddol.

Gofynnwn hefyd am dy fendith ar waith dy bobl yn ein heglwysi –
y rhai sy'n arwain ar y Sul,
yn ymweld â'r cleifion,
yn hyfforddi'r ifanc,
yn gwasanaethu wrth yr organ,
yn paratoi bwrdd yr Arglwydd,
yn gofalu am bregethwyr,
yn stiwardio trysorfa dy Eglwys,
yn cadw'r adeiladau yn lân a chlyd,
a phawb arall sy'n gwneud eu rhan o'u bodd ac yn siriol eu hysbryd.

Ac yn olaf gweddïwn, ein Tad, ar i ti heddiw gynnal ein teuluoedd â'th gariad, amddiffyn ein cymdeithas â'th gyfiawnder, a bendithio cenhedloedd ein daear ag ysbryd doethineb i gymodi â'i gilydd, ac i rodio ffordd brawdgarwch a thangnefedd. Er mwyn ein Gwaredwr Iesu Grist. Amen.

Emyn 200: *Enaid gwan, paham yr ofni?*

Llefarydd:
Tybed faint ohonoch a glywodd am y gŵr hwnnw a fu fyw, yn ôl y Beibl, i oedran mawr iawn? Ei enw oedd Methwsela, a gwelwn

yn y bumed bennod o Lyfr Genesis ei fod *'yn naw cant chwe deg a naw o flynyddoedd; yna bu farw.'* Dywedir am y pregethwr Joseff Parker iddo oedi ar ôl darllen yr adnod hon mewn oedfa ar fore Sul, ac yna edrychodd i fyw llygaid y gynulleidfa a dweud, *'a dyna'r cyfan a wyddom amdano.'* Ei fwriad oedd pwysleisio fod mwy i'n bywydau nag anadlu, bwyta a threulio amser maith yn gwneud dim. Nid hyd y blynyddoedd sy'n bwysig ond ansawdd ein bywyd tra byddwn yma.

Y mae llawer o ddoethion ein byd wedi cynnig atebion hirfaith am natur bywyd a'i bwrpas ar y ddaear, ond heddiw arhoswn gyda phenillion syml yn mynegi gwirioneddau i'n helpu ar daith bywyd. Awdur y penillion yw gŵr o'r enw Penllyn Jones, ac ynddynt y mae'n cyffelybu bywyd i ardd, i delyn ac i afon.

Llefarydd:
Yn gyntaf. Gardd yw bywyd.
Gardd ydyw bywyd ar uchaf y bryn;
Pa beth dyfwn ynddi – ai blodau, ai chwyn?

Y mae'r pennill cyntaf yn ein hatgoffa o'n cyfrifoldeb i wneud y defnydd gorau o ardd ein bywyd. Fe'n gosodwyd yng ngardd y greadigaeth, ac fe'n galwyd, medd yr Apostol Paul, i fod yn *'berarogl Crist i Dduw'.* Cyn ei dröedigaeth, roedd Paul yn grefyddwr cydwybodol a chywir, ond nid oedd mymryn o hyfrydwch gras yn perthyn iddo hyd nes iddo adael i Rosyn Saron bereiddio ei fywyd. Wedi hynny, daeth yn ymwybodol iawn o hylltra ei fywyd ac o brydferthwch a hawddgarwch ei Waredwr. Y mae hyn yn ein hatgoffa o'r frawddeg honno yn un o ddramau Shakespeaere, *'He hath a daily beauty in his life that makes me ugly.'*

Os ydym am fwynhau blodau i'r eithaf, mae'n rhaid nid yn unig edrych arnynt ond hefyd nesáu atynt a'u harogli. Onid felly Iesu, Rhosyn Saron? Mae'n rhaid nesáu ato fel y gall ef wasgaru ei gariad arnom. Dywedir bod perarogl rhosyn yn cydio hyd yn oed wrth y fwyell sy'n torri ei changhennau. Onid hynny a wnaeth Iesu wrth gael ei ddryllio ar groes Calfaria? Dywed y proffwyd Eseia, *'Fe'i harchollwyd ef am ein troseddau ni, a'i ddryllio am ein camweddau ni; roedd pris ein heddwch ni arno ef, a thrwy ei gleisiau ef y cawsom ni iachâd.'*

Y mae rhinweddau achubol Rhosyn Saron ar gael heddiw i bwy bynnag a'i ceisia. Gadewch i ninnau wneud yn fawr o'n cyfle.

Nesâ at fy enaid, Waredwr y tlawd;
Datguddia dy Hunan, dy fod imi'n Frawd:
Prydferthwch fy mywyd a'i nerth ydwyt Ti,
A phrofi o'th gariad sy'n nefoedd i mi.

Emyn 319: *Wele'n sefyll rhwng y myrtwydd*

Llefarydd:
Yn ail. Telyn yw bywyd.
Telyn yw bywyd yn llawn tannau mân,
A braint y telynor yw dewis y gân.

Y mae'r ail bennill yn cyffelybu ein bywyd i delynor. Rhodd i'w chysegru yw pob dawn a feddwn. Nid yw pawb ohonom yn ddawnus, ond mae lle i bawb yng ngherddorfa'r Brenin mawr. Mae gennym fel Cymry nifer fawr o ganeuon ardderchog, ac y maent yn rhoi mwynhad i'r rhan fwyaf ohonom, naill ai wrth eu gwrando neu eu canu. Mae canu emynau mewn oedfa ar y Sul yn falm i'n heneidiau ac yn ein codi i ymwybod o foddion gras cariad Duw yn Iesu Grist. Yn bennaf, ef yw testun ein cân, ac nid yw'r gân, fel y dywed Williams Pantycelyn, byth yn darfod,

ni cheir diwedd
byth ar sŵn y delyn aur.

Ond mae mwy i fywyd na chanu diddiwedd. Mae'r Arglwydd Iesu yn ein galw i gyfieithu ein cân yn fywyd o wasanaeth i'n gilydd ac i eraill, fel y gall eraill trwom ni adnabod cariad Duw. Erbyn diwedd y gwasanaeth hwn, byddwn wedi clodfori enw Iesu Grist ar gân drwy ein hemynau ardderchog. Ond mae amser i bob peth, ac y mae amser i fyw ein cân heb dewi!

Llefarydd:
Yn drydydd. Afon yw bywyd.
Y mae '*afon Duw*' yn thema gyfoethog yn y Beibl, ac yn cael ei adleisio lawer tro yn ein llyfr emynau. Gwrandawn ar rai enghreiffitau o'r Beibl:

'*Fel y dyhea ewig am ddyfroedd rhedegog, felly y dyhea fy enaid amdanat ti, O Dduw. Y mae fy enaid yn sychedu am Dduw, am y Duw byw.*'

'*Gwna imi orwedd mewn porfeydd breision, a thywys fi gerllaw dyfroedd tawel, ac y mae ef yn fy adfywio.*'

'*Pwy bynnag sy'n yfed o'r dŵr a roddaf fi iddo, ni bydd arno syched byth.*'

Y mae'r adnodau a glywsom yn tystio i fendithion afon Duw yn ein hanes ar daith bywyd. Ond yn y pennill clo gan Penllyn Jones, try'r fendith yn gwestiwn i bawb ohonom drwy gyffelybu ein bywyd ninnau i afon:

Afon yw bywyd yn llifo o hyd,
Pa liw fydd y dyfroedd wrth adael y byd?

Nid yw'n gwestiwn cysurus o bell ffordd, ac fe'n geilw i adolygu ein bywyd gan gofio na fyddwn yma am byth. Daw amser i bawb ohonom roi cyfri am ein bywyd, a gall ddod unrhyw dro. Nid nifer ein blynyddoedd sy'n bwysig ond ansawdd ein bywyd tra byddwn yn fyw. Y mae hynny yn her tra bydd anadl o'n mewn, ond cymerwn gysur. Y mae gennym Waredwr i'n cadw a'n nerthu i ddal ati, a chydag ef yn gwmni nid oes rhaid ofni colli'r dydd.

Emyn 119: *Duw'n darpar o hyd at raid dynol-ryw*

Y Fendith:
Gras ein Harglwydd Iesu Grist, a chariad Duw, a chymdeithas yr Ysbryd Glân a fyddo gyda ni oll. Amen.

MAWRION WEITHREDOEDD DUW

Gweddi agoriadol:
Clyw ein gweddi, ein Tad, ar ddechrau'r gwasanaeth hwn, ac arwain ni yn ein myfyrdod amdanat ti, ac am fawrion weithredoedd dy gariad yn Iesu Grist. Yn dy drugaredd, bydd yn y canol, a derbyn ein diolch a'n clod. Amen.

Emyn 190: *Rhyfeddol a rhyfeddol*

Darlleniadau: Luc 23: 44–48
                           Luc 24: 1–12

Emyn 555: *Heddiw cododd Crist yn fyw*

Gweddïwn:
(a) Diolchwn iti, ein Tad, am bawb sy'n byw dan gyfaredd person Iesu Grist ac yn adlewyrchu ei gariad yn eu byw o ddydd i ddydd. Drwy nerth dy ras, planna ynom ninnau hefyd ddyhead i fod yn debycach i'th Fab Iesu, yn debycach iddo yn ein calon, yn ein geiriau, yn ein gweithredoedd, yn ein perthynas â'n gilydd, yn haelioni ein cymwynasau i'r tlawd a'r anghenus, ac yn ein perthynas â thi dy hun.

Diolchwn iti, ein Tad, am y darlleniadau o'th Air a glywsom – dy Air yn ein hatgoffa am aberth dy Fab Iesu ar Galfaria. Ni allwn byth ddirnad yn llawn yr hyn a ddigwyddodd, ond gofynnwn i ti ein llenwi ag ysbryd edifeirwch am ein holl droseddau i'th erbyn ac estyn dy faddeuant inni drwy Iesu Grist. Dilea bob hunangariad ynom sy'n bychanu dy gariad, ac sy'n rhwystr i feddyginiaeth dy gariad weithio o'n mewn. O Dad, gwna ni yn offerynnau dy gariad.

(b) Clodforwn dy enw sanctaidd am iti gyfodi dy Fab Iesu Grist oddi wrth y meirw, a'i fod ef heddiw yn teyrnasu gyda thi yng ngrym dy gariad mawr. I ti y rhown ein diolch a'n clod.

Orchfygwr angau, henffych well!
Pan ddrylliaist byrth y bedd
ar ofnau dynion torrodd gwawr,
anadlodd awel hedd.

Yn narlleniadau dy Air, ein Tad, fe glywsom am y chwiorydd mewn braw mawr ar lan y bedd gwag, ac am amharodrwydd y disgyblion i gredu'r newyddion fod Iesu yn fyw. Cydnabyddwn ein bod ninnau yn aml yn debyg iawn i'r chwiorydd hynny, yn ofnus ein natur ac yn amharod i ymateb yn gadarnhaol i neges yr atgyfodiad. Erfyniwn am dy faddeuant, ac ar iti fod yn amyneddgar â ni. O Arglwydd Iesu, Tywysog bywyd a Gorchfygwr y bedd, tyrd i'n canol, a dyro inni glywed dy lais o'r newydd. Anadla arnom dy dangnefedd ac eneinia ni â'r Ysbryd Glân.

Ysbryd sanctaidd, dangos
inni'r Iesu mawr;
dwg y nef yn agos,
agos yma nawr.

(c) Oddi mewn i'th dŷ, diolchwn iti am gymdeithas dy Eglwys, ac am fendithion dy ras a gawsom yma wrth dy addoli di. Gweddïwn am dy faddeuant am bob rhaniad diangen yn dy Eglwys sy'n gwanhau ei bywyd, ac yn rhwystro ei chenhadaeth. O Arglwydd, gwared dy Eglwys o bob culni meddwl ac ysbryd, ac arwain hi i *'gadw â rhwymyn tangnefedd yr undod y mae'r Ysbryd yn ei roi'* – yr undod hwnnw sy'n cymell dy bobl i ddyrchafu enw Iesu Grist, ac i ledaenu ysbryd ei gariad ledled ein daear.

Yn ein gweddïau, cyflwynwn i'th ofal bawb sy'n fyr o'n breintiau, yn amddifad o gysuron aelwyd a chwmni anwyliaid, yn brin o fwyd a diod, neu'n dioddef afiechyd a phoen. O Dad trugarog, gostwng dy glust i wrando eu cri, a dyro i ninnau glustiau sensitif i wrando poen, llygaid effro i weld anghenion eraill, a chalonnau ewyllysgar i wneud ein rhan yng ngwaith dy deyrnas.

O Dad, clyw ein gweddïau, a bendithia ni weddill yr oedfa hon ag ysbryd addoli. Agor ein calon i wres dy gariad, agor ein gwefusau i ganmol dy enw, a sancteiddia ein haddoliad fel y bydd popeth a wnawn yn gymeradwy ger dy fron. Ac i Iesu Grist, ein Gwaredwr bendigedig, ac i ti, ein Tad nefol, ac i'r Ysbryd Glân y byddo'r clod a'r gogoniant, yn awr ac yn oes oesoedd. Amen.

Emyn 256: *Doed, O Dduw, O doed dy deyrnas*

Llefarydd:
Mae'na ambell i air neu ymadrodd yn mynnu aros hefo ni, a'r gair hwnnw heddiw yw un o hoff ymadroddion Paul wrth geisio disgrifio mawredd cariad Duw yn Iesu Grist, sef, *'dirgelwch yr Efengyl'*. Y gair yn Saesneg yw *'mystery'*, sy'n tarddu o'r gair *'musterion'* yn yr iaith Roeg. Mae'r gair hwn i'w gael 28 o weithiau yn y Testament Newydd, ac o'r 28, priodolir 21 ohonynt i'r Apostol Paul, fel y gwelir yn arbennig yn ei lythyr at yr Eglwys yn Effesus. Er enghraifft, yn y bennod gyntaf, adnod 9 mae Paul yn sôn am *'ddirgelwch ewyllys Crist'*. Yn y drydedd bennod, mae'n sôn am *'ddirgelwch datguddiad Crist'*. Yn y bumed bennod,

adnod 32, mae'n sôn am *'ddirgelwch Eglwys Iesu Grist'* ac yna, yn y chweched bennod, adnod 19, mae'n sôn am *'ddirgelwch yr Efengyl'*.

Llefarydd:
Yn y cyswllt yma, mae'n bwysig sylwi nad defnyddio'r gair *'dirgelwch'* wnaeth yr Apostol Paul i osgoi ei gyfrifoldeb i ddeall yr Efengyl. Yn sicr, nid dyma oedd ei fwriad. Mewn geiriau eraill, nid cyfrinydd niwlog, arallfydol, a'i ben yn yr awyr oedd Paul ond meddyliwr praff a disgybledig, ac un a roddodd le anrhydeddus i'r deall yn ei bregethu, ac yn ei lythyrau i'r eglwysi dan ei ofal. Yn wir, roedd y wedd ddeallusol i'r efengyl yn hollbwysig yn ei olwg, a hynny bob amser. Ond wrth bwysleisio ochr ddeallusol yr Efengyl, roedd Paul yn ymwybodol iawn fod 'na wedd i'r Efengyl sydd y tu hwnt i ddeall a dirnadaeth meddwl dyn. Mae'n mynegi hynny yn drawiadol iawn yn yr ail bennod o'i Lythyr Cyntaf i'r Corinthiaid, *'Ond fel y mae'n ysgrifenedig; "Pethau na welodd llygad, ac na chlywodd clust, ac na ddaeth i feddwl neb, y cwbl a ddarparodd Duw ar gyfer y rhai sy'n ei garu." '*

Wel, onid hyn yw ein profiad ni hefyd fel Cristnogion wrth inni geisio plymio i ddyfnderoedd yr Efengyl? Yn wir, onid yw'r gair *'amgyffred'* weithiau yn fwy addas na'r gair *'deall'* fel y ceir, er enghraifft, yn Llythyr Paul at yr Effesiaid? Y drydedd bennod ac adnod 18:
'Boed i chwi, sydd â chariad yn wreiddyn a sylfaen eich bywyd, gael eich galluogi i <u>*amgyffred*</u> *ynghyd â'r holl saint beth yw lled a hyd ac uchder a dyfnder cariad Crist.'* Ystyriwn heddiw sawl gwedd ar y gair 'dirgelwch'.

Llefarydd:
Yn gyntaf. Dirgelwch ymgnawdoliad Mab Duw yn faban bach.
Mae genedigaeth pob baban yn wyrth, ac mae presenoldeb baban bach ar yr aelwyd yn cynhesu'n calon, ac yn ein llenwi â rhyfeddod y geni. Fe anwyd y baban Iesu i deulu cyffredin o Nasareth, ond i ni Gristnogion roedd y geni hwn yn anghyffredin ac yn rhyfeddod mawr.

Rhyfeddu 'rwyf, O Dduw,
dy ddyfod yn y cnawd,
rhyfeddod heb ddim diwedd yw
fod Iesu imi'n Frawd.

Ynghlwm wrth y rhyfeddod hwn y mae dirgelwch na allwn byth ei ddeall yn llwyr – dim ond dweud gyda'r apostol, *'Mawr yw dirgelwch duwioldeb; Duw a ymddangosodd yn y cnawd.'* Terfynwn ein neges gyntaf gyda'r emynydd:

Mae yn Iesu greadigaeth
Sydd y tu hwnt i'n deall ni.
Credu ynddo, gobeithio ynddo
Ydyw'r cwbwl a fedraf fi.

Llefarydd:
Yn ail. Dirgelwch Calfaria.
Bob blwyddyn, byddwn yn dathlu geni tlawd Mab Duw yn faban bach ym Methlehem Jwdea. Fe gyfansoddodd Milton, y bardd Seisnig, awdl am y Geni Dwyfol, ac yn ôl yr ymateb a gafodd, llwyddodd i gyfleu'r rhyfeddod fod Mab Duw wedi dod i'n byd yn faban bach ac yn un ohonom. Ond wrth geisio cyfansoddi awdl am farwolaeth Mab Duw ar Galfaria, methu wnaeth. Yn ôl ei gyfaddefiad ei hun, teimlai Milton fod rhywbeth yn y Groes na

allai ei gyfleu yn foddhaol. Nid Milton yn unig a deimlodd hyn, fel y dywed Williams Pantycelyn,

Mae yma ryw ddirgelion,
  rhy ddyrys ŷnt i ddyn,
ac nid oes all eu datrys
  ond Duwdod mawr ei hun.

Wrth fyfyrio ar ddirgelwch Calfaria, mae ambell un wedi gofyn pam yr aeth Iesu Grist i'r groes a dioddef y fath benyd? Ar ddechrau ei weinidogaeth, fe ddaeth yn ymwybodol fod cyflawni ewyllys Duw yn costio, ac y gallai gostio iddo ei fywyd. Mae'n anodd nodi yn union pryd y daeth yn ymwybodol fod y groes yn rhan annatod o'r drefn ddwyfol, ond yn sicr, nid damwain anffodus oedd y groes i Iesu. O'r cychwyn cyntaf, gwyddai fod y groes yn bosibl: yn fuan iawn fe ddaeth yn debygol iawn, ac yn y diwedd, yn anochel.

Gŵr ifanc oedd Iesu yn dyheu am fyw gymaint â phawb arall, ond ei ddyhead dyfnaf oedd cyflawni ewyllys ei Dad nefol, 'Fy mwyd i yw gwneud ewyllys yr hwn a'm hanfonodd.' Ie, casineb dynion pechadurus a'i lladdodd ond ei gariad tuag at euog fyd a'i gyrrodd i'r Groes. Ei gariad tuag atom a barodd iddo erfyn, 'O Dad, maddau iddynt...', a'i gariad hefyd a barodd iddo gymryd 'ein pechodau yn ei gorff ar y croesbren'. Byddai'n dda inni gofio nad 'Draw, draw ymhell ar wyrddlas fryn' y croeshoeliwyd Iesu ond ar domen sbwriel dinas Jerwsalem. Roedd yn fan cwbl waradwyddus, ond ar y Groes erchyll honno y gwelwyd y 'cariad mwyaf rhyfedd fu erioed'.

Llefarydd.
Yn drydydd. Dirgelwch y bedd gwag.
Parodd y dirgelwch hwn i lawer ddrwgdybio'r cyfan gan ddadlau mai twyll oedd y bedd gwag, a'r cyhoeddiad fod yr Iesu a groeshoeliwyd yn fyw yn gelwydd. Yn wir, felly yn union y teimlai rhai o'r disgyblion ar ôl clywed stori'r gwragedd fod Iesu'n fyw. Ymateb y disgyblion oedd gystal â dweud mai sterics gwragedd hawdd eu perswadio oedd hyn, ac mai *'lol oedd yr hanesion hyn'.* Ond bu raid i'r disgyblion yn ddiweddarach newid eu meddyliau yn llwyr, yn arbennig Thomas oedd wedi cyhoeddi na allai gredu'r fath beth. Ar ôl i Thomas gael ei ddarbwyllo, dywedodd Iesu wrth ei ddisgyblion, *'Gwyn eu byd y rhai a gredodd heb iddynt weld.'*

Mae 'na bethau mewn bywyd sy'n anweledig i'r llygaid dynol, ac eto yn real iawn. Er enghraifft, y cariad a'r parch sydd gennym tuag at ein gilydd, a thuag at ein hanwyliaid. Ni allwn weld y cariad hwn fel gweld adeilad, ond y mae'n real iawn wrth inni ymateb iddo. Onid felly'r bywyd newydd yng Nghrist? Mae'r rhan fwyaf o Gristnogion yr oesau wedi credu'r Atgyfodiad er nad ydynt erioed wedi gweld y Crist byw. Onid felly ni heddiw sy'n credu'r Efengyl? Pobl y ffydd ydym, ac fel yr Apostol Paul, yr ydym yn rhodio, nid yn ôl golwg ond yn ôl ffydd ac mewn ysbryd cariad – y cariad hwn, chwedl Paul, sy'n ein cymell ni, *'nid i fyw mwyach i ni ein hunain, ond i'r hwn a fu farw drosom, ac a gyfodwyd.'* Rwy'n cloi gydag emyn eneiniedig Williams Pantycelyn.

Fy enaid, gwêl gariad yn fyw ar y pren,
ac uffern yn methu darostwng ei ben;
er marw fy Iesu, er hoelio fy Nuw,
parhaodd ei gariad drwy angau yn fyw.

Emyn 529: *Ni ganwn am gariad Creawdwr yn ddyn*

Y Fendith:

Ar ddiwedd y gwasanaeth hwn, pâr inni gofio mewn rhyfeddod ddyfodiad dy Fab Iesu i'n byd, ei ddarostyngiad hyd angau ar groes, a'i fuddugoliaeth ar bechod, angau a'r bedd. O Arglwydd, derbyn ein diolch a'n clod, a gwêl yn dda i'n gwarchod heddiw, a hyd byth. Amen.

DŴR A THÂN

Gweddi agoriadol:
Mawr wyt ti, O! Arglwydd, a mawr yw dy drugaredd a'th ras tuag atom yn Iesu Grist. Gwna ni'n ostyngedig wrth nesáu atat ac yn agored ein hysbryd yn ein haddoliad i ti. Cymer bob un ohonom yn dy law, ac arwain ni i ymborthi ym mhorfeydd dy gariad a'th ras yn Iesu Grist. Amen.

Emyn 219: *Arglwydd nef a daear*

Llefarydd:
Heddiw, byddwn yn cymryd dŵr a thân yn sail i'n myfyrdodau. Dechreuwn gyda hanes y dilyw a'r hyn a wnaeth Noa a'i deulu yn wyneb anawsterau mawr. Yn ôl Llyfr Genesis, roedd drygioni dyn wedi cynyddu yn fawr, a chymaint felly fel bod *'holl fwriad meddylfryd ei galon yn unig yn ddrygionus bob amser.'* Dyna'r darlun a gawn o gyflwr y bobl, ond roedd Noa yn eithriad. Daliodd yn ffyddlon i'w Arglwydd, a disgrifir ef yn Llyfr Genesis fel *'gŵr cyfiawn'*. Yn unol â gorchymyn Duw, aeth ati i adeiladu arch er mwyn cadw ei deulu yn ddiogel. Ni wyddai Noa beth oedd y rheswm dros adeiladu'r arch, ond ufuddhaodd i orchymyn Duw yn ddigwestiwn. Yr oedd yn orchymyn rhyfedd ac annealladwy i lawer, ac roedd adeiladu'r arch yn ffolineb yng ngolwg llawer. Mae'n bosibl iddo gael ei feirniadu a'i wawdio gan ei gydnabod, ond dyfalbarhau a wnaeth Noa gan ddiystyru beirniadaeth a gwawd. Gadewch inni wrando ar yr hanes yn Llyfr Genesis.

Darlleniad:　Genesis 6: 11–22
　　　　　　　Genesis 7: 17–24

Llefarydd:

Fel y clywsom, fe barhaodd y dilyw am gant a hanner o ddyddiau – cyfnod hir iawn i Noa a'i deulu a'r anifeiliaid yn yr arch. Ond un diwrnod, tybiodd Noa fod y dyfroedd yn gostwng, a gollyngodd golomen allan o'r arch er mwyn bod yn sicr o hynny. Y tro cyntaf, fe ddychwelodd y golomen, ond fel y dywedir yn yr hanes, *'ni ddychwelodd hi eilwaith ato ef mwy.'* Arwyddai hyn i Noa fod y golomen wedi glanio ar y ddaear, a bod gwaredigaeth wrth ymyl hefyd i'w deulu a phopeth byw yn yr arch. Y peth cyntaf a wnaeth Noa wedi glanio oedd adeiladu allor i'r Arglwydd, ac arllwys ei galon mewn diolchgarwch i Dduw am ei achub ef a'i deulu.

Beth am gynhwyso? Y mae pawb ohonom wedi cael gwaredigaethau o ryw fath ar daith bywyd – oddi wrth afiechydon neu beryglon neu ddamweiniau – ond a fuom ni'n barod i ddiolch? Cofiwn hanes yr Arglwydd Iesu yn iacháu deg o wahangleifion, a dim ond un a drafferthodd i droi'n ôl i ddiolch iddo. *'Oni lanhawyd y deg, ond pa le y mae y naw?'* Gwyliwn rhag cymryd bendithion bywyd yn ganiataol.

Llefarydd:

Ni allwn orffen hanes y dilyw heb sôn am y cyfamod a wnaeth Duw efo Noa a'i deulu. Y mae'r gair 'crefydd' yn air dieithr yn yr Hen Destament, ond mae'r gair 'cyfamod' i'w gael dros dri chant o weithiau, ac mae i'w gael yn hanes y dilyw. Dywedir i Dduw osod bwa yn y cwmwl er mwyn selio'r cyfamod a wnaeth â Noa. Rhowch eich hunain yn esgidiau Noa am foment yn ailddechrau byw wedi profiad erchyll y dilyw. Os oedd rhywbeth yr arswydai Noa rhagddo, y dilyw oedd hwnnw, a phob tro y gwelai gymylau duon, ofnai y byddai rhywbeth tebyg yn digwydd eto. Ond yn ôl yr hanes, fe osodod Duw enfys enfawr yn y cwmwl, a dweud wrth Noa, *'Dyma a osodaf yn arwydd o'r cyfamod yr wyf yn ei wneud* â *chwi ac* â *phopeth byw gyda chwi tros oesoedd di-rif.'* Roedd hyn yn gysur mawr i Noa a'i deulu, ac i ninnau heddiw, ac yn sicrwydd fod Duw yn ffyddlon i'w addewid. Yn wahanol iawn i Noa, rydym yn byw mewn oes sydd wedi gwneud cynnydd carlamus mewn gwyddoniaeth a thechnoleg. Er hynny, rydym yn fwy ansicr nag erioed o ystyr a phwrpas bywyd. Mae'r cenhedloedd yn methu byw'n gytûn, ac mae economi ein byd yn dibynnu'n drwm ar y farchnad arfau dieflig. Nid yw'n rhyfedd fod 'gobaith' yn nodwedd brin iawn yn ein cymdeithas a'n byd heddiw. Ond fel yr atgoffwyd Noa drwy ymddangosiad *y 'bwa yn y cwmwl'*, bydd Duw, er cymaint anwadalwch dyn, yn ffyddlon i'w addewid. Ni fydd yn ein gadael yn ddiymgeledd ond yn ein cynnal a'n cadw ym mynwes ei gariad. Felly, y tro nesaf y gwelwn yr enfys, gadewch inni gofio mai bwa heb linyn a saeth fileinig ydyw sy'n arwyddo trugaredd a chariad Duw tuag atom yn Iesu Grist.

Emyn 316: *O tyred, Iôr tragwyddol*

Gweddïwn:
Diolchwn iti, ein Tad, am ein harwain at orsedd dy ras unwaith eto, a hynny mewn awyrgylch addoliad. *'Ysbryd yw Duw,'* medd dy Air wrthym, *'a rhaid i'r rhai a'i haddolant ef addoli mewn ysbryd a gwirionedd.'* O Dad, cadw hyn yn fyw yn ein cof drwy'r gwasanaeth hwn fel y bydd ein clustiau yn agored i neges dy Air a'n calonnau yn ymateb i alwad dy gariad.

Yng nghlyw neges dy Air, nid ydym bob amser yn gyfforddus ein meddyliau oherwydd nid ydym wedi dy foddhau fel ag y dylem. Gwyddom nad yw rhoi ein hunain dan chwyddwydr dy gariad sanctaidd yn hawdd o bell ffordd, ond fe wyddom hefyd, ein Tad, ei fod yn llesol inni ac mai dy ddymuniad di yw ein gwella ni –

ein gwella ni o bob anhwylder sydd yn ein poeni a phob pechod sydd yn ein clwyfo. Felly, helpa ni, ein Tad, i nesáu atat heb geisio cuddio unrhyw fai, ac er mwyn dy Fab a'i angau drud maddau i ni ein pechodau i'th erbyn. Maddau inni, ac anadla ynom ysbryd iechyd a bywyd newydd yn Iesu Grist.

Diolchwn am feddyginiaeth dy gariad yn dy Fab – y cariad a gostiodd iddo aberth mawr, aberth hyd angau ar groes. Ni allwn byth ddirnad dyfnder dy gariad tuag atom, ond fe allwn deimlo a rhoi diolch i ti o waelod ein heneidiau. O Dad, derbyn ein diolch, a thro ein diolch yn gân o foliant i ti, ac yn fywyd o wasanaeth i'th Fab annwyl a'n Gwaredwr Iesu Grist. Amen.

Emyn 393: *Iesu, Geidwad bendigedig*

Llefarydd:
Symudwn ymlaen at ein sylwadau am dân.
Fel dŵr, mae tân yn was da ond yn feistr creulon. Gwelwyd hyn dro'n ôl mewn bloc o fflatiau yn ninas Llundain pryd y llosgwyd nifer fawr o'r trigolion, yn cynnwys plant, i farwolaeth mewn modd dychrynllyd iawn. Ond nid tân sy'n dinistrio bywydau pobl sydd gennym dan sylw heddiw ond tân yr Ysbryd Glân fel yr ymddangosodd ar ddydd y Pentecost yn ninas Jerwsalem. Gadewch inni wrando ar yr hanes.

Darlleniad: Llyfr yr Actau 2: 1–13

Llefarydd:
Yn y Beibl, defnyddir tân fel symbol o bresenoldeb Duw. Y mae nifer o enghreifftiau i'w cael. Dechreuwn gyda hanes Moses a'r berth yn llosgi heb ei difa ar fynydd Sinai, Elias ar ben mynydd Carmel, a Duw yn ateb drwy dân. Yna, yn Llyfr y Salmau, mae

tân yn symbol o brofiad mewnol pobl o bresenoldeb Duw, *'Gwresogodd fy nghalon o'm mewn: tra yr oeddwn yn myfyrio, enynnodd tân ynof.'* Yr un oedd profiad Jeremeia, *'Ei air ef oedd yn fy nghalon yn llosgi fel tân.'* Yn y Testament Newydd, dywed Ioan Fedyddiwr am Iesu, *'Efe a'ch bedyddia chwi â'r Ysbryd Glân, ac â thân'* ac yn Llyfr yr Actau, fel y clywsom, disgrifir yr Ysbryd Glân fel tafodau *'o dân yn ymrannu ac yn eistedd un ar bob un ohonynt.'* Mae ein llyfr emynau hefyd yn gyforiog o gyfeiriadau at yr Ysbryd Glân fel tân, ac ynddynt mynegir dyhead dwfn am adnewyddiad ysbrydol, ac enghraifft arbennig o hynny yw emyn John Hughes:

O anfon di yr Ysbryd Glân
   yn enw Iesu mawr,
a'i weithrediadau megis tân –
   O deued ef i lawr.

Clywodd rhai ohonom sôn am 'wres y diwygiad' pryd y cafwyd profiadau gwirioneddol o'r Ysbryd Glân yn rhoi bywyd a brwdfrydedd newydd i galonnau pobl. Y mae'r emynydd yn ein hatgoffa mai *'oer ein serch a gwan ein ffydd'* a fyddwn heb gynhesrwydd yr Ysbryd Glân. Y mae ei angen arnom yn fwy nag erioed fel y byddwn yn gredinwyr cynnes ein croeso i neges yr Efengyl, ac yn gynulleidfa sy'n gymdeithas gynnes ei chroeso i bwy bynnag a ddaw atom i addoli Duw.

Llefarydd:
Dechreuwyd ein myfyrdod drwy sôn am beryglon dŵr a thân. Y mae'r hyn sy'n digwydd yn ein cymdeithas a'n byd yn peri inni ofni yn fawr, ac ambell waith i arswydo wrth feddwl beth all ddigwydd nesaf, ond y mae gennym y cysur o wybod fod cariad Duw yn Iesu Grist, chwedl Gwilym Hiraethog, *'fel y moroedd'*, a

bod ei gariad yn anniffoddadwy, fel y canodd George Rees mor ardderchog:

Cans llosgi wnaeth dy gariad pur bob cam,
ni allodd angau'i hun ddiffoddi'r fflam.

Yng ngoleuni ac yng ngwres y cariad hwn yn Iesu Grist, glynwn yn ddiwyro wrth ein ffydd a chyflawni'r hyn y'n galwyd iddo tra bo cyfle gyda ni. Amen.

Emyn 362: *Pob seraff, pob sant*

Y Fendith:
Yng nghanol digwyddiadau erchyll ein hoes, cadw ni, ein Tad, yn dawel ein hysbryd, ac yng nghanol pwerau tanllyd ein dydd, cadw ni yn ffyddlon i ti, ac i'th Fab annwyl, ein Harglwydd Iesu Grist. Amen.

'CREDAF...'

Gweddi agoriadol:
Ein Tad, yr Hwn wyt yn y nefoedd, gwêl yn dda i edrych arnom yn ein hangen mawr, a phortha ni ym mhorfeydd dy gariad a'th ras yn Iesu Grist. Maddau ein dieithrwch yn ystod dyddiau'r wythnos, a dyro inni gyfle newydd i ailgydio yn y pethau sydd o bwys tragwyddol. Gofynnwn hyn yn enw ein Gwaredwr Iesu Grist. Amen.

Emyn 178: *Am blannu'r awydd gynt*

Darlleniadau: Eseia 11: 1–10
Luc 2: 1–7

Emyn 468: *Tua Bethlem dref*

Gweddïwn:
(a) O Dduw ein Tad nefol a sanctaidd, wrth inni ymostwng ger dy fron i weddïo, gwna ni'n ymwybodol mai ysbryd gostyngedig sy'n weddus inni. Yr wyt ti, O Dduw, yn ddyrchafedig a sanctaidd a ninnau yn feidrolion amser ac yn llwyr ddibynnol arnat ti. Yn wir, ein Tad, hebot ti darfyddai amdanom oherwydd ynot ti yr ydym yn byw, yn symud ac yn bod. O Dduw ein Creawdwr daionus, plygwn i'th addoli am dy garedigrwydd mawr tuag atom, a diolchwn am dy ofal cyson amdanom ar hyd y blynyddoedd, a hynny hyd y foment hon. Diolchwn i ti hefyd, ein Tad, am ofal a chariad teulu ohonom bob amser, am deyrngarwch cyfeillion er inni eu siomi fwy nag unwaith, am garedigrwydd cymdogion i'n helpu mewn argyfwng, ac am gymdeithas dy Eglwys o Sul i Sul. Goruwch pob dim, rhown ddiolch i ti am dy faddeuant

a'th ras tuag atom yn Iesu Grist, *'yr hwn ac yntau'n gyfoethog a wnaethpwyd yn dlawd fel y'n cyfoethoger ni drwy ei dlodi ef.'*

(b) Gweddïwn dros genhedloedd ein daear sy'n dioddef erchyllterau rhyfel oherwydd gormes arweinwyr balch a drwg. Ni allwn ddirnad dioddefaint dy bobl na chwaith galedi eu bywydau o ddydd i ddydd. Gofidiwn dros rieni mewn poen dirdynnol wrth weld eu plant yn dioddef diffyg bwyd a chysuron cartref. O Dad, Tad yr holl genhedloedd a Thad pob unigolyn ar wyneb ein daear, clyw ein cri ac ateb ni.

Yn dy drugaredd, rho dy fendith ar ein haddoliad, ac ar ein myfyrdod ymhellach yng ngwirioneddau dy Air. Llefara dy neges wrthym, a dyro inni galon ddoeth a gostyngedig i ymateb. Maddau eiddilwch ein gweddïau ger dy fron, ac yn enw ein Cyfryngwr Iesu Grist, clyw ein cri ac ateb ni. Amen.

Emyn 466: *Ganol gaeaf noethlwm*

Llefarydd:
Mae'n debyg nad yw'r rhan fwyaf ohonom yn rhy hoff o'r gaeaf – tymor y gwynt a'r glaw, y rhew a'r eira a'r nosweithiau tywyll – a theimlwn yr oerni gymaint yn fwy fel yr awn yn hŷn. Ond er hynny, mae 'na rai pethau i godi'n calon yng nghanol trymder gaeaf hefyd. Yn ninas Warsaw yn ystod yr Ail Ryfel Byd ysgrifennwyd ar wal y carchar adeg yr erlid didrugaredd ar yr Iddewon y geiriau canlynol:

'Credaf yn yr haul er nad wyf yn ei deimlo,
Credaf mewn cariad er nad wyf yn ei brofi,
Credaf yn Nuw er nad wyf yn ei weld.'

Prin y gall neb ohonom ddirnad erchyllterau'r Ail Ryfel Byd yn y ganrif ddiwethaf, ond mae cyffes y carcharor yn dystiolaeth loyw o'i ffydd yn Nuw, ac o haul ei gariad yng nghanol caledi bywyd. Fel y dywedwyd yn barod, yng ngerwinder tymor y gaeaf, anaml iawn mae'r haul i'w weld yn tywynnu arnom, a phan mae'n ymddangos, digon gwannaidd yw ei wres. Mae gwynt rhewllyd y Dwyrain, fel petai, yn cael y gorau arnom, gan ein gadael yn oer ac yn anwydog. Er nad ydym yn gwybod i sicrwydd, mae'n bosibl i Mair a Joseff gyrraedd dinas Bethlehem yn oer ac yn lluddedig. Pobl gyffredin oeddynt, ac wedi cyrraedd ar ôl cerdded llawer o filltiroedd, bu raid iddynt dreulio'r nos mewn stabl. Ond i ganol nos eu bywyd, y ganwyd baban bychan.

Caed baban bach mewn preseb
   drosom ni,
a golau Duw'n ei wyneb,
   drosom ni.

Nid oedd haul y greadigaeth yn tywynnu arnynt y noson honno, ond yng ngwres yr anifeiliaid, a chyda'r baban Iesu ym mreichiau Mair, gwyddai hi a Joseff fod haul cariad Duw yn eu cofleidio. Mae llawer yn ein byd heddiw yn methu gweld yr haul yn tywynnu oherwydd cymylau duon bywyd. Yn wir, cawn hanes Cristnogion mewn nifer o wledydd yn cael eu herlid yn ddidrugaredd, a'u taflu i garchardai tywyll du. Er hynny, daliant i gredu yng ngoleuni'r Haul Dwyfol fel y'i datguddiwyd yn Iesu Grist. Gadewch i ninnau hefyd gredu a chyhoeddi gyda'r emynydd,

Tydi yw haul fy nydd, O Grist y groes,
yr wyt yn harddu holl orwelion f'oes.

Llefarydd:
Fel yr Iddew yn Warsaw, ni phrofodd y teulu bach o Nasareth groeso ym Methlehem. Cawsant eu hunain mewn dinas ddieithr yn wrthodedig ac yn unig, a gorweddai'r baban Iesu ym mhreseb yr anifail yn ddigartref.

Heb le yn y llety, heb aelwyd, heb wely,
Nadolig fel hynny gadd hwn.

Y mae llawer o blant yn ein byd yn amddifad o ofal cariad, a llenwir eu bywydau â gwacter difaol. Gwyddai'r Iddew yn Warsaw am gasineb pobl tuag ato, a'r profiad dirdynnol o fyw heb gwmni anwyliaid a chyfeillion. Er hynny, ni phallodd ei gred yng nghariad Duw.

Yn nedwyddwch ein cartrefi eleni, gadewch inni gofleidio'r Cariad mawr sy'n rhoi ystyr a gwefr i'n bywydau. Oes, mae i Ŵyl y Nadolig ei gwefr a'i llawenydd, ond gadewch inni gofio rhannu'r llawenydd ag eraill, ac yn arbennig y rhai sy'n dra gwahanol eu cyflwr i'r rhan fwyaf ohonom. Felly, yng nghanol ein holl gysuron,

Cofia'r gân, cofia'r geni – cofia Dduw
Lle bynnag fyddi;
Ac wrth gofio, dyro di
Yn haelionus eleni. Amen.

Emyn 362: *Pob seraff, pob sant*

Y Fendith:
I Dad y trugareddau i gyd
rhown foliant, holl drigolion byd;
llu'r nef moliennwch, bawb ar gân,
y Tad a'r Mab a'r Ysbryd Glân. Amen.

CALENDR TYMOR YR ADFENT

Gweddi agoriadol:
Ein Tad nefol a sanctaidd, nesawn atat yn enw Iesu Grist a than arweiniad yr Ysbryd Glân fel y gwnawn dy addoli yn gywir ein calon ac yn ostyngedig ein hysbryd. Cadw ni, ein Tad, ar lwybr dy ewyllys sanctaidd ac i wneud yn fawr o'n cyfle i baratoi ein hunain ar gyfer gŵyl y Geni. Gofynnwn hyn yn enw dy Fab, ein Harglwydd Iesu Grist. Amen.

Emyn 431: *Mae'r nos yn fwyn ym Methlehem*

Llefarydd:
Yn ystod tymor yr Adfent, rydym yn cael cyfle i baratoi ein hunain ar gyfer gŵyl dathlu geni Mab Duw yn faban bach. Fe ddywed yr Apostol Paul yn ei lythyr at Timotheus, *'Mawr yw dirgelwch ein crefydd,'* ac mor wir yw hynny. Yng ngenedigaeth Iesu Grist, yn ei farw ar Galfaria ac yn ei atgyfodiad ar fore'r trydydd dydd rydym yn dod wyneb yn wyneb â dirgelion mawr y ffydd Gristnogol.

I rai ohonom, mae dau fath o ddirgelwch, ac y maent am y pegwn â'i gilydd. Mae un dirgelwch yn deillio o ddrygioni a gwrthryfel dyn, ac fe adlewyrchir hyn heddiw ym mherthynas pobl a chenhedloedd â'i gilydd. Ond trwy drugaredd, mae yna ddirgelwch tra gwahanol i'w gael sy'n deillio o gariad Duw yn Iesu Grist a ddaeth i'n byd yn un ohonom. Y mae'r dirgelwch hwn wedi peri rhyfeddod mawr yng nghalonnau Cristnogion *i lawr ar hyd yr oesau, a chyda'r emynydd y dywedwn ninnau,*

Ymhlith holl ryfeddodau'r nef
  hwn yw y mwyaf un –
gweld yr anfeidrol, ddwyfol Fod
  yn gwisgo natur dyn.

Gadewch inni wrando ar hanes geni'r baban Iesu i'r Fair Forwyn.

Darlleniad: *Luc 2: 1–7*

*Cyd-we***ddïo** **Gweddi**'r Arglwydd.

Emyn 453: O ddirgelwch mawr duwioldeb

Llefarydd:
Y gair allweddol yng nghyfnod yr Adfent yw 'paratoi', ac fe wnawn hynny heddiw drwy ddefnyddio calendr yr Adfent. Fe ddechreuwn ar y diwrnod cyntaf ym mis Rhagfyr a chloi ar ddiwrnod ola'r flwyddyn. I hwyluso'r daith drwy'r mis, fe wnawn rannu ein myfyrdod i bedair rhan, a dechrau ar y diwrnod cyntaf.

Rhagfyr 1
'Yr oeddent yn dyfalbarhau yn nysgeidiaeth yr apostolion ac yn y gymdeithas, yn y torri bara ac yn y gweddïau.' Actau 2: 42
Oni ddylai Eglwys fod yn fwy o aelwyd, ac aelwyd yn fwy o Eglwys?

Gweddïwn:
Ein Tad, diolchwn am deulu dy Eglwys lle'r ydym yn aelodau ohoni – yn blant i ti ac yn frodyr a chwiorydd i'n gilydd yn Iesu Grist. Clyma ni yn un yn dy gariad, a rho sêl dy fendith ar bopeth a wnawn sy'n unol â'th ewyllys sanctaidd. Amen.

Rhagfyr 2

'Os myn neb ddod ar fy ôl i, rhaid iddo ymwadu ag ef ei hun a chodi ei groes a'm canlyn i.' Marc 8: 34

Ai crefyddwyr y gadair siglo ydym?

Byw i'r hunan, ofer fyw;
Byw i Grist, digon yw.

Rhagfyr 3

'Canys efe a edwyn ein defnydd ni: cofia mai llwch ydym. Dyddiau dyn sydd fel glaswelltyn: megis blodeuyn y maes, felly y blodeua efe. Canys y gwynt a â drosto, ac ni bydd mwy ohono; a'i le nid edwyn ddim ohono ef mwy.' Salm 103: 14–16

Ddoe yn blentyn. Heddiw yn ganol oed. Yfory yn hen.

Gweddïwn:

Mae mwynder cnawd a byd yn myned heibio,
Diflanna oes fel breuddwyd wael ei llun;
Ond er pob peth sy'n newid ac yn cilio,
Tydi, O! Grist, y sydd o hyd yr un. Amen.

Rhagfyr 4

'Gwir yw'r gair, ac yn haeddu pob derbyniad, ddyfod Crist Iesu i'r byd i gadw pechaduriaid; o ba rai, pennaf ydwyf i.'
1 Timotheus 1: 15

Pa les dadlau dros ysbrydoliaeth y Beibl os nad yw'r Beibl yn ein hysbrydoli ni?

Y Beibl yw llawlyfr y credadun, a theithlyfr y pererin.

Gweddïwn:

Dysg i ninnau, annwyl Iesu,
Chwilio'r Gair amdanat ti;
Drwy bob hanes, drwy bob adnod
Dangos di dy hun i ni. Amen.

Rhagfyr 5

'Ysbryd yw Duw.' Ioan 4: 24

'Y mae'r Ysbryd yn ein cynorthwyo yn ein gwendid.'

Rhufeiniad 8: 26

Plant y cawodydd oedd plant y Diwygiad tra mai plant y gwlith ydym ni.

Er hynny, gall gwlith yr Ysbryd fod yn fendithiol iawn.

Gweddïwn:

Dysg ni, ein Tad, i ymddiried llai ynom ein hunain, a mwy yn nerth yr Ysbryd Glân. Amen.

Rhagfyr 6

'Dyma'r dirgelwch: Crist ynoch chwi, gobaith y gogoniant.'

Colosiaid 1: 27

Y mae dydd crefydd ar ben ond nid yw ond megis gwawrio ar Gristnogaeth.

Gweddïwn:

Ein Tad, cynorthwya ni i fyfyrio neges dy Air dan arweiniad yr Ysbryd Glân, a thywys ni i'r gwirionedd yn Iesu Grist fel y gallom edrych yn ôl yn ddiolchgar, edrych ymlaen yn hyderus, ac edrych ar Iesu, pentywysog ac awdur ein ffydd ni. Amen.

Rhagfyr 7

'A dyma'r gorchymyn sydd gennym oddi wrtho ef: bod i'r sawl sy'n caru Duw garu ei gydaelod hefyd.' Llythyr Cyntaf Ioan 4: 21

Cyngor Mari Lewis i'w mab Rhys: 'Trïa gael crefydd y bydd ei chynfas yn lapio rhywun heblaw ti dy hun.'

Gweddïwn:

O Dad, gwna inni sylweddoli fod angen mwy na siarad, a bod 'na wedd ymarferol i'r bywyd newydd yn Iesu Grist. Cymorth ni i wneud daioni, i estyn llaw cyfeillgarwch a maddeuant calon i bwy bynnag a'i myn. Amen.

Emyn 460: *Clywch beroriaeth swynol*

Llefarydd:
Rhagfyr 8
'Pan oedd y dyddiau cyn ei gymryd i fyny yn dirwyn i ben, troes ef ei wyneb i fynd i Jerwsalem.' Luc 9: 51
Meddai Dietrich Bonhoeffer, 'Wrth ddod yn Gristion rydym yn dod yn rhan o ddioddefaint Crist.'

Gweddïwn:
Rho inni ffydd yng ngrym dy gariad drud,
yng ngallu gwaed dy groes i achub byd,
a boed i'n calon heddiw fod yn grud
i'th heddwch di. Amen.

Rhagfyr 9
'Ni ddaeth Mab y Dyn i gael ei wasanaethu ond i wasanaethu, ac i roi ei einioes yn bridwerth dros lawer.' Mathew 20: 28
'Fel y mae'n rhan o natur tân i losgi ac i eira doddi, y mae'n rhan o natur Duw i wasanaethu,' meddai Philo o Alexandria.

Gweddïwn:
Ni allaf roddi fel y rhoddaist im;
'rwy'n gweld, yng ngolau'r groes, fy ngorau'n ddim:
ond at y groes, er hynny, deuaf fi,
i'm rhoi fy hunan i'th ewyllys di. Amen.

Rhagfyr 10

'Gwnaeth bopeth yn hyfryd yn ei amser, a hefyd rhoddodd dragwyddoldeb yng nghalonnau pobl.' Pregethwr 3: 11

Gweddïwn:

Ein Tad nefol, gwna inni sylweddoli fod mwy i fywyd na bywyd yn y byd hwn. Cwyd ein golygon atat ti yn dy nefoedd, a chadw ein heneidiau yn nhangnefedd dy gariad. Er mwyn Iesu Grist. Amen.

Rhagfyr 11

'Y bobl oedd yn rhodio mewn tywyllwch a welodd oleuni mawr; y rhai a fu'n byw mewn gwlad o gaddug dudew a gafodd lewyrch golau.' Eseia 9: 2

Plant y goleuni yw Cristnogion a chymdeithas y wawr yw'r Eglwys Gristnogol. A ydym yn gwireddu hyn yn ein bywyd ac ym mywyd ein heglwysi?

Gweddïwn:

O Dduw ein Tad, ffynhonnell y Goleuni nefol, gweddïwn dros bawb fydd yn treulio'r Nadolig hwn mewn tywyllwch a gwewyr anobaith. Erfyniwn arnat i'w cysgodi â'th gariad a'u cysuro â'th dangnefedd. Amen.

Rhagfyr 12

'Chwilia fi, O Dduw, a gwybydd fy nghalon: prawf fi, a gwybydd fy meddyliau; a gwêl a oes ffordd annuwiol gennyf, a thywys fi yn y ffordd dragwyddol.' Salm 139: 23–24

'Synia'r Cristion am ei bechodau, nid fel torri'r gyfraith ond fel bradychu ffrind,' meddai William Temple.

Gweddïwn:

O Arglwydd, er mwyn dy Fab Iesu Grist a'i angau drud, trugarha wrthyf, a dyro imi dy faddeuant. Amen.

Rhagfyr 13
'Cyfrannwch at reidiau'r saint, a byddwch barod eich lletygarwch.' Rhufeiniaid 12: 13

Gweddïwn:
Bydded ymadroddion ein genau a myfyrdod ein calon ac offrwm ein dwylo yn gymeradwy ger dy fron, O Arglwydd, ein craig a'n prynwr yn Iesu Grist. Amen.

Rhagfyr 14
'Y dyn truan ag ydwyf! Pwy a'm gwared i o'r corff hwn a'i farwolaeth?' Rhufeiniaid 7: 24
Nid yw peintio'r pwmp yn debyg o buro ffrwd y ffynnon.

Gweddïwn:
Ein Tad, pwyswn yn llwyr ar dy drugaredd, a diolchwn am dy gariad diymollwng tuag atom yn Iesu Grist. Amen.

Emyn 440: *Dyma'r dydd i gyd-foliannu*

Llefarydd:
Rhagfyr 15
'Dywedodd Iesu... "Y sawl nid yw yn ein herbyn, drosom ni y mae." ' Marc 9: 40
'Y perygl mwyaf i grefydd yw meddwl caeëdig,' meddai J.T. Roberts, Cerrig-y-drudion.

Gweddïwn:
Cydnabyddwn yn ddiolchgar mai Ti yw ffynhonnell pob daioni a chariad a welir ym mywydau pobl heddiw. Cadw ni rhag meddyliau

rhagfarnllyd, a thywys ni i'r gwirionedd sy'n dyrchafu enw Duw ac
urddas dyn. Er mwyn Iesu Grist. Amen.

Rhagfyr 16

'Nid pawb sy'n dweud wrthyf, "Arglwydd, Arglwydd", fydd
yn mynd i mewn i deyrnas nefoedd, ond y sawl sy'n gwneud
ewyllys fy Nhad, yr hwn sydd yn y nefoedd.' Mathew 7: 21
'Gwêl dynion ein gweithredoedd ond gwêl Duw ein cymhellion,'
meddai Thomas à Kempis.

Gweddïwn:

Dysg im, fy Nuw, dysg im pa fodd
i ddweud a gwneuthur wrth dy fodd. Amen.

Rhagfyr 17

'Bydded eich cariad yn ddiragrith. Casewch ddrygioni.
Glynwch wrth ddaioni.' Rhufeiniaid 12: 9
Bydolrwydd yw pechod y byd a rhagrith yw pechod yr Eglwys.

Gweddïwn:

Diolchwn iti, ein Tad, am bawb sy'n dyrchafu dy enw sanctaidd yn
eu tystiolaeth amdanat, ac yn adlewyrchu enw Iesu yn eu bywyd o
ddydd i ddydd. Amen.

Rhagfyr 18

'A hi a esgorodd ar ei mab cyntaf-anedig, ac a'i rhwymodd ef
mewn cadachau, ac a'i dododd ef yn y preseb; am nad oedd
iddynt le yn y llety.' Luc 2: 7

Gweddïwn:

O Dduw ein Tad, fel y mae'r diwrnod mawr yn nesáu, cynorthwya
ni i baratoi ein hunain ar gyfer dyfodiad dy Fab ein Harglwydd

Iesu Grist i'n byd yn faban bach. Planna ynom ysbryd rhyfeddu yn y newyddion da o lawenydd mawr gan roddi ein diolch a'n clod i ti. Amen.

Rhagfyr 19
'Yn hyn y mae cariad: nid ein bod ni'n caru Duw, ond ei fod ef wedi ein caru ni, ac wedi anfon ei Fab i fod yn aberth cymod dros ein pechodau. Gyfeillion annwyl, os yw Duw wedi ein caru ni fel hyn, fe ddylem ninnau hefyd garu ein gilydd.'
1 Ioan 4: 10–11
Caru'n eang heb garu'n agos. Oni cheir awgrym o hynny yn yr hen ddywediad, 'Angel pen ffordd, cythraul pen pentan.'

Gweddïwn:
O annwyl Arglwydd Iesu, cyffeswn mor ddi-ddal yw ein cariad ac mor oer yw ein calon. Yn dy drugaredd, dyro inni olwg newydd ar dy wedd, fel y teimlwn wres dy gariad yn toddi ein calon garreg ac yn adnewyddu ein hysbryd o'n mewn. Amen.

Rhagfyr 20
'Pa le y mae'r hwn a anwyd yn Frenin yr Iddewon? Canys gwelsom ei seren ef yn y dwyrain, a daethom i'w addoli ef.'
Mathew 2: 2

Gweddïwn:
Yng nghlyw ac yn ysbryd y newyddion da o lawenydd mawr, cynorthwya ni, fel y doethion gynt, i fynd ar daith i Fethlehem Jwdea i weld yr hyn a wnaethpwyd. Agor ein calonnau ger bron y baban Iesu a gad inni ei addoli mewn prydferthwch sanctaidd. Amen.

Rhagfyr 21

'Canys ganwyd i chwi heddiw Geidwad yn ninas Dafydd, yr hwn yw Crist yr Arglwydd.' Luc 2: 11

O Faban bach, fy Ngheidwad mawr,
Mae 'nghalon iti'n grud yn awr.

Yn y cyfarchiad, *'O Faban bach'*, edrychwn gydag anwyldeb ar ddiniweidrwydd y baban Iesu ym mreichiau ei fam, ond yn yr ail gyfarchiad, *'fy Ngheidwad mawr'*, edrychwn drwy'n dagrau ar Iesu'r gŵr ifanc croeshoeliedig ar bren.

Gweddïwn:

Clodforwn di, O Dduw ein Tad, am ddod yn agos atom yn Iesu Grist, a dangos ynddo ef fwriadau eithaf dy galon. Derbyn ein clod, a defnyddia ni i gyfieithu dy gariad er bendith i bawb ac er clod i ti. Amen.

Llefarydd:

Rhagfyr 22

'Chwilia fi, O Dduw, a gwybydd fy nghalon: prawf fi, a gwybydd fy meddyliau; a gwêl a oes ffordd annuwiol gennyf, a thywys fi yn y ffordd dragwyddol.' Salm 139: 23–24

Pechodau – chwyn ydynt. Maent yn tyfu yn gyflym ac yn rhyfeddol o uchel.

Gweddïwn:

O Arglwydd, derbyn fi fel ag yr wyf, golch fi, glanha fi, a gwna fi yn offeryn dy hedd. Er mwyn ein Gwaredwr bendigedig Iesu Grist. Amen.

Rhagfyr 23

'Disgwyliaf am yr Arglwydd, disgwyl fy enaid, ac yn ei air ef y gobeithiaf.' Salm 130: 5

'Nid pobl neis yw Cristnogion i fod ond pobl newydd,' meddai C.S. Lewis.

Gweddïwn:
O Arglwydd, edrych arnom ninnau hefyd fel plant y cadw mawr,
ac ar drothwy'r Nadolig, dyfnha ein ffydd a'n llawenydd wrth inni
ymbaratoi i ddathlu genedigaeth dy Fab Iesu.
Tyred Grist a chreu Nadolig
yn fy nghalon dlodaidd i,
tro fy mhreseb innau'n nefoedd –
y mae'n nefoedd lle'r wyt ti. Amen.

Rhagfyr 24
'Gogoniant yn y goruchaf i Dduw, ac ar y ddaear tangnefedd ymhlith y rhai sydd wrth ei fodd.' Luc 2: 14
Pam y fath lawenydd a'r canu gorfoleddus? Yn syml, geni Mab Duw yn faban bach. *'Canys ganwyd i chwi heddiw Geidwad yn ninas Dafydd, yr hwn yw Crist yr Arglwydd.'* Plentyn y newyddion da o lawenydd mawr yw'r baban Iesu. Y mae newyddion drwg yn achosi tristwch a galar mawr, ond y mae newyddion da yn creu llawenydd yn ein calon ac yn rhoi gwên ar ein hwynebau.
NADOLIG LLAWEN ICHI I GYD!

Rhagfyr 25
Y NADOLIG Genedigaeth yr Arglwydd Iesu Grist
'A daeth y Gair yn gnawd a phreswylio yn ein plith, yn llawn gras a gwirionedd; gwelsom ei ogoniant ef, ei ogoniant fel unig Fab yn dod oddi wrth y Tad.' Ioan 1: 14
Wrth dderbyn ein hanrhegion
Ar fore dydd Nadolig,
O cofiwn anrheg Duw i'r byd –
Y baban bendigedig!

Rhagfyr 26
GŴYL SAN STEFFAN
'Ac wrth iddynt ei labyddio, yr oedd Steffan yn galw, "Arglwydd Iesu, derbyn fy ysbryd." Yna penliniodd, a gwaeddodd â llais uchel, "Arglwydd, paid â dal y pechod hwn yn eu herbyn." Ac wedi dweud hynny, fe hunodd.' Actau 7: 59–60

Craidd Cristnogaeth yw gweld y groes dros fywyd i gyd.

Gweddïwn:
O Arglwydd Iesu, gwared ni rhag gwneud dy aberth drosom ar y groes yn ofer. Amen.

Rhagfyr 27
'Canys nid ydym yn ein pregethu ein hunain, ond Crist Iesu yr Arglwydd.' 2 Corinthiaid 4: 5

Gweddïwn:
Nid i ni, O Arglwydd, nid i ni, ond i'th enw dy hun dod ogoniant, er mwyn dy drugaredd ac er mwyn dy wirionedd. Amen.

Rhagfyr 28
'Canys efe yw ein tangnefedd ni.' Effesiaid 2: 14

'Y mae'r gwir heddychwr yn caru heddwch, yn cadw heddwch ac yn creu heddwch,' meddai Thomas à Kempis.

Gweddïwn:
Heddwch o'n mewn, i ddifa llygredd calon,
Heddwch i'th Eglwys yng nghanol ei phryderon,
Heddwch i'r byd yn lle ei frwydrau creulon,
Heddwch y cymod. Amen.

Rhagfyr 29
'Nid bwyta ac yfed yw teyrnas Dduw, ond cyfiawnder a heddwch a llawenydd yn yr Ysbryd Glân.' Rhufeiniaid 14: 17
Os oes cyfiawnder yn y galon, bydd harddwch yn y cymeriad;
Os oes harddwch yn y cymeriad, bydd cynghanedd yn y cartref;
Os oes cynghanedd yn y cartref, bydd trefn yn y wlad;
Os oes trefn yn y wlad, bydd heddwch yn y byd. *Dihareb o China*

Gweddïwn:
Ein gwlad a'n pobol gofiwn nawr
mewn gweddi wrth dy orsedd fawr;
gad i'n teuluoedd geisio byw
mewn heddwch gyda thi, O Dduw. Amen.

Rhagfyr 30
'Am hynny, derbyniwch eich gilydd, fel y derbyniodd Crist chwi, er gogoniant Duw.' Rhufeiniaid 15: 7

Gweddïwn:
O Dad, cadw ni rhag balchder sy'n diraddio dy enw, a dysg ni i dderbyn ein gilydd mewn gostyngeiddrwydd. Clyw ein gweddi er mwyn Iesu a ddarostyngodd ei hun hyd angau drosom ni. Amen.

Rhagfyr 31
'Nid yw'r sawl a osododd ei law ar yr aradr, ac sy'n edrych yn ôl, yn addas i deyrnas Dduw.' Luc 9: 62
Nid llong yn aros yn y porthladd yw ffydd ond un sy'n codi angor ac yn mentro i'r cefnfor mawr.

Gweddïwn:
Ein Tad, ar ddiwedd blwyddyn, helpa ni i gofio bendithion y gorffennol yn ddiolchgar, i edrych ymlaen yn hyderus, ac i gredu y

byddi gyda ni ar hyd y daith. Er mwyn Iesu Grist. Amen.

Emyn 439: *Peraidd ganodd sêr y bore*

Y Fendith:
Am ras ein Harglwydd Iesu Grist,
Am ryfedd gariad Duw,
Am felys gwmni'r Ysbryd Glân
Rhown foliant tra bôm byw. Amen.

* Cyhoeddiadau'r Gair 2018

Testun gwreiddiol: John Lewis Jones

Golygydd Testun:Mair Jones Parry
Golygydd Cyffredinol: Aled Davies
Cynllun y clawr: Rhys Llwyd

Dymuna'r cyhoeddwyr gydnabod cymorth
Adran Grantiau Cyngor Llyfrau Cymru.

Diolch i Gymdeithas y Beibl am bob cydweithrediad
wrth ddyfynnu o'r Beibl Cymraeg Newydd Diwygiedig.

Argraffwyd yng Nghymru.

Cyhoeddwyd gan
Cyhoeddiadau'r Gair, Cyngor Ysgolion Sul Cymru,
Ael y Bryn, Chwilog, Pwllheli, Gwynedd LL53 6SH.
www.ysgolsul.com

Agorwn

1

**The item should be returned or renewed
by the last date stamped below.**

Dylid dychwelyd neu adnewyddu'r eitem erbyn
y dyddiad olaf sydd wedi'i stampio isod

To renew visit / Adnewyddwch ar
www.newport.gov.uk/libraries

CYHOEDDIADAU'R
GAIR